U0103323

沙遜家族

逃亡、創業、擴張轉移兩世紀傳奇

鄭宏泰 著

獻給父親，表達無盡思念

目錄

序

　　青年時期，在香港接收得最多的廣告信息之一，是「維達沙宣」（Vidal Sassoon，另譯「沙遜」，為統一起見，本書一律採用「沙遜」，直接引文除外）的洗頭水廣告，那些新潮髮型令今天生頭髮稀疏的筆者十分羨慕，亦對沙遜的名字印象深刻。然而，對於上一代人而言，無論在香港、上海、孟買，甚至倫敦與巴黎等歐洲地區，沙遜的名字比電視廣告上的更加響噹噹，是能與羅富齊家族（Rothschild family）並駕齊驅的猶太家族，對世界商業及政經等不同層面均有巨大影響力。但這個家族自上世紀八九十年代起，則幾乎失去了往昔的影響力，名聲更遠不及維達沙宣的洗頭水與髮型生意，令人不無感慨。

　　沙遜家族不是一個簡單的名字，它在近代世界的商業、經濟與政治上具有非凡地位，曾經叱咤一時。十九世紀，大英帝國國勢如日中天，沙遜家族看到世界大勢，懂得選擇效忠英國，成為其臣民，然後在其保護傘下，依仗著英國的全球擴張，再憑藉本身善於經商、精於金融的特長，在全球不同地方的商業活動中均取得突出成績，積累極龐大的財富。在第一及第二次世界大戰的衝擊下，大英帝國國勢急速滑落，所擁的殖民地亦先後獨立，令她失去各方市場及資源等供應，全盤敗退，沙遜家族的商業王國亦因失去靠山，風光不再。至於家族後代人丁單薄，多房沒有血脈，且分散全球，更是最致命的打擊，為家族長遠發展帶來隱憂。儘管社會上有不少人認為此家族會逐步走向沒落，但第六代人卻一度帶來了中興格局，令家族再次名揚英國，揭示其社會及人脈資本仍不容小覷。

　　正如筆者在《渣甸家族》及《太古家族》等書中指出，要深入研究異文化

家族企業，所碰到的挑戰儘管極大，遇到的問題多多，但最終能順利完成，實乃獲得各界友好及機構鼎力協助所致，在此謹向他們致以最衷心感謝。

首先，要感謝我們家族企業研究團隊黃紹倫教授、孫文彬博士、周文港博士、許楨博士、王國璋博士及閻靖靖博士，儘管過去一年，受新冠肺炎疫情影響，我們鮮能如過去般聚首談天論學，但幸好在科技幫助下，大家仍能坦誠分享、交流見解、互相鼓勵，實乃研究道路上的重要助力，令人感動。

同樣地，亦要向前研究助理梁凱淇小姐、現任研究助理李明珠小姐和行政主任俞亦彤小姐表示謝忱，她們曾在不同層面給予幫助，令本書內容更加充實。當然，亦要感謝香港中文大學圖書館、香港大學圖書館、香港歷史檔案館、英國國家檔案館及美國達拉斯市南方衛理會大學（Southern Methodist University, Dallas）等提供圖片及資料，給予支援和協助，使本研究可克服種種困難，達至今天的成果。

最後，要向太太李潔萍表示衷心感謝，她是第一位閱讀文稿之人，並多次協助校對及給予不少建言；當然，她大小家事一手抓，讓我不用操心，並在我身心疲累時為我打氣，更令這項研究得以順利展開、維持和最終完成。

雖然得到各方友好和機構的大力幫助，但毫無疑問的現實是，要全面立體地展示沙遜家族歷二百年的發展歷史並不容易，更不要說筆者對猶太人或猶太教的研究其實存在不少認知不足和文化本位等問題，所以儘管力求從中立客觀的立場了解其發展和進程，但總難免力不從心，令某些分析出現誤差。對於這些問題，或是由此產生的困擾與局限，必須致以衷心歉意，並希望讀者大眾諒解，同時不吝賜正，有以教我，在日後研究中作出改善。如對本書有任何意見，請致函香港新界沙田香港中文大學香港亞太研究所或電郵 vzhcng@cuhk.edu.hk 聯絡。

鄭宏泰

第一章

猶太商人
叱咤世界商場的風光與飄泊

猶太人無疑是世界上備受注視的族群。以人口計，他們為數不多，2018 年全球猶太人總人口為 1,460 萬，與 1945 年二戰結束後的 1,100 萬相比，約 70 年間只增加了 360 萬而已。2018 年的全球人口分佈顯示，他們約有 656 萬人居於以色列，570 萬人居於美國，至於法國、加拿大和英國各有 45 萬、39 萬、29 萬，餘下約 121 萬人散佈全球不同角落（*World Jewish Population*, 2018: 5-6）。儘管居於以色列的猶太人甚至較香港總人口少，即使以全球猶太人總人口而言亦只較深圳（1,344 萬）多一點而已，但他們在世界政治軍事、商業經濟、文化宗教、科學科技、表演藝術等等不同層面的影響力卻極為巨大，地位突出，與其在世界總人口中的佔比實在並不相稱，揭示這個族群的卓越不凡，絕對不容小覷。

一談到猶太人，很多人的刻板印象，除了信仰猶太教的特點，便是他們很會做生意，善於計算，極為精明，銀行金融更是他們的強項；至於長期流散，歷盡劫難，曾在不同時期或地方受迫害、被驅散等，二戰時期納粹德國在希特勒領導下的屠殺，更是慘絕人寰，這亦是他們長期被稱為「流散民族」其中一些現實處境或問題的反映。由此引伸出來的，是宗教信仰、遷徙流散與商業（求存）行為三者之間，到底有否或如何互動的問題。即是說，猶太人的信仰如何導致了遷移流徙，而寄居異國、朝不保夕的處境，又如何促進了他們困境求生的努力與居安思危的投資意識。儘管學術界有關猶太宗教、歷史、遷徙和商業發展等研究汗牛充棟，但華人社會對這些問題的認識和了解畢竟甚少，本研究藉沙遜家族（Sassoon family）多代人傳承發展的個案，作出一點跨世代的綜合分析和考察，焦點則會聚集在創業營商與代際傳承之上。

猶太教與資本主義孕育

在西方學術界，過去一直對現代資本主義為何孕育於歐洲的問題有多層面的討論，其中最備受重視，亦最多共鳴的主流觀點，相信是同樣來自德國的著名社會學者韋伯（Max Weber）和宋巴特（Werner Sombart，另譯桑巴特）。雖然他們同樣從唯心主義的宗教觀入手，但卻聚焦於兩個同樣信仰單神宗教的不同群體之上，至於孕育的時間亦略有不同。這兩種觀點至今仍主導著學術界的討論。

先說韋伯。他在《新教倫理與資本主義精神》（*Protestant Ethic and the Spirit of Capitalism*）一書中，提出一個重要觀點：促使資本主義發展的核心，是其精神力量，基督新教則是那種精神力量的源頭。十六世紀初，馬丁·路德（Martin Luther）在德意志提出宗教改革，反對羅馬天主教各種僵化教條和陋習，思考信徒與上帝的關係，發展成為基督新教，在英皇亨利八世（King Henry VIII）統治英國時，更被列為英國國教，吸引了愈來愈多信眾，英國綜合國力亦在經歷一段曲折道路後日漸壯大，最後崛起成為全球霸主，號稱「日不落國」。

韋伯指出，在信徒最為關注的能否永生或得到救贖的問題上，基督新教有別於羅馬天主教，提出了「上帝召喚」（God's calling）的概念，意指上帝對信眾的救贖早有安排，信徒本人無從知曉，這令他們產生一種心理焦慮和張力；而最終能讓上帝垂青，只有靠個人自身的良心與努力，而非如過去般到寺院修道、禱告，甚至購買贖罪券。新教的加爾文宗（Calvinism）則提出了「命定論」，令信眾對於能否得上帝恩典，死後獲救贖上天堂與上帝同在一事更感憂慮，於是投入到事業之中，藉事業成功以彰顯上帝榮耀，爭取拯救，成為他們的唯一選項（Weber, 1985）。黃仁宇（1997：192）因此得出「人類不因豐功偉業而得救，但得救者必有功業」的概括，認為那種心理焦慮促使了信徒努力於功業。

在韋伯眼中，無論是路德或是加爾文，兩者均指向基督新教的核心思想，有助資本主義發展，尤其能夠滋生持續而強勁的經濟動力。基於這種唯心主義思想的分析，韋伯進而指出，只有基督新教的商業倫理，才能孕育現代資本主義；而包括儒家思想（他認為儒家是宗教，並稱為儒教）在內的其他宗教或信仰，由於缺乏一種追求救贖的心理焦慮和張力，或是理性化、世俗化不足，所以難以走上現代資本主義的道路（Weber, 1985）。

姑且不談基督新教以外的其他信仰或社會文化，是否真的不能孕育現代資本主義的問題，單從努力工作與多行善舉的角度看，為求獲得上帝救贖的信徒，按道理不會做出一些諸如打家劫舍、掠奪奴役、販賣毒品，甚至發動侵略戰爭等有違上帝告誡世人向善的行為。但眾所周知的現實是，資本主義的興起卻充滿了弱肉強食，借馬克思的話，是使用暴力、征服、奴役等手段以達目的（Marx, 1985），可見韋伯從基督新教孕育資本主義的角度出發，在理論與現實上明顯存在不少難以自圓其說的缺陷，起碼他沒揭示資本主義貪婪、狡詐、惡毒的面向。

這很自然地促使我們思考另一個分析資本主義興起的理論——猶太教倫理。提出這一理論的人物同樣來自德國，亦同樣從精神面貌入手，拉扯到宗教信仰上，而且都染上了唯心主義和種族主義色彩，並同樣得出只有歐西社會與文化才有資本主義精神、才能孕育資本主義，其他宗教信仰、社會或文化則欠奉的重要結論，他便是年齡較韋伯略輕，但屬同年代人物的宋巴特。

宋巴特認為，同屬一神教的猶太教，由於認定自己乃上帝「特選子民」（The God's chosen people），並已和上帝立約，只要緊守與上帝間的「聖約」，便不用擔心救贖問題，因此既沒那種心理焦慮，亦沒有向外傳教、爭取信眾的動力。而猶太教本身又具有理性主義，重視財富（或稱為資本）積累，即是追求財富乃順理成章，至於積累財富的過程則十分強調效率、精於計算，會想出

不少具創造性的方法，一來謀求更多財源，二來關注對財富的更好管理、運用與流通；當中又重視如何以錢生錢，想出各種諸如以信用狀等金融工具轉換資本，或是放高利貸等等，令「猶太財主佬」的「算死草」形象極為突出，印象深刻，揭示他們重視創富商業倫理的與別不同（Sombart, 1967）。

宋巴特還特別提到，早在十五世紀新教出現前，猶太商人已活躍於威尼斯，成為促進當地商業發展的核心力量，以此反駁韋伯的說法。本來，猶太人主要聚居於西班牙，但十五世紀末卻被當時的西班牙國王迫害和驅逐，不肯改宗皈依天主教者，只能先後流徙移民到荷蘭、英國，甚至歐洲和中東等地（參考下一節討論），令那些地方的商業也蓬勃起來，再隨著他們向全球拓殖而散播開去，促成了現代資本主義在那些地方興起（黃仁宇，1997）。

由此，很自然地引伸出資本主義的發展過程有何特質的問題，至於猶太教倫理能帶來重要啟發，原因是猶太教高度強調爭逐財富的商業倫理，在流行起來後徹底顛覆了商業與經濟運作的邏輯。沿著宋巴特的分析角度看，資本主義早在十五世紀已在歐洲某些地方散播，促進了歐洲的商業經濟發展，後來因歐洲壯大起來，科技日見進步，加速了向外殖民擴張，才有了十七世紀之後逐漸向全球散播開去的狀況。

值得注意的是，資本主義自歐洲興起和不斷壯大後的全球擴散過程，初期由國家主導，民間力量較少，亦較多屬集體行動，個體單獨行事、自由摸索開拓者鮮見。進入十九世紀，尤其當拿破崙在滑鐵盧戰役中大敗之後，歐洲各國不同階層民眾較多以自由市場之名，一窩蜂似地以獨立個體向世界各地展開求財追夢的旅程時，一股全新的發展浪潮與開拓意識於焉展開，因此又更為深層次地改變了全球商業經濟發展格局。

由此帶出資本主義的最大特質，在於精神面貌，這又呼應了韋伯和宋巴特所關心的理論問題：資本主義精神。至於那個精神面貌，黃仁宇簡單地概括

為「一為成功、一為賭博與冒險」的兩個重要思想面向，並指「自從羅馬帝國崩潰後，每一個國家都有兩種力量出現，一是對金子的貪婪，一是創設企業的精神，不久這兩種力量凝聚一氣」。黃仁宇接著還指出，宋巴特眼中的猶太教商業倫理，其實具有兩種精神：企業精神及資產階級精神，即是前者衍生出後者，並指前者促使人們以暴力、投機取巧，乃至利用貨幣與金融操作等手段賺取利潤；後者則會講求品德修養，重視勤苦節儉，亦強調效率的計算（黃仁宇，1997：11）。[1] 至於這種附帶的個人見解，或者是要修補宋巴特所指「企業精神」一詞與現代意義上出現很大落差的問題或現象。

惟這樣不難讓人看到，宋巴特和韋伯各自說的「企業精神」，雖然文字一樣，背後含意卻明顯有別。或者可以這樣說，宋巴特所指的「企業精神」，即是「猶太商業倫理」；韋伯眼中的「企業精神」，即是「新教商業倫理」。至於令兩者呈現截然不同商業倫理的核心，說到底便是宗教信仰中最為關鍵的差異：救贖問題。猶太教強調猶太人乃「上帝選民」，這是先天性身份，與生俱來的，只要他們是猶太血統，便能成為「上帝選民」，即是終極歸宿有了保障，在人世間便能較為大膽、以不同手段建立功業，所以無論「用武力、用魔術、用計謀、用新發明和用金錢去獲得財物」均可，不必擔心，具體行為上哪怕表現出「對金子的貪婪」（黃仁宇，1997：11），也不用擔心不獲其上主的接納。

新教恰好相反，沒有必然能夠獲得上帝救贖的「上帝選民」觀念，所以韋伯認為新教徒在個人層面上有很大的精神張力，必須憑一己努力，建立事功以爭取上帝恩典，才有機會上天堂，與上帝同在。其中上文提及「人類不因豐功偉業而得救，但得救者必有功業」一句，更是可圈可點，亦凸顯其建立功業的過程，不能公然地、赤裸裸地以暴力、征服與奴役等手段，做出不合道德、旁門左道的勾當，因為這樣必然不會獲得上帝救贖的恩典，並會受到對錯與善惡的道德制約。因此，新教倫理背後的企業精神，除了理性與效率計算，還有世

俗主義所強調的品德、節儉和良善等價值觀念。由是觀之，宋巴特所指的「企業精神」是負面的、帶罪惡的，韋伯所指的「企業精神」則是正面的、帶進步意義的，兩者名稱一樣，但性質各異。

據此而論，無論是韋伯或是宋巴特，大家均提及「企業精神」，日後亦引伸出企業家精神，尤其高舉不同層面的創新（新制度、新產品、新市場、新組織等），給自己創造更多商機，但背後的宗教觀念與商業倫理，畢竟有不少差異。不容忽略的現實是，現代資本主義的興起，由信奉耶穌基督（天主教、基督教）的歐洲國家帶領，然後向全球擴張，既侵佔殖民地，吸納資源，亦傾銷工業製品，猶太商人則依附在歐洲殖民地主背後，乘時而起。至於他們的商業倫理或營商手段，必然會給其他宗教或文化的商業倫理帶來影響，或被吸收模仿，猶太商人亦因此成為現代資本主義興起的其中一對重要推手。

流散遷移與商業精神

猶太教雖與天主教／基督教、伊斯蘭教及瑣羅亞斯德教般都屬於一神教，但因受血緣與種族純正的觀念影響，加上自認為是上帝「特選子民」，與上帝有「聖約」，獲答允給予「應許之地」（the promised land）（傅有德，2021），因此猶太教徒明顯沒向非猶太人傳教的傳統和意識，亦不支持異族通婚，其宗教或種族的發展，只憑本身族群繁衍，因此無論是信徒或是族群人數，長期均維持較少，沒太大增長。由是之故，在帝國逐鹿、皇朝興衰及政局丕變等衝擊下，他們難免受到不同統治者或宗教信仰者的不同對待：有些友善、有些敵視，後者曾導致他們需要長期流徙，有時甚至會遭到迫害。

歷史上，在希特勒之前，因為宗教信仰及種族問題，猶太人曾受不同政權、民族或宗教的迫害，促使他們必須四處流亡遷移。太遠古的歷史不說，中世紀自教皇烏爾班二世（Pope Urban II，另譯伍朋二世）在位期間，於 1095

年發起第一次十字軍東征開始，到 1396 年第 11 次東征結束，前後 300 年間，猶太人經歷了持續不斷的流徙，亦遭遇了迫害或殘殺——儘管十字軍東征的主要目的是收復被「異教徒」所佔領的聖城耶路撒冷，攻打及針對的對象是伊斯蘭教，惟大軍所到之處，同屬一神教、人丁單薄卻擁有一定財力的猶太人，仍然無可避免受到波及。例如第一次十字軍東征期間，位於萊茵河和多瑙河一帶的猶太人社區，由於擁有一定財富，便被農民十字軍徹底摧毀，部份猶太人遭到殺害，大部份則被迫四處流徙（Tyerman, 2006; 趙立行，2002）。

又例如第二次十字軍東征（1147 年）時，法國境內的猶太人同樣遭到屠殺。到 1290 年時，英皇愛德華一世（Edward I）更將居於英國約 16 萬猶太人驅逐出國，迫使他們向歐洲大陸及中東流徙。之後的 1348 年，「黑死病」爆發，歐洲人將猶太人視作帶來瘟疫的「元凶」，謠傳是猶太人在井裡下毒，才造成瘟疫發生，故大規模對他們迫害、屠殺與驅趕（Ziegler Jr, 1969; Cohn, 2007）。

前後經歷近 300 年、多達 11 次的十字軍東征，無疑給不同宗教、民族和國家帶來巨大災難，造成嚴重經濟損失，摧毀不少建設、衝擊不同社會制度，但同時亦直接或間接促進了不同民族與文化之間的交往互動，帶動社會變革，哪怕當中不少是殘暴和強迫的，另一方面亦為西歐日後走出地理局限，向全球殖民擴張創造重要條件（趙立行，2002）。至於猶太人則在這個不斷流徙的過程中，磨練了民族生命力的韌性和對信仰的忠貞，亦考驗了他們在農工生產和商業經營的靈活變通和逆境求存之道。

進入十五世紀，儘管十字軍東征已結束，猶太人仍沒法擺脫因種族和信仰不同而招來的威脅和迫害。1492 年，西班牙又發生迫害和針對猶太人的事件，王室要求主要居住在杜麗多（Toledo）的約 30 萬猶太人改信天主教，否則會遭到驅逐或殺戮；1496 年，葡萄牙也驅逐猶太人。結果，那些堅持本身信仰的猶

太人，只好再次離去，踏上流亡之路，前往歐洲或中東、北非洲等不同國度，尋找願意接納他們的地方（Saraiva, Solomon and Sassoon, 2001）。本書聚焦的沙遜家族，其先祖據說曾在杜麗多生活，並相信在那個時期輾轉移居巴格達。

更為嚴厲的迫害發生在俄國，而且持續甚久。1881 年，沙皇亞歷山大二世（Alexander II）被革命分子刺殺身亡，消息震驚歐洲，猶太人被指乃主使者，因此掀起了全國性針對猶太人的浪潮，大批猶太人被殺或迫害。情況到尼古拉二世（Nicholas II）時期尤其激烈，而事實上，猶太人只是沙皇鎮壓革命與整肅異己的代罪羊，他們所受的迫害直至「十月革命」推翻沙皇統治才結束（Klier and Lambroza, 1992）。至於進入二十世紀之後，猶太人遭遇的殘酷迫害，當然是前文提及納粹德國的種族滅絕，促使他們不得不四處逃難。直至二戰結束後的 1948 年，猶太人才建立屬於自己民族的國家——以色列，算是結束了長久顛沛流離、居無定所的局面。

對猶太教有深厚研究的傅有德如下一段介紹，可說扼要地歸納了猶太人的長期流散與苦難，同時又折射了他們堅毅不屈的民族性：

> 3,000 多年的猶太民族史，就是一部立國、亡國、流散、回歸，再復國，如此循環往復的歷史。其中，亡國與流散的時間竟大大超過了有國可依的歲月。每一次亡國，都伴隨著血雨腥風的殺戮；每一次流散，都造成了無數的家破人亡，妻離子散。據史書記載，在十一世紀的十字軍東征、1492 年西班牙大驅逐、中世紀英國的「血的誹謗」事件、起於德國、流行歐洲的黑死病事件中，都有大批猶太人慘遭放逐或殺害；在二戰期間（發）生（的）納粹大屠殺中，有 600 萬人喪生，給猶太人造成了滅頂之災。然而，多災多難並沒有讓猶太人低頭屈服。反之，大難之後迎來的是又一次的復國與復興。2,000 多年的流

亡、散居，一次又一次的立國、亡國、流散、復國，難道還有比這更能說明猶太人超強的生命力和堅毅不屈的精神嗎？（傅有德，2021：232）

　　進一步說，無論是十字軍東征時期，或是十五世紀西班牙逼令猶太人改變信仰時期，或是十九世紀沙俄針對猶太人時期，因為宗教及種族原因而四處流徙的猶太人，每移居到一個新社會，由於他們只是少數民族，又寄人籬下，通常會面對種種不公平的對待。他們在逆來順受之餘，必須想方設法生存下去，但同時又要做到入鄉不隨俗、不改信仰，甚至連種族亦不能給當地社會「同化」掉（例如通過跨種族通婚），那絕對不是一件容易的事。

　　現實點說，每到一個新地方，由於人生路不熟，又沒有土地資產，他們要賺取收入養活家人，擺脫困境，可選擇的路並不多，而投身商海則成為較可行的選項（Mendelsohn, 2014），一來經營生意可以由低做起，而且較大機會帶來突破，令家族擺脫艱苦和匱乏，猶太人大多精於營商的形象亦因此不脛而走。

　　在研究企業家精神與創業意欲的問題上，古典理論指出，移民經歷乃其中一個促成創業經營的明顯因素，因為「人離鄉賤」，移民到一個新地方時，往往成為邊緣群體，難以完全投入移居地的主流社會，就算能找到一工半職，薪酬待遇總不及當地人，晉升與前景亦較差。在這種相對不利的環境下，某些不願寄人籬下、看人面色、遭人歧視冷對者，一方面為了養活家人等現實問題，另一方面亦為了尋求更好出路，只好咬緊牙關，走上創業之路。另外，亦有人是因為家庭及社會成長環境不利，如父親早逝、教育水平低、受歧視或社會排擠等，而走上創業之路（Hagen 1964）。當然，亦有一些人是基於先天較為強烈的成就動機所致（McClelland 1961），他們內心有一股強烈的自我實踐和追求人生夢想的特別渴求，促使他們創立屬於自己的商業王國。

多種有助激發創業行動的因素姑且不作深究，若只集中於移民與創業的關係看，經歷多個世紀長期被迫害與不斷遷移的猶太人，屬「居無定所」的民族，他們每到一個地方，難以立即獲得接納、認同與信任，進入政府參與政治，或躋身上流社會。因此他們只能從事經濟發展，在經歷一段不短時間的辛勤努力與掙扎，憑自己雙手打拚事業，積累財富，打好經濟基礎之後，才能逐步尋求政治及社會地位方面的突破。

進一步說，由於猶太人是所居地社會的外來者，爭取生存是頭等大事，更不要說過去一直面對殺戮、迫害和流徙等殘酷現實，更促使他們在謀生經營時較注重利益計算，少談對社會的責任——包括道德責任，而總是「捐窿捐罅」（鑽空子）地尋找各種發展機會。他們會這樣做當然不難理解，但卻因而建立起「算死草」或「為富不仁」等負面形象。也即是說，若從族群歷史考察，長期流徙與遷移，受到種種殘酷對待的背景或經歷，確實促使了猶太人較偏向走商業之路，經營上亦較強調直接的成本效益，力圖利潤最大化，至於生意是否符合道德，則被放到較次要地位，因此讓人有猶太人不顧經濟學所說其他「界外利害」的印象。

父子兵、兄弟班與專業管理

人類社會無論孕育、成長與發展，均離不開「家」這個社會組織中最基本又極為關鍵的單位，它深受宗教、歷史與文化影響，其內涵亦為了適應一時一地的自然與人文環境，產生出不同的發展或生存特點。正因家屬於社會產物，當企業隸屬其下，受其支配時，必然亦會將家所信奉的宗教、所秉持的傳統與價值，以及其用於延續的制度，加諸企業之中，令不同地方或文化下的家族企業，呈現出不同的發展特質。家族企業以何種模式運作，開拓商機和發展事業，必然影響其發展動力，促使不少學者在這方面作深入研究，尋找當中那些

值得注意，能令其維持活力、不斷發展的動力源泉。

　　眾所周知，現代社會的創業與經商行為，不外乎如下三種形式的組織可供選擇：（一）單頭公司，（二）合夥人公司，以及（三）有限債務股份公司，俗稱「有限公司」，其中又分為私營有限公司及公眾有限公司（俗稱上市公司）。這三種形式的組織內涵及細節分野且不論，重要的是家族如何參與其中，如何運用其支配或控股力量，則必然令該組織呈現不同發展和營運形象。

　　無論採用哪種企業組織的形式，家族對其支配或掌控的方法，不外乎如下多種模式：（一）一人掌控的「單打獨鬥」，（二）二人合力的「夫妻檔」，（三）兩代多人合力的「父子兵」，（四）一代多人合力的「兄弟班」，或是（五）家族多代多人不願參與其中，完全交由非家族人士領導的「專業管理」。

　　一般而言，一人掌控「單頭公司」的單打獨鬥模式，較常見於創業階段，其特點是組織簡單，資本、人力等投入較少，決策效率較高，亦相對靈活機動，容易看到成績；缺點則是力量一般較細，難以應對多方面發展，而承擔的風險較集中或較大，若有失誤，只能一人獨力承擔。

　　二人合力的「夫妻檔」模式，屬於合夥人公司，亦較常出現於創業階段，兩夫妻情感深厚，互補長短、互相依靠，共同進退，當然亦能呈現很高效率，亦很是靈活；缺點則是財力或人力還是較為薄弱。另一方面，當妻子生育後，為了照顧孩子，夫妻檔常會出現重大轉變，到子女長大成人，投入企業給予助力時，則可能轉化為父子兵的模式。

　　兩代多人合力的「父子兵」模式，可以是合夥人公司，亦可以是有限公司，同樣較多出現在創業時，但也會持續至傳承接班之時。父子兵的模式既有一人獨鬥的特點，例如父親可完全指揮諸子，分派不同崗位；亦有合夥人的特點，例如諸子能成為重要助力時，被賦予較大權力，發揮夥伴力量。至於父子兵能否充份發揮力量，則要看兒子數目多少、諸子的才能，他們和父親之間的

關係與相互配合的情況。

　　一代多人合力的「兄弟班」模式，同樣可以是合夥公司或有限公司，這種模式雖會出現於創業階段，但較多是繼承接班階段，尤其當「父子兵」中的父去世後，諸子便會轉為「兄弟班」，共同進退。一般而言，長兄地位略高，但股權及地位等則與諸弟仍較接近，常呈現兄弟平等的現象，這種背景容易產生矛盾與分裂，從而削弱領導權威，影響決策及經營效率。

　　若果企業的控股家族不願直接參與營運管理，把大權悉數交到非家族的可信賴專業人士手中，由他們代為營運，則可視為「專業管理」模式。這種模式的最大特點，是家族成員不用營營役役，而是可以成為類似「睡眠合夥人」或「普通股東」，單靠手上的股權便能分享公司利益，「不勞而獲」。不過，這種模式卻要付出一定代價，包括承擔學術界所說「代理人費用」問題，至於企業的長遠發展方向和長短期利益，亦可能與家族的目標不一致。

　　一個十分明顯的現象是，當個人或家族的利益與風險，能與企業經營高度結合起來，則既能更好地調動經營者的發展積極性，促使其力求降低成本與風險，乃至尋找創新、開拓各種潛能。另一方面，個人單打獨鬥雖是最靈活亦最有效率的領導及營運模式，但當企業做大、變得複雜，尤其是營運跨地域生意時，個人必然難以分身、兼管眾事，需要他人的合作與執行。這種情況，一般雖會由夥伴或員工分擔，然而從原則上說，撇除一些例外，夫妻、父子、兄弟的關係必然比外人更為可靠，亦更為賣力，若然由他們提供助力，會更合作無間、有效執行。

　　同樣從一般原則與自然定律上說，由於企業發展關係家族福祉，其管理和領導必然由家族成員出任，以便更好發揮效率。但若家人缺乏興趣，不願參與其中，或是沒有足夠才能知識，參與其中反而會引發矛盾，窒礙發展，則會盡量減少，寧可引入可信賴、有才幹的非家族人士，由他們負責，授權方法則可

視不同情況，採取半授權或全授權。在這種「專業管理」模式下，控股家族的利益，必然不會如過去由家人直接領導及管理般享有獨一無二的地位或對待，公司的經營效率、風險承擔與長遠利益等考慮，亦會有所不同。

更確實地說，無論採用哪種企業組織——單打獨鬥、夫妻檔、父子兵、兄弟班或非家族專業管理——領導或管理模式的不同，必然會左右其對利潤最大化、效率最高化、競爭最優化等問題的看法或考慮，從而影響企業的發展。

作為著名猶太家族的沙遜家族，過去約二百年的發展進程，恰恰見證了以上不同模式的採納和應用，十分清晰地揭示其強弱優劣之處。更加值得注視的，是不同模式的採納，其實與家族處於哪個生命週期有關，例如創業者到底是未婚單身，抑或結婚不久，孩子尚幼；或是創業者年紀已大、經驗已豐，而子女又是否長大成人，能成為助力；更不用說當創業家長已去世，諸子到了各自尋求獨當一面之時等等，相信沙遜家族的案例都能為我們提供很好的參考和啟發。

研究方法與本書結構

長久以來，沙遜家族被視為現代猶太家族的表表者，他們信奉猶太教，家族成員中有拉比（猶太人中有學識的智者階級），對猶太教經典有深厚研究，亦有不少學者；當然亦富可敵國、身家豐厚，被西方社會視為「東方的羅富齊（家族）」（Rothschild of the East），擁有點石成金的能耐，和無孔不入的政商網絡（Stansky, 2003: 3）。

更加引人注視的，是沙遜家族與其他猶太家族，包括羅富齊家族、赫希家族（Maurice Hirsch family）及卡塞爾家族（Ernest Cassel family）等在內，被列為英皇愛德華七世（Edward VII，1901 至 1910 年在位）「國際都會社交圈子」（cosmopolitan social circle）的重要組成部份（Ferguson, 1998: 770），是英國政

治、經濟及金融秩序的支配者。像他們這些善於經商，有巨大財力，又與宮廷皇室往來緊密的猶太家族，往往被稱為「宮廷猶太人」，更被視為「現代猶太人」的先驅（Ferguson, 1998; Feldman, 2007; Imber, 2018）。

對於這樣一個顯赫的世界級大家族，中西社會過去的研究無疑為數甚多，其中有部份尤其受到注視（Roth, 1941; Jackson, 1968; Crisswell, 1981; Sassoon, 1982; Sergeant, 1991; Stansky, 2003; Egremont, 2005; Fischel, 2007; Wilson, 2014; Collins, 2016；唐培吉，1992；張仲禮、陳曾年，1985；黃紹倫，2019），不同層面與不同視角的分析皆有，可謂林林總總、百花齊放。

本研究秉持筆者過去以人物及家族為中心，進行跨世代綜合考察的研究視角，再透過對不同文獻、檔案及研究資料進行蒐集耙梳的研究方法，例如從遺囑、公司註冊檔案、報章報導、個人傳記、企業年報等等，搜集過去常被忽略的資料，作較全面的分析，加深對家族和企業發展的了解，從而增加社會對這個傳奇家族近兩個世紀發展進程的認識。

綜合而言，本書結構如下：首先，第一章亦即本章，已從理論角度，探討現代資本主義興起和壯大的主要論述，尤其是韋伯和宋巴特的觀點，重點指出猶太人不斷流徙遷移的歷史，以及商業經營的組織與模式，並點出如何以猶太家族的個案，思考西方世界——尤其英美的盎格魯撒克遜（Anglo-Saxon）種族與文化——在現代社會殖民擴張的起落興替。

儘管沙遜家族的源頭可以追溯到公元前十世紀，以色列聯合王國的大衛王（King David），其先祖據說又曾移居前文提及的西班牙杜麗多，再因受到迫害輾轉定居巴格達，但較普遍和具體的說法，則是家族在大衛・沙遜（David Sassoon）的帶領下，才發展至今日的局面。他在壯年時期，為逃避統治者迫害，由巴格達輾轉逃到大英帝國管治下的印度孟買，並在那裡踏上創業之路，誕生了「沙遜洋行」（David Sassoon & Co.，後來因家族內部分裂，出現了新舊

沙遜洋行，此洋行便一律稱為「舊沙遜洋行」），視之為創業第一代。然後，由於他經營得法，取得突破，寫下家族富過多代、政經影響遍及全球的傳奇，這是第二章的主要內容。

在討論現代資本主義興起的問題上，黃仁宇以威尼斯作例子，指出在「以前，合伙經商多是家人兄弟，通常一個駐屯海外，掌管近東埃及希臘和黑海間的買賣，一個留守在威尼斯」（黃仁宇，1997：80），藉以說明以天然血緣為紐帶的家族企業模式，在跨地域生意經營上，具有不容低估的便利好處。而沙遜家族的崛起和發展，則十分清晰地展示了這種商業模式的效率與力量，大衛‧沙遜雖然商業觸角敏銳、善於營商，但要把生意不斷擴大，尤其在東方（主要指中國及印度）與西方（歐洲及北美洲）的不同市場上四出開拓，沒有可靠和拚摶的諸子肩負發展任務，實在談何容易，可見沙遜家族的「父子兵」團隊，實乃生意和投資上不斷取得重大突破的「夢幻組合」。有關這方面在第三章中會有深入討論。

接著的第四章，討論焦點會集中到家族企業父死子繼的問題，指出第二代接手後總會經歷的既合又分的發展局面，即是既有兄弟同心協力的一面，亦有選擇分家創業，另起爐灶的一面，後者因此誕生了新沙遜洋行（E.D. Sassoon & Co），與舊沙遜洋行分庭抗禮。無論哪種模式，基本上企業都能保持活力，不斷發展，令家族身家財富和社會地位持續上升。

到第五章，則會重點討論部份兄弟選擇移居英國的問題，尤其會分析他們如何開始打進上流社會、結交皇室貴族，令這個家族的實力和影響力，由商業經濟擴展至政治與社會的不同層面。至於分家者另立爐灶後如何發展，有何際遇，亦會一併分析。另一特點是，無論新舊洋行，生意投資均逐步走向多元化，不只保留仍然有利可圖的出入口貿易，還擴展至棉紡生產、銀行金融及地產投資，令其成為真真正正的跨國綜合企業集團。

第六章處理的，一方面是第二代至第三代的接班，生意保持興盛，令沙遜家族可以突破華人社會所說「富不過三代」的問題，亦有他們如何能保持政治與商業活力的問題。其時，家族的傳承接班及發展進程碰到巨大的歷史挑戰：先是主要投資市場——中華大地——改朝易代，繼有席捲全球的第一次世界大戰，帶來大英帝國綜合國力由盛而衰等，其中戰爭對家族生意及人力資源的衝擊，尤其會聚焦討論。

第七章集中分析第一次世界大戰結束後英國、歐洲，乃至全球經濟低迷下，沙遜家族第四代成員的不同應變和事業發展。儘管家族實力仍強、地位顯赫，傳承接班過程亦甚為暢順，維持一種健康、穩定的發展狀態，但新舊沙遜的生意經營已出現巨大轉變。舊沙遜洋行眾人雖顯得無心商業，寧可投身政治與文化，追求個人事業，但家族人才濟濟，又讓其繼續維持政治、商業及社會等不同層面的巨大影響力。

第八章的討論重點，一方面是第一次世界大戰之後英國綜合國力從高峰回落的問題，另一方面是東方市場（中國和印度）如何出現重大轉變的問題，尤其會就新舊沙遜洋行在這段時期的發展差異作一個粗略比較，揭示一直緊跟英國背後的沙遜家族，發展進程如何受到牽引；二來則是新沙遜洋行把發展重心由印度轉移到中國，取得新突破，而仍把投資集中於英國的舊沙遜洋行則逐步走向衰落，反映家族第四代在商業經營與事業發展上的不同看法、取向和努力。

第九章集中討論第二次世界大戰給沙遜家族帶來的衝擊和損失，那不只是財產和生意，亦有人力資源方面。人丁已大不如前的沙遜家族，成員無可避免地被徵召上前線，既有人戰死沙場、身受重傷，亦有成員能幸免於難。與第一次世界大戰之後不同的，是那些存活下來的家族成員，除了域陀・沙遜（Victor Sassoon）繼續帶領新沙遜洋行全力開拓商業機會外，舊沙遜洋行存活下來的後人——尤其第五代，則大多無心商業，而是選擇走上學術之路，部份更投入到

宗教信仰的鑽研與弘揚之中。

第十章的重點，在於分析歷經二戰的沙遜家族成員——尤其第五代——的事業和際遇。一個突出現象是，第五代成員不再參與商業，反而大多走上文化教育及研究之路，並取得不少亮麗成績，惟以財富及政治影響力而言，實在大不如前。

第十一章討論第四代核心人物域陀·沙遜和薛弗德·沙遜（Siegfried Sassoon），為延續傳奇，他們雖曾在晚年時作出某些努力，但仍未能帶來驚喜，家族因此逐步走向滑落。與此同時，亦會聚焦討論不少第五代成員（及其後代）在二戰結束後選擇移民，有些前赴美國，有些改到澳洲，亦有些轉赴立國後的以色列，共通點是大多不再留在英國。

第十二至第十三章，重點分析沙遜家族第五、六代的際遇和發展，他們不少在第二次世界大戰後出現了重大的人生與事業轉變，各自移民，呈現了散居全球不同角落的局面。就算仍留在英國的一脈，傳媒亦因時局變化而不再留意其一舉一動，然而第六代代表人物占士·沙遜（James Sassoon）突然走上政治前台，成為英國政壇其中一位十分吃重的人物，則引起不少關注。他日後更因表現突出，獲大英皇室賜封為勳爵，晉身上議院，無論官階、頭銜等，均遠較家族之前世代突出，令家族名聲再次響亮起來，被視為中興人物。

由於第七代年紀較輕，完成學業踏足社會的時間尚短，部份第八代更仍在襁褓之中，要評估他們的人生成就實在為時尚早，惟某些特點仍甚為突出：其一是家族人丁單薄的問題似成定局，其二是走向個人專業似是大勢，其三是雖有成員投身商海，但多屬個人專業的延伸（例如本身乃會計專業的，則開辦會計師事務所）。以此論之，沙遜家族要恢復昔日光輝、再度中興，路途仍然不短。儘管如此，家族歷經二百年而能屹立不倒，已十分難得，未來的進一步發展，則要拭目以待了。

第十四章是本書的重點觀察和總結，主要聚焦家族人力資源的質和量，以及過去一直依附在大英帝國之後這兩個重要問題，分析其如何影響家族興衰和發展。其中沙遜家族雖人才出眾，但多人寧可保持單身，或是婚後沒有男性血脈，甚至因早逝而「絕繼」，同時又有較多同性戀者和壯年猝死者，均讓人隱約察覺到當中的人力資源問題。至於大英帝國曾經乃「日不落國」，但經歷第一及第二次世界大戰後，綜合國力持續滑落，這明顯地牽動了新舊沙遜洋行，以及整個家族的發展動力及路向，令其亦失去了昔日光輝。

結語

我們常說家是縮小的國，家族更是社會的基本單位，就如細胞之於生物。眾所周知，細胞有生有滅，家國亦有興有衰，而如何令一家一國崛起、富強，且維持盛勢，歷久不衰，持續發展，長期以來均是備受關注的研究課題。在華人社會，創業興家、帶領家族擺脫貧窮已然不易，到千辛萬苦富起來後，又總會為如何保持長盛不衰而煩惱，因為經歷過「窮而富」，便會認為接著是「富而窮」，民間亦因此有了「富不過三代」的基本假設，華人家族彷彿總是難以走出這個發展怪圈。

所謂「他山之石可以攻玉」，跨文化、跨種族的家族發展考察，可以給我們帶來啟發。本研究以在香港、中華大地及印度等地——即歐洲人眼中的「東方市場」——發跡，並曾發揮巨大影響力的猶太家族為個案，展開深入研究，看看其到底如何由「窮而富」，並維持那個巨富地位，歷多代而不墜，從而思考包括家族人力資源、歷史背景，以及宗教信仰等等問題，讓我們對家族及企業的發展與遭遇有更全面的認識和了解。

註釋

1 其實，在華人社會，傳統智慧告訴我們，當憑「對金子的貪婪」完成了原始資本積累，進入物質充裕無缺，錢多到花不完的階段之後，很自然地會想到修養、珍惜羽毛的問題，進入「發財立品」階段。

第二章

逃難創業

大衛・沙遜統率諸子打天下

從古至今，有關第一代創業者如何打下江山、揚名天下的故事，總是被描繪為白手興家、從無到有，染有能人所不能的濃烈傳奇色彩。就以本研究聚焦的大衛・沙遜（David Sassoon）為例，有學者指他創業時「只有 500 元資金，日後取得巨大成功，壯大為銀行家、地產物業巨子、酒店主與橡膠種植主」（Sergeant, 1991: 124），這一方面反映了相關研究的粗糙之處，另一方面卻揭示了社會對創業者總有一種想當然的、根深蒂固且不易改變的形象。

毫無疑問，歷史上大多數創業者確實是白手興家，在貧窮困頓中踏上自立門戶之途，並在經歷一番辛勞摸索後闖出新天，打開局面，奠下基業。但大衛・沙遜卻並不屬於這類創業者，因為他無論個人或家族均大有來頭，絕非身無分文的平常百姓，而是長久以來擔任「宮廷重臣或巨富商行」（courtiers and merchant princes）的猶太家族一員，地位顯赫（Jackson, 1968: 1）。即是說，與大多數白手興家的創業故事不同，大衛・沙遜的發跡，有其截然不同的背景與際遇，本章的討論焦點，正是探討這種與別不同的創業故事，豐富研究光譜的多元性與多樣性。

家族背景與出生

大衛・沙遜來自一個富可敵國、歷久不衰的猶太商人家族（Jackson, 1968: 1），他們被譽為能「把駱駝換成勞斯萊斯（頂級名車）」（swapped camels for Rolls-Royces），與雄據歐洲的猶太裔「羅富齊家族」齊名，是「東方羅富齊家族」（Rothschilds of the East）（Vittachi, 1999: 61）。事實上，這兩個家族確有不少相似之處，大家同屬猶太裔，擁有滔天巨富且傳承數代，在政經金融上能呼風喚雨，兩家又有緊密姻親關係。但他們的發跡歷程其實並不相同，羅富齊家族自第一代麥爾・羅富齊（Mayer Amschel Rothschild）白手興家後（Ferguson, 1998），經歷了拿破崙戰爭，在 1850 年代已是歐洲首富，建立起一個叱咤近兩百年的金融帝國。相對而言，沙遜家族在中世紀曾是中東地區的巨富，但至大衛・沙遜一代，卻因政經環境急變，被迫離開根據地，另往他鄉發展，令不少人誤將他當成白手興家的一代。因此，要了解這個家族的發跡歷程，需先交代他們原來的家族背景，以及他們為勢所迫、另創新天地的轉捩點。

眾多研究均指沙遜家族乃「賽法迪猶太人」（Sephardic Jews），屬於猶太人中的「貴族」或「上層」（Roth, 1941; Jackson, 1968; Sassoon, 1982）。據說，在猶太教重要文獻《塔木德》（*Talmud*）有記載，指他們乃「大衛王第五子」後代（*South China Morning Post*, 7 September 1909），故他們被視為「猶太貴胄」家族（黃紹倫，2019：6）。不過，有關沙遜家族與「大衛王」的關係，缺乏實質證據，而家族如何輾轉發展成一方巨富，亦是眾說紛紜。

其中一個較多人引述的說法，指沙遜家族的先祖自離開中東耶路撒冷後，曾流散遷移至西班牙馬德里，在一個名叫杜麗多（Toledo，又譯托雷多）的地方居住下來，[1]並按猶太傳統，在定居後興建教堂進行宗教崇拜，成為凝聚族群的重要標記。其中一個設於杜麗多城內被稱為「蘇山」（Shoshan）的猶太教堂分支，據說乃沙遜家族先祖所創立（當時的姓氏尚未改為沙遜），Shoshan 一

詞在希伯來文指百合花（Lily），寓意純潔，之後演變為「沙臣」（Sason），[2] 意即「喜樂」（joy），再之後又逐漸演變為「沙遜」（Sassoon），同樣寓意「喜悅」（gladness），沙遜家族的姓氏或衍派，相信由此而來（*South China Morning Post*, 7 September 1909; Jackson, 1968: 2）。

正如第一章粗略提及，1492 年時，西班牙推行反猶太政策，包括對強硬派或猶太人領袖進行大力打壓，甚至殘酷殺害，並頒布法令，要求在西班牙生活的猶太人必須皈依天主教，否則會被驅離。面對突變，部份猶太人選擇放棄祖先的信仰，被迫徹底割斷自身的身份、歷史和文化傳承；無法放棄猶太教的，則只好變賣家產，走上漫漫不歸的流亡之路。居於杜麗多的沙遜先祖，亦於那段時期離開了西班牙，並輾轉遷移到了巴格達，重新建造家園（Sassoon, 1982）。

沙遜的先祖最終選擇定居巴格達，相信是因為巴格達於 1638 年被鄂圖曼帝國吞併後，雖依從帝國，將伊斯蘭教奉為國教，但對其他宗教及文化仍然採取較包容的政策，允許基督徒、猶太人等保留原有信仰。治理巴格達的行政首長「瓦利」（Vali，又稱為巴夏，Pasha），因猶太人精於商業、善於生財的特長，對他們相當看重，甚至委任那些在商業經營上表現突出的巨富為「銀行總長」（Chief Banker），類似今天的稅務或財金官員，職能包括代政府向不同商貿活動徵稅。出任「銀行總長」的猶太人，還會獲贈「納西」（Nasi）的稱號，意思是「猶太之王」，由他們管理巴格達城內的猶太族群事宜，便利帝國統治，因此他們又擁有「酋長」或「首領」（Sheikh）的頭銜及身份（Jackson, 1968: 2-3）。

能獲封為「銀行總長」及「納西」的猶太人，既受當權者重用，手上更握有財政大權，身份自然極為尊貴，據稱，他們「每五日便會身穿金縷錦袍，帶著騎士護衛往皇宮議事。經過市集時，所有平民百姓，無論種族信仰，都必須肅立致敬，違者鞭打一百」（黃紹倫，2019：6），可見其地位崇高。而本研究

焦點大衛・沙遜的父親塞利・沙臣（Sason ben Saleh），正是一名「納西」。資料顯示，塞利・沙臣於 1750 年在巴格達出生，1778 年 28 歲時獲「瓦利」委任為「銀行總長」及「納西」（Jackson, 1968: 3）。由於他身為「首領」的頭銜，英文著作常稱之為「Sheikh Sason ben Saleh」——即塞利・沙臣酋長。

據說，在塞利・沙臣出世前，家族已在巴格達生活了數代，他本人能成為「納西」，一方面相信是他才能出眾，如當時傑出的猶太商人一樣，懂得希伯來、土耳其、阿拉伯和波斯等多種語言，且長袖善舞，有日進斗金之能；另一方面亦反映沙臣家族財雄勢大，已是當地巨富。塞利・沙臣擔任「納西」之時，儘管鄂圖曼帝國已盛世不再，綜合國力進入滑落週期，但尚能撐持一段不短歲月，所以塞利・沙臣仍能發揮其本領，為巴格達政府管理財政稅收、穩定猶太社群，同時繼續經商謀利，讓家族過著富貴尊榮的生活。

由於家族擁有不少生意，加上出任「銀行總長」一職，塞利・沙臣不但對巴格達的商業行情有充份了解，對於當時的世界局勢與商業環境亦有不少掌握，並與印度、爪哇、新加坡及喀布爾等不同地方的商人建立起緊密的關係網絡。其中，塞利・沙臣曾接待過一位名叫泰勒上校（Colonel Taylor）的人，當時這位上校正以大英帝國「孟買管轄區」（Presidency of Bombay）領導人代表的身份到訪，塞利・沙臣與他一見如故，建立起私人交情。這段關係不但有助塞利・沙臣連繫上孟買的領導人，獲得不少關於孟買政經與社會環境的消息，更成了兒子大衛・沙臣日後人生與事業道路的救生筏（Jackson, 1968: 4-5）。

資料顯示，塞利・沙臣與妻子亞蔓・格貝（Amam Gabbai）育有七子，女兒數目不詳，其中長子幼年時在一場瘟疫中去世，於是 1792 年出生的次子大衛・沙臣（David Sason）[3] 頂替了長子之位，成為第一繼承人（Jackson, 1968: 5）。由於大衛・沙臣日後將成為家族之長，亦很大機會成為新一任「納西」，責任重大，塞利・沙臣自然十分注重他的教育，他與眾弟弟自小便要學習希伯

來、土耳其、阿拉伯和波斯等多種語言，亦要掌握貨幣兌換及計算等技能。

　　大衛·沙臣天資聰穎，很快便能讀寫不同語言，且計算準確迅速，故待他年紀稍長，便被父親安排到家族的帳房，開始學習經商之道。他在實習中表現出優異的營商天份，不但數口精明，頭腦亦極為靈敏（Jackson, 1968: 5-6）。作為未來繼承人，大衛·沙臣的表現相信令塞利·沙臣極感欣喜，覺得後繼有人。

　　可以想像，出生於大富家族，父親受「瓦利」重用，又是猶太人群體的「納西」，相信大衛·沙臣亦認定自己將繼承「銀行總長」等職位，可運用自己的才能及學識，繼續指點江山，受人敬仰，延續家族的財勢名望。然而，一直順遂的他，此時命運卻突然逆轉，不但失去原以為十拿九穩的職位，甚至連生命亦受威脅，被迫走上流亡之路。對於命運的禍福無常，有人或許會感到徬徨或不知所措，但對深受信仰薰陶的大衛·沙臣而言，或許會視之為神給予的試練。

成家立室與變故

　　1807 年，當大衛·沙臣 15 歲時，父母便為他安排婚事，與來自當地著名猶太商人家族的漢娜·約瑟夫（Hannah Joseph）訂婚，未婚妻比他年輕兩歲（即生於 1794 年）。訂婚後，大衛·沙臣繼續於家族的帳房實習，學習更多經商的知識，為繼承父親的職位不斷努力。至 1817 年，塞利·沙臣已近 70 歲，擔任「銀行總長」及「納西」亦已 38 年了，他有感年紀老邁，體能心力大不如前，乃選擇退休，並在隨後的 1818 年安排大衛·沙臣與漢娜·約瑟夫完婚。

　　婚後，漢娜·約瑟夫先後誕下二子二女，其中長子亞都拉（Abdullah）於 1818 年出生，次子艾理亞（Ellias）則生於 1820 年；二女中，一人用祖母名字亞蔓（Amam）命名，另一人則叫馬莎桃（Mazalto），惟出生年份不詳（Jackson,

1968）。孩子們如大衛‧沙臣一樣，在享受富裕生活之餘，亦要努力學習希伯來、土耳其、阿拉伯和波斯等多種語言，以及經商的知識，為家族及自己的未來發展作好準備。

這段時期，雖然大衛‧沙臣的家庭生活過得平和愉快，但外在環境卻正急速變化。一方面，鄂圖曼帝國進一步衰落，朝廷與地方的政治鬥爭加劇，影響到社會安定及營商環境。扼要地說，進入十九世紀初葉，由於帝國敵不過在工業革命後國力日盛的歐洲諸國，經濟命脈和金融受英法等國控制，領土亦不斷被奧地利、俄羅斯蠶食，令內部營商環境越見困難，政府庫房收入日減。再加上自 1817 年塞利‧沙臣退休後，家族影響力大減，地方政府的人事又出現巨變，原來與沙臣家族關係較好的巴格達行政首長蘇利曼巴夏（Suleiman Pasha，簡稱蘇利曼）因捲入政變事件而逃亡，令沙臣家族亦陷入危機之中。

巴格達的新任首長為達烏德巴夏（Daud Pasha，簡稱達烏德）。有傳聞指他是奴隸出身，之所以能夠登上大位，乃得力於另一富裕猶太家族的扶持協助，他們便是雷埃爾家族的伊士拉及伊士高（Ezra and Ezekiel ben Rahel）兄弟。雷埃爾家族的財力雖不及沙臣家族，但仍是銀行及商業大戶。其後，伊士高‧雷埃爾更捕殺蘇利曼，立了大功，相信在達烏德的投桃報李下，「銀行總長」及「納西」的位置便由伊士拉‧雷埃爾出任，伊士高‧雷埃爾則獲任命為庫務大臣，兼任「君士坦丁堡掌璽大臣」（Keeper of the Seal of Constantinople）。這不但代表大衛‧沙臣「子襲父職」的寄望成空，雷埃爾家族的權力亦超越了沙臣家族，成為猶太人之首（Jackson, 1968: 6）。

不過，就如「塞翁得馬」，雷埃爾兄弟上位後沒風光多久，伊士高便因捲入賣官鬻爵、紊亂朝綱的政治鬥爭，最後被殺；伊士拉亦發現所謂「銀行總長」之職，已淪為純粹收稅官員，不但吃力不討好，且因巴格達經濟欠佳，油水有限，令他萌生退意。可能發現雷埃爾兄弟對自己再無用處，達烏德不顧念

昔日扶助之情，反而在將伊士拉撤職後，指責他工作不力，參與賣官鬻爵，將他囚禁起來，要求家族交出巨額「罰金」才釋放他。到家族交出「罰金」後，達烏德又沒有兌現承諾，反而將伊士拉殺死，事件震驚巴格達，尤其猶太圈子（Jackson, 1968: 6-7）。

食髓知味的達烏德發現，以「銀行總長」及「納西」之職吸引猶太巨富，再找藉口將之囚禁，進而勒索「贖金」的方法，能快速地充實國庫，增加收入（Jackson, 1968: 7）。於是，他以這兩個職位向猶太家族招手，希望有人垂涎接替。身家豐厚的沙臣家族自然是他首選目標，但大衛‧沙臣卻多次婉拒。由於沙臣家族擔任「納西」近 40 年，期間又參與不少宗教與慈善工作，在猶太群體名望極高，所以哪怕當時家族已無人在政府擔任高職，在猶太社區仍極具影響力。大衛‧沙臣的拒絕，加上達烏德殺害伊士拉一事，令其他猶太巨富家族都千推萬拒，不敢接手這兩個曾代表著尊貴與權力的職位（Jackson, 1968: 6）。

在達烏德眼中，大衛‧沙臣的做法自然是不識抬舉，也懷疑他運用影響力唆使其他猶太家族，使無人願接該職，打破他的如意算盤。而雙方關係直接破裂，是大衛‧沙臣直接向蘇丹反映達烏德治理巴格達不善，特別指出經濟與商業不景，猶太社區人心惶惶，某些富裕猶太家族甚至選擇離去等。[4] 對於大衛‧沙臣「越級告狀」，達烏德自然怒極，並決定「殺人滅口，從而奪取其家族財富」（Jackson, 1968: 8）。

常言道「商不與官鬥」，大衛‧沙臣可能年紀尚輕，對公義黑白仍有執著，加上是大富之家的繼承人，過去眾人都對他言聽計從，令他低估了世情險惡。儘管老父勸他事事小心，不要與達烏德硬碰，他亦聽不入耳。亦有研究指，他覺得膝下兩子年紀漸長，快將成年，令他沒有太大後顧之憂，可以據理力爭。

1828 年，由於妻子漢娜‧約瑟夫兩年前不幸病逝，大衛‧沙臣決定再

婚，迎娶花拉・海嚴（Farha Hyeem）為繼室，新妻子同樣來自猶太商人家族。但就在新婚不久，達烏德找了一個理由，將他及妻子的數名兄弟拘捕，囚禁於監獄中。年近 80 的塞利・沙臣只好向達烏德求情，一如所料，對方苛索巨額贖金，並要求大衛・沙臣獲釋後離開巴格達，轉到巴士拉生活，變相把他驅逐，免得他留在巴格達製造麻煩。塞利・沙臣無奈接受達烏德的要求，繳付了巨額「贖金」（對方稱為「罰款」），並立即著手安排兒子離開。

心思縝密的塞利・沙臣想到，巴士拉與巴格達相距不遠，處於達烏德勢力範圍之內，大衛・沙臣在當地的安全仍欠保障。所以他在兒子獲釋當晚，安排了一艘帆船，讓兒子一家先停靠巴士拉，以兌現之前的承諾，待達烏德的監視鬆懈後，再告誡兒子必須逃往更遠的東方。

> 他（大衛・沙臣）獲釋那晚，父親早已付巨資為他安排一艘註冊帆船，並向船長承諾，安全把他們送往目的地後可獲巨額報酬，船上一切必需品是臨時集結的……在他（大衛・沙臣）鼓脹鬆身的外衣之下，有厚厚的「金錢腰帶」（money belt）。家族傳說是他身上所披著的斗篷，內裡藏有不少珠寶。他抱著首任妻子所生的四名子女，還有年輕的繼室，作別了年老父親上路，並保證不會冒險留在巴士拉……
>
> （Jackson, 1968: 8）

就像驚險電影或小說情節般，在一個月黑風高的晚上，大衛・沙臣辭別老父後，攜同一家大小踏上了亡命之旅，在抵達巴士拉後旋即橫渡波斯灣，一路向東走，直至伊朗的布什爾（Bushire）。據說，達烏德真的反悔，曾派人到巴士拉想逮捕他，幸好父親有先見之明，他才逃過一劫（Jackson, 1968: 10）。家族後人憶述起這次經歷，只輕描淡寫地指：「因收到風聲，指有人要追殺他

（大衛‧沙臣），因此攜同一家大小由巴格達逃往孟買」[5]（he fled to Bombay on hearing news of a plot to murder him）（*South China Morning Post*, 16 October 1925; Sassoon, 1982）。

年輕的大衛‧沙臣算是命運的寵兒，人生一直順風順水，或許因此忘卻了「過滿則溢，過剛則折」的道理，低估了統治者手上的生殺大權，惹來追殺，不但禍及家族，更迫使他不得不帶同妻小，離開自幼生活且已打下事業基礎的巴格達。面對茫茫前路，是否感到後悔惶恐已不重要，他面前的最大難題，是如何好好活下去，並帶領家族重新興盛起來。或許是猶太人早已習慣應對流離失所的韌性，他並沒頹喪太久，很快便在異鄉重新振作。

逃亡與應對

由於害怕達烏德死心不息，大衛‧沙臣一家人只好馬不停蹄地趕路，過程令從小錦衣玉食的他們吃盡苦頭。到抵達布什爾時，逃亡旅程終於結束，他們暫且可鬆一口氣。不過，雖是擺脫了政權迫害，但他們身處異鄉，人地生疏，情緒還是忐忑難安。加上儘管他們帶了不少財物，但始終要找出生財之道，才不致坐吃山空，故如何謀生養家成了大衛‧沙臣最迫切的現實問題。最後，他決定做回商人這個老本行。

由於父親在中東地區及猶太人間久享名聲，大衛‧沙臣雖處身異地，對布什爾的商業環境毫無認知，但仍在當地人的幫助下，順利開展生意。其中一股助力來自西繆‧撒察利亞（Samuel Zacharia）——一位在「設拉子」（Shiraz）擁有詩人雅號的波斯商人，這人與沙臣父子交情深厚，成為大衛‧沙臣在當地的保證人，並借出貨品讓他售賣（類似賒賬），同時又以較低價錢租出一個靠近碼頭的房子，讓他開展業務。另一位「貴人」則是前述的泰勒上校，由於東印度公司（East India Company）在當地設有廠房及貿易代理部，泰勒上校則在

東印度公司有一定影響力，大衛・沙臣因此能與孟買開展小規模的貿易往來。

顯然，過去「往來無白丁」的大衛・沙臣無意做些小打小鬧的生意，也不想與當地小商人爭利，因此他憑藉敏銳的商業觸角，看準了跨國市場，將當地主要土產如馬匹、羊皮、海棗和珍珠等物輸往印度，同時採取雙向而行的方法，在印度採購絲綢及金屬製品等貨品，轉售波斯，取得了不錯成績（Jackson, 1968: 10）。

當大衛・沙臣在布什爾的生活及業務逐漸穩定時，1830 年初，父親及其他親人亦由巴格達逃到了布什爾。原來，自他攜同妻兒逃走後，其父遭達烏德以種種理由藉詞勒索，加上思念兒孫，故不惜千里迢迢來此團聚。可惜，年老的塞利・沙臣可能捱不住逃難期間的辛勞，加上之前為兒子奔波，早已心力交瘁，結果一家團聚不久，他便在家人環繞下離世，享年 80 歲（Jackson, 1968: 11）。

由於塞利・沙臣受達烏德苛索，損失極巨，加上多年來沙臣家族樂善好施，向猶太社群及教會捐獻了不少財產，故到大衛・沙臣成為新家長時，家族財富已今非昔比。如何善用尚有資源重振家業，成了他的最大挑戰。而且，他雖然決定投身商界，但到底要在何處立足，仍有待思考。當年選擇在布什爾停留，相信主要是為了與身處巴格達的親人保持聯繫，到其老父已辭世，大部份近親亦已離開了巴格達，他已沒必要留在布什爾這個不算太繁盛的地方。

曾因衝動而吃了大虧的大衛・沙臣，已學懂謹慎行事，故在決定新據點前做了不少研究考察，其中 1831 年左右的孟買之行令他最印象深刻。東遊期間，他拜訪了當地客戶，又參觀了市集、港口貨倉等設施，從而掌握當地物產、貨品供求、氣候環境、經營氣氛等。這次考察令他十分滿意，覺得孟買市場人流暢旺，商業十分活躍，而且巴斯、印度、穆斯林及猶太等不同種族和信仰的商人雲集當地，接觸交往緊密，看來相處得融洽和諧，沒甚麼矛盾衝突，

是一個適合營商的好地方。此外，有兩個猶太商人家族尼西姆（Nissims）及貝格（Gabbais）定居於此，他們同樣來自巴格達，可算是大衛・沙臣的同鄉，有事時可互相幫補支援。他對孟買唯一不滿意的，是當地缺乏體面及有規模的猶太教堂（Jackson, 1968: 11-12）。

比較過不同地方後，大衛・沙臣決定以孟買為重新「發圍」的基地。由於本錢不算多，要找一個可讓一家人居住、同時又能配合生意的地方並不容易，他最終選定落腳在譚馬領里（Tamarind Lane），6 購置了一所房屋。房屋所在的街道雖較嘈雜，亦沒舊大宅那麼寬敞，但勝在位處鬧市，交通十分方便。該幢房子有兩層高，他將下層規劃成辦公室和貨倉，上層則供一家居住，即所謂「下舖上居」（Jackson, 1968: 12）。

在拔營起寨前，大衛・沙臣先與布什爾的絲綢店、棉紗行及金屬舖等東主溝通好，以便他轉到孟買後仍能維持商務合作。因他打算繼續之前的雙向貿易生意，將布什爾的土特產轉往孟買，同時把印度（尤其孟買）的主要貨品轉售布什爾。由於他及家族擁有很好的名聲與信用，故無論與英國中介商行或是阿拉伯商人群體洽談，都能成功達成協議。

這時，結婚數年的太太再次夢熊有兆，大衛・沙臣在欣喜之餘，也有點顧慮與忐忑，因為哪怕早已作好萬全準備，轉到孟買後是否一切順利仍是未知之數。據說，最終令他下定決心的，是某次星期六在教堂做完儀式後，他在西繆・撒察利亞父子陪同下，問卜於一名算命師（fortune-teller），對方建議他立即轉往印度，指那裡能為他及家人帶來極大的財富。為了幫助故人之子，西繆・撒察利亞向大衛・沙臣提供了一萬元盧比（當時約值一千英鎊）的無抵押免息借貸，為期三年。在各種條件支持下，大衛・沙臣於 1832 年舉家遷移到孟買，開展新生活（Jackson, 1968: 12-13）。

逃出巴格達後，大衛・沙臣在布什爾生活了接近三年時間，期間前路未

明、後有追兵，但他基本上能沉著應對，並在家族名聲與人脈的護蔭下，順利開展了一些生意。到確定隱患消除後，他小心謀劃，到確認孟買具發展潛質後，才作出遷移舉動。他這種謀定而後動，有充份把握才出手的做法，貫徹在他日後的經營投資之上。可見經一事，長一智，他早已不是當年那個衝動、單憑熱血行事的富家少爺，人生及家族事業亦由此正式踏上光輝前路。

在深入討論大衛·沙臣一家移居孟買的發展前，這裡先補充其姓氏轉變的資料。在巴格達時，他們仍以「沙臣」（Sason）為姓，但其後的記錄上已轉為「沙遜」（Sassoon）。這改動始於何時已無從稽考，但較大可能是發生於他們轉到孟買展開新生活之時。因為當時孟買受英國統治，他為方便進行姓名及商號等的註冊，故改以英文拼寫的「Sassoon」作姓氏。而本研究之後，亦一律改以「沙遜」稱之。

立足孟買的創業

在細說大衛·沙遜踏足孟買如何發展事業前，有必要先粗略介紹一下孟買的發展背景和歷史。資料顯示，孟買（Bombay，1995 年改名為 Mumbai，中文名稱依舊）本來是七個小島的合稱，原隸屬於古吉拉特（Gujarat），1534 年落入葡萄牙手中。1661 年，葡萄牙公主凱薩琳（Catherine of Braganza）嫁給英國國王查理二世（Charles II）時，該地被當作嫁妝贈予英國（Cadell, 1958），英國則以每年 10 英鎊租給了東印度公司。自此，當地開始有了較為頻繁的商貿活動，並成為印度第一個城市（Jackson, 1968; Nergish, 2018）。

1817 年，英國政府宣佈在孟買推展大型的城鄉改造工程，令孟買地貌發生巨大變化。按規劃，英國把七個本來互不相連的海島，以移山填海的方式連結為一，將海島的沙石填入海床，並在新建造的地皮上興建房屋、市集、辦公樓、公共休閒設施及政府建築等等（David, 1995），同時又大量興建交通設施，

將孟買與周邊盛產棉花等的鄉鎮緊密地聯繫起來，令孟買成為一個四通八達、設備齊全的區域大城市，與周邊地區的商貿亦因此活躍起來。

大興土木之初，由於填海造地未見成效，市場活力尚未浮現，發展不算突出。但當島嶼之間的連結打通，各種設施亦相繼落成後，發展動力便開始釋放出來。大衛・沙遜在 1832 年踏足當地時，填海造地計劃已推展了十多年，基本工程大致完成，他自然感受到當地熙來攘往的商業活力。

在大衛・沙遜一家落腳於譚馬領里同年，繼室誕下一子，是為沙遜・沙遜（Sassoon D. Sassoon）。[7] 家族增添了新成員，令他更賣力工作。他創立了「大衛沙遜公司」（David Sassoon & Co），亦稱為「沙遜父子公司」（David Sassoon Sons & Co），中文簡稱為「沙遜洋行」或「沙遜父子洋行」，[8] 後來，他其中一名兒子自立門戶，同以 Sassoon 為名開創新公司，沙遜洋行乃改稱「舊沙遜洋行」，以作區別（詳見下文）。

公司成立後，大衛・沙遜便重新開始了跨境或跨國貿易的生意。由於在移居孟買前，他已與不少具實力的商人家族建立起互信關係，加上他具敏銳市場觸角，深懂靈活變通，故生意發展相當順利，貿易範圍由印度、孟買及布什爾（波斯灣地區）之間擴展至歐洲地區。他還安排兩名較年長的兒子進公司幫手，從實戰中吸收經商知識，同時亦因應當地環境，要求兒子們學習英文。由於年輕加上天資聰穎，他們很快便上手，成為父親的助力，讓沙遜洋行不受語言所阻，能與不同商業群體交易接洽（Jackson, 1968）。

就在大衛・沙遜於孟買大展拳腳之時，巴格達的政治形勢再起變化。達烏德終於被蘇丹撤下台，早前和大衛・沙遜一起被捕並因於獄中的妻舅，則獲新任巴格達首長委任為「銀行總長」，成為新「納西」（Jackson, 1968: 17）。這次轉變對沙遜家族自然是一大喜訊，而他也即時重新搭起與巴格達的聯繫，將生意拓展至故土，進一步擴大生意網絡，生意因此更為興旺起來，公司成為孟買

與巴格達的貿易大戶。

　　大衛・沙遜的生意躍起，還得力於當時的局勢變遷。原來，自 1600 年以還，東印度公司獲大英帝國批出「特許經營」的專利權，讓其統籌東西方的貿易往來。但隨著英國持續向外擴張，大小商人（一般稱為「自由商」，即類似今天社會的「個體戶」）亦絡繹不絕地往外闖，他們對東印度公司壟斷東西貿易甚為不滿，認為「特許經營」有違自由市場原則，並不斷向英國政府施壓，要求取消這個制度。至 1813 年，英廷終於撤銷了東印度公司對印度的專利權，只保留其對華貿易專利，到 1833 年，對華的貿易壟斷亦劃上句號（Robins, 2015）。

　　當獨佔市場的龐大專利公司結束壟斷時，必然會釋放出巨大的市場空間，吸引無數大小企業一湧而上，希望分一杯羹。大衛・沙遜剛開展生意時，便碰上這個千載難逢的好機會，令他可以乘勢而起，迅速壯大。棉花和鴉片這兩種一白一黑、盛產於印度一帶的貨品，正是沙遜家族迅速致富的主力業務（Jackson, 1968: 21; Niderost, 2006: 43）。大衛・沙遜雖看準這兩項生意的潛力，仍先謹慎地「試水溫」，確定其利潤巨大後便全力投入，因此賺得盆滿缽滿。

　　先說「白」的棉花貿易。自踏上工業化道路後，英國大力發展棉紡業，蘭開郡（Lancashire）更成為英國著名的棉紡業重鎮。但英國水土並不適合生產作為原材料的棉花，主要依靠入口，而美國和印度是全球最大棉花產地，亦是英國棉紡商人的主要採購來源。從某個角度說，英國政府在 1817 年大力發展孟買，不惜投下巨資移山填海，便是打算將之建成採購印度棉花的重鎮，以源源不絕地輸往英國，供應其生產所需，因此造就了孟買成為亞洲最早發展棉花交易市場的地方（Riello, 2013）。

　　雖然察覺到棉花在英國有巨大的市場潛力，大衛・沙遜一開始只是牛刀小試，當摸通門路和竅門後才大力發展。而他之所以能在一眾棉花商中脫穎而

出，首先是他注重與棉農打好關係，深入了解他們耕種與營運上的需要，為他們提供低價肥料及小額貸款，亦會在採購時預付訂金，令他能以較低價錢購入棉花，同時棉農也能得到保障及財務支援。此外，他亦注意提升日常操作營運的效率，在棉花分類、包裝、運輸、存倉和保險等步驟力求細緻，減少浪費，從而提升棉花品質，降低平均經營成本。雖說這種做法並非甚麼驚人秘技，但要從源頭做起並貫徹到底，需要專注的投入及執行能力，正是這些微小的差異，提升了公司的綜合競爭力，令他突圍而出。

經營棉花之時，商業觸角敏銳的大衛‧沙遜亦察覺到另一生意的巨大利潤，那便是被稱為「黑黃金」的鴉片。相對於輸往英國的棉花用於紡紗織布，有助民生經濟，輸往中國的鴉片卻屬於毒品，為吸食者及社會帶來嚴重問題。在大衛‧沙遜加入這門生意前，已有麥尼克洋行（Magniac & Co）及顛地洋行（Dent & Co）等自由商開始對華走私鴉片。在 1832 年，即大衛‧沙遜移居孟買那年，麥尼克洋行其中一位合夥人威廉‧渣甸（William Jardine）宣佈自立門戶，和占士‧馬地臣（James Matheson）創立了渣甸洋行（Jardine Matheson & Co），以更為進取的方法大規模拓展對華貿易，其中鴉片走私則是最主要的生意之一（Cheong, 1979; Grace, 2014）。

與開拓棉花貿易一樣，大衛‧沙遜開始涉獵鴉片走私時，也是採取保守策略，先以小量買賣作試金石，了解實質運作，當掌握內裡乾坤後，才作較進取的大舉投資。而他亦把發展棉花貿易時建立起來的運作與管理機制，同樣套用到鴉片生意之中，即由鴉片採購入手，並藉貸款、期貨訂購等模式，與鴉片種植者建立穩固關係，並強化包裝、運輸等不同步驟，降低成本、提升效率等。當然，由於鴉片輸華乃違反中國法律的行為，像渣甸洋行般的鴉片巨頭，畢竟佔據更多有利條件；謹小慎微、不爭「頭位」的大衛‧沙遜，相信只是小規模地參與，且主要是一些上游採購與轉售，並沒如開拓棉花生意般全力投入（參

考下一章討論）。

大衛・沙遜的命運自從轉到孟買並投入商場後再次出現曙光，先是喜獲麟兒，家族增添了人力；其次是一直對他窮追不捨舊仇敵下台，妻舅成為新「納西」，令他業務可重回波斯灣地區。至於他先後進軍棉花及鴉片市場，因能夠緊握市場脈搏，採取的策略又能穩定源頭供應，加上經營管理上心思細微，重視與供應商的關係，因此在市場上搶佔了不少優勢。在這三大因素牽引下，他不但商譽驟起，生意規模亦漸漸擴大。

家業與人丁的同步壯大

生意穩步上揚且愈做愈大，身家財富日豐之時，大衛・沙遜一家的人口結構亦發生不少變化。在 1835 年，妻子誕下一子，取名魯賓（Reuben），到了 1840 年，五子亞伯拉罕（Abraham）出生，一年後，妻子再誕下一對雙生子，分別是亞倫（Aaron）及所羅門（Solomon），至於年紀最幼的兒子弗特烈（Frederick）則到 1853 年才出生，那時大衛・沙遜已年過 60 歲了。除了兒子數目增加外，大衛・沙遜還與續弦妻子育有四名女兒，分別名為瑞秋（Rachel）、凱特（Kate）、瑞碧加（Rebecca）和慕雪（Mozelle），惟出生年份不詳。

由於原來譚馬領里的房屋並不寬敞，要住上一家十數口無疑相當勉強，加上四周環境嘈雜，衛生條件欠佳，引致大衛・沙遜的年幼子女頻頻生病，故他決定覓地另建新居。當地富裕的巴斯商人大多於馬拉巴爾山（Malabar Hill）一個被稱為「空中花園」（hanging garden）的高尚住宅區建屋，他亦喜歡那裡空氣清新、景觀開揚，於是在該區買地興建了多間平房，讓家人享受更舒適的生活。後來，大衛・沙遜還在一個遠離孟買名叫普拿（Poona）的地方，興建了一座極為豪華的城堡——「無邊花園」（Garden Reach），作為避暑渡假之所，日後亦成了他養老的大宅。

大約在 1830 年代中，大衛・沙遜的長女亞蔓出閣，據說她那時只有十多歲，丈夫來自猶太商人家族，名叫米耶・摩西（Meyer Moses），婚後育有一子查理・摩西（Charles Moses），父子二人日後都曾在沙遜洋行工作。到了 1840 年，大衛・沙遜年屆 20 歲的長子亞都拉完婚，妻子是漢娜・摩西（Hannah Moses），同為猶太人，惟不清楚是否來自亞蔓所嫁的摩西家族（Jackson, 1968）。

亞都拉・沙遜婚後翌年，妻子誕下一女，之後再生兩名都是女兒，一度令傳統觀念濃厚的他甚為失望。至 1853 及 1856 年，妻子終於添下兩子，是為約瑟夫（Joseph）及愛德華（Edward）。他們日後另建新居，搬到一個名叫馬哈巴萊斯赫瓦爾（Mahabaleshwar）的地方生活，那裡距離孟買約 300 公里，環境清幽，遠離都市繁囂（Jackson, 1968: 25-26）。

在大衛・沙遜正式升任祖父的 1841 年，妻子誕下一對雙胞胎，即上文提及的亞倫和所羅門，他自是喜出望外。大約兩年後，次子艾理亞・沙遜結束單身生活，妻子莉雅・格貝（Leah Gubbay）同樣來自猶太商人家族，夫婦於 1844 年誕下一子，是為雅各布（Jacob），之後再有愛德華（Edward，名字與亞都拉・沙遜兒子相同，下文一律稱為 EE・沙遜）、米耶（Meyer）及大衛（David，名字與祖父一樣，因其暱稱 Nukie，本研究一律稱為魯奇・沙遜）等孩子（Jackson, 1968）。

與兄長婚後另組小家庭一樣，艾理亞・沙遜亦選擇另覓新居，與父親等家人分開居住。事實上，由於亞都拉・沙遜和艾理亞・沙遜兩兄弟年紀較長，且是元配所生，與繼母及弟妹們難免有些隔閡，特別是性格內斂沉默的艾理亞・沙遜，據說較難與家人融洽相處（Jackson, 1968），故他成家後搬出，不但順理成章，且有助維繫家族關係，避免因「相見好同住難」而產生摩擦。

這裡要補充一點，雖然諸子在 1852 年之前並非沙遜洋行合夥人，但父親

給了他們甚為慷慨的工資,在獲得豐厚盈利時亦會發放獎金花紅,故他們都有充裕的財力養妻活兒。此外,他們均具投資觸角,又盡得父親營商的真傳,個人投資回報極為可觀。就以艾理亞・沙遜為例,據說他在到達上海初期,曾以每畝 90 英鎊的價錢買入黃埔河旁的農地,該地皮日後傳到孫兒手上時,已升至 30 萬英鎊一畝,約 80 年間升幅達 3,300 多倍(參考另一章討論);另外,他又曾在 1870 年代以 2,000 英鎊購入太古輪船的股票,同屬能夠帶來長期而巨額的回報,由此可見艾理亞・沙遜敏銳的投資目光(Jackson, 1968: 29)。

另一可作補充的是繼室花拉・海嚴所生的孩子,基本上都曾接受良好教育,大衛・沙遜要求他們掌握希伯來文、阿拉伯文和波斯文等不同語言,更必須精通英語。其中,亞伯拉罕・沙遜於孟買完成學業後,在 1855 年 15 歲時被送到英國求學,成為家族首名「留英」學生。此舉據說是受當地富裕巴斯商人送子留學英國所啟發,令他能夠建立起更好的人脈,並融入英國社會(Jackson, 1968: 28)。他日後在香港及英國其他屬地能大展所長,可見大衛・沙遜安排的巧妙深思。

就如移居拔營前算命先生的預言,孟買的確成為大衛・沙遜命定的幸運之地,不但為他帶來巨大的財富,妻子還在這裡先後誕下多名子女,加上年長子女亦在那裡陸續成婚,開枝散葉,家族又再次壯旺起來。至於他的身家財富,在業務種類及範圍持續壯大下,已不止是富甲一方,最終甚至成為能與羅富齊家族分庭抗禮、並駕齊驅的國際級巨富。

結語

沙遜家族是否如傳言般乃「大衛王第五子」的後代,雖說已不可考,但他們於巴格達富過數代,大衛・沙遜的父親更是「銀行總長」,掌握財金大權,又是猶太社群領袖「納西」,家族乃當地顯赫巨富,則屬確實之事。本來,若

當地政治環境不變，大衛·沙遜很可能會承繼父職，繼續帶領家族平穩發展。但計劃永遠趕不上變化，家族被捲入權力鬥爭，不但令大衛·沙遜陷於險境，最後被迫攜同妻兒逃離家園，家族財富亦大幅消散，發展軌跡從此發生巨大轉變。

流亡至布什爾時，可能尚未適應巨變，加上人地生疏，大衛·沙遜的發展沒有大突破；但當他遷居孟買，與年長兒子一起全力投入商海後，則如魚得水，無論參與哪門生意都能點石成金。他們的成功，除了得益於市場開放等環境因素外，還歸功於他們本身的眼光、營商天賦及「後發先至」的策略：在開展生意前，他們不會急於搶佔先機，爭做第一，反而善於等候，待籌備充足再穩步突圍，故生意表現更勝別人，就如分析所言：「他們沒有爭做先鋒的愛好」（They had no taste for pioneering）（Jackson, 1968: 30）。毫無疑問，社會一般均會把焦點放在那些業界第一的領頭人身上，但大衛·沙遜或許從個人經歷中體會到「領頭」帶來的風險，故寧可穩打穩紮，專注做好每個細節，而這種經營哲學，亦成了他浴火重生的玄機。

註釋

1　杜麗多乃馬德里西南一個自治市，曾經繁盛一時，乃羅馬時期腓力二世（Philip II of Spain）在位時卡斯蒂利亞王國（Reino de Castilla）的首都。

2　據說，十七世紀時，威尼斯一位學者名叫亞伯拉罕‧沙臣（Abraham Sason），便稱自己是賽法迪猶太人，乃大衛王第五子的後裔，可見以「沙臣」作姓氏的「大衛王第五子後裔」，當時已向歐洲及其他地方散播開去（Jackson, 1968: 2-3）。

3　日後，他的姓氏改為「沙遜」（Sassoon），惟這兒暫且保留其與父親姓氏相同的譯法。

4　有分析指出，當時社會出現「反猶」情緒，且不斷蔓延，令當地猶太富人的經商與生活受到影響，甚至危及生命與財產安全，所以有猶太家族寧可選擇「出走」之路，及早離開巴格達（張仲禮、陳曾年，1985：2-3）。

5　大衛‧沙臣後來離開了布什爾並轉往孟買，這裡應省略了有關經過。

6　譚馬領里於1992改名為 M. P. Shetty Marg，鄰近孟買股票交易所舊址，時至今日仍為繁榮的商業街，有不少銀行及股票經紀所。

7　由於此子出生後採用了「沙遜」（Sassoon）的姓氏，進一步支持前文推測，大衛‧沙遜是在移民孟買後才改姓。

8　公司名稱雖有「父子」合夥之意，但實際上由大衛‧沙遜一人掌控，即「單頭公司」。這一模式一直維持到1852年，他才先後吸納兩名年長兒子成為合夥人。到他離世後，其他兒子亦先後成為合夥人，惟不久兄弟便分家了（Jackson, 1968: 30）。

第三章

開拓中華
家族商業王國的不斷擴張

正如上一章提及，大衛·沙遜立足孟買開展生意翌年，東印度公司對華貿易的壟斷劃上句號，這意味著大英帝國與中國之間的貿易往來大門突遭開啟，由此產生的巨大市場空間可想而知。這一商業環境的巨變，對於生意觸角敏銳的大衛·沙遜而言，絕對是一個千載難逢的機會。惟他應想到，自己剛剛邁出創業腳步，雖已嚐到了棉花及綜合貿易的初期滋味，但還未有足夠財力與人力，讓他可左右開弓；另一方面是他落腳孟買不久，尚未確立「英籍商人」的法律身份與地位，貿然開拓中華市場，可能不獲英國保護，沒有靠山，風險巨大。基於此，在巨變之初，他應只是靜觀其變，沒有如其他進取的英資商人般，立即對中國市場開展直接生意與投資。

1839 年，滿清政府針對鴉片走私泛濫，國民吸食鴉片者極多，導致嚴重經濟與社會問題，於是命令欽差大臣林則徐前往外商雲集的廣東，厲行禁煙。惟因禁煙之舉損害渣甸洋行（Jardine Matheson & Co）等鴉片走私商人的利益，同時觸動英國政府對華貿易的神經，最終引起了第一次鴉片戰爭。至滿清戰敗，於 1842 年簽訂第一條不平等的《南京條約》（Fay, 1975），當中割讓香港、開放五口通商等條文，相信吸引了大衛·沙遜的注意。由於家族已在孟買扎根十年，不斷深耕細作棉花與綜合貿易生意，有了更雄厚的實力，正尋覓新商機或新市場發展，故中國市場進一步開放，無疑成了家族大舉投資此地的重大誘因。

遣子廣州的探路

比起上一章粗略提及的英資渣甸洋行、顛地洋行（Dent & Co），或是美資旗昌洋行（Russell & Co）等老牌洋行，沙遜家族踏足中華大地、開拓業務的腳步相對較遲，但這對「不爭第一」的大衛・沙遜而言，並非甚麼大問題。因為他所注重的是行穩致遠，故不急於一時，尤其想從別人先行發展的經驗中學習，從而作出更好的部署與發展，再憑本身的效率與實力，與那些老牌洋行一較高下。

就如開拓其他生意一樣，大衛・沙遜作出重要投資前，必會做好充足準備，尤其先了解市場領導者的強弱項，然後取其所長，避其所短。基於此，他在《南京條約》獲得清政府確認，開放通商口岸，割讓香港成為英國殖民地等條款已成定局後，才於約 1844 年派出心思縝密的次子艾理亞・沙遜到華。而艾理亞的主要任務，相信是深入了解中國這個方興未艾的市場，找出最能賺錢的生意，以及評估競爭者的實力。

雖然無法確切掌握艾理亞・沙遜到華後的情況，但從一些檔案資料中，仍可找到他在中國活動的蹤跡。在 1845 年的《中國叢報》（The Chinese Repository）上，刊登了一份「外國人居住廣州名錄」（List of Foreign Residents in Canton），除了十三行的資料外，還列出一些新成立的行號，其中有一家名為「周周行」（Chauchau Hong），艾理亞・沙遜便是此行第 2 號（店）的六名經營者之一，那時他的名字為英文拼音「Eliaoo D. Sassoon」（The Chinese Repository, 1 July 1845）。[1]

翌年，在同樣的名單上，新成立行號一欄出現了「大衛沙遜及兒子洋行」（David Sassoon, Sons & Co，如上一章提及，約 1832 年創立於孟買，本書簡稱為「沙遜父子洋行」或「舊沙遜洋行」），經營者列有艾理亞・沙遜及亞都拉・沙遜（Abdulah D. Sassoon）二人的名字，之下還列出 Dahood

Moses、Agostinho Miranda、Nesserwanjee
B. Fackeerajee、Nesserwanjee Framjee、
Aspenderjee Tamojee、Franeis B. Birley 等，
從這六人的排列格式及次序看來，他們應
是公司的員工（*The Chinese Repository*, 1 August
1846, 1 July 1847）。

顯然，經過一年的探索後，大衛·沙
遜決定進一步發展中華大地這個前景向好

沙宣 *Sha-sun*
Sassoon, Sons & Co., David, Pedder's Wharf
  Arthur Sassoon
  Solomon Sassoon, (Shanghae)
  Solomon Ezekiel,   (do.)
    S. E. Sassoon
    E. D. Ezekiel
    A. D. Ezekiel
    V. F. Rocha
    L. A. Joseph, (Yokohama)
    S. David, Jr., (Shanghae)
    S. Howard,   (do.)
    M. S. Gubbay, (Ningpo)
    S. Hyam, (Cheefoo)
    S. Abraham, (Hankow)
    N. A. Joseph,   (do.)

刊於 1863 年 *China Directory* 上
有關舊沙遜洋行的資料

的市場，才會走出孟買，多派一名兒子來華。至 1850 年時，「大衛沙遜及兒子
洋行」再加入四子魯賓·沙遜的名字（*The Chinese Repository*, 3 August 1850），反
映公司發展急速，要派更多兒子及員工前來支援。而沙遜洋行當時的業務，主
要集中於上一章提及的棉花與鴉片。

先說棉花貿易，原本沙遜洋行在這方面的主要市場是英國，但因供求問
題，棉花價格不斷下降，故改為開拓中國市場，將之運到中國出售，結果獲得
豐厚利潤。至於鴉片走私方面，公司於孟買時已有參與上游生意，到在中國設
立分行後，涉獵程度應有所增加，亦獲利不少。此外，洋行亦有經營茶葉、絲
綢、陶瓷、皮革等出入口貿易（Roth, 1941; Jackson, 1968）。

由於生意愈做愈大，在 1840 至 1850 年代，沙遜家族成員的名字常出現在
報紙的輪船乘客名單上，主要往來於印度、東南亞及中國之間（*The Daily News*,
19 March 1850, 16 December 1851, 20 September 1852）。大衛·沙遜亦成為當
時報紙常提及的名字，反映他在華已有相當名聲，舉動總會吸引媒體的視線。

為了配合對華貿易，沙遜洋行於 1845 年在上海設立據點（唐培吉，
1992：71；Smith, 1995: 398-399），並開始購入土地，興建自己的貨倉、碼頭
和辦公樓。根據當時規定，洋人在上海租界內持有土地必須登記，但在相關

會議記錄中，只見亞都拉・沙遜和魯賓・沙遜共同委派了法律代表處理相關事宜，沙遜洋行的名字未有出現在記錄中（*The North China Herald,* 4 November 1854），反映那些地產物業應是沙遜家族以個人而非公司名義購置。公司把發展中國市場的總部定於上海（Marriner and Hyde, 1967; 鍾寶賢，2016），而不是一開始的廣州，相信與上海具有優良港口，又位處華中有關，沿江而上，可進入中國更為龐大的市場。

與此同時，沙遜洋行亦購入貨船，組織船隊，航行於孟買與上海（常停泊於吳淞江口）之間。資料顯示，早期的沙遜父子洋行，在處理涉華業務上，有兩艘較常使用的運貨船，其一是「獒犬號」（Mastiff），載重 148 噸，多用於運載一般貨物；其二是「沙遜家族號」（Sassoon Family），載重 192 噸，主要用作鴉片走私（*The Chinese Repository,* 20 March 1852）。反映開拓對華貿易一段時間後，大衛・沙遜對利潤豐厚的鴉片生意投資日漸增多。

1842 年，英國海軍以武力強行打開中國大門，令國際貿易產生巨大轉變，深具商業觸覺的大衛・沙遜自然看到當中的商機，於是派出更多兒子和員工到華，擴大經營規模，特別是利潤豐厚的鴉片走私。從某個角度看，沙遜洋行能迅速在對華貿易上突圍而出，與其「父子兵」模式有關。由於經營者之間關係深厚，互信非一般合夥人可比，故能上下一心，強化內部凝聚力，打拚時亦可全力向前，無後顧之憂，更能提升效率，令其很快便闖出名堂。就如與大衛・沙遜同時代的著名巴斯商人吉吉貝（Jamsetjee Jejeebhoy）的評論：「大衛・沙遜成功的主因是他用子有方」（the chief cause of David Sassoon's success was the use he made of his sons）（Jackson, 1968: 31）。黃紹倫（2019：110-12）亦指沙遜商業帝國的成功，與他「擁有指揮八子出征的家族資源」有關，揭示「父子兵」發揮的巨大力量。

踏足香港的經營

　　到底沙遜家族是何時開始在香港投資的？不少學者指早於 1844 年，他們已在香港成立分行（Jackson, 1968: 23-24; Chung, 2019: 7; 張仲禮、陳曾年，1985），但這講法恐怕是一種誤解。據資深香港歷史愛好者施其樂（Carl T. Smith）對香港猶太族群的考證，沙遜家族踏足香港的日子，遠較廣州和上海晚十多年，起碼要到 1857 年才有正式的投資。當時，中英爆發第二次鴉片戰爭，有廣州的洋行擔心生意或人身安全受威脅，為了逃避風險，乃把公司轉到香港。大衛・沙遜亦有同樣憂慮，於是指示兒子們在香港設立支部，當作備用據點（Smith, 1995: 399），但生意仍以中國內地為主。

　　那時，沙遜洋行在香港的生意主要為鴉片貿易。因為茶葉、絲綢和皮革等一般貨物可直接由廣州、上海等地出口，沒必要花額外成本於香港轉口。但販賣鴉片當時在中國內地仍是非法生意，只能以走私方法進行，每當滿清政府嚴厲禁煙，風險便會驟升。相對而言，吸食、販賣及出入口鴉片在香港均是合法的，受殖民地政府保護，甚至有英國政府的撐腰。因此，每遇清政府「嚴打」，承載鴉片的貨船未能在內地起卸時，鴉片商

火船布林廉加素於六月十七日已抵英京○火船刁加里仁又名蒙古已過埃及新開河○美國帆船金茂到港以小輪船拖往灣仔船澳修葺○前日律師請於巡理府憲作風扇惟狀師不在之時則風扇懸而不動可無需人為之抽曳云○驗戶官至國家醫院驗一女子年僅九齡名日梁百嬌乃在海上操舟為業固艤娛塞姐之流也以失足而溺於海達致殞命云○臬憲衙門以天氣炎暑給假二月○上海電報近來滬口處其綠已斷現擬修葺侯工竣後方可傳遞如常○英兵船厚者之士地準陳來也先於六月十八日沙宣行僱其艇由科輝廉船載煙土八十一箱抵岸售出七箱一箱抵岸務付入貨倉時權之得一少四十九顆疑起艇家作樂命人尋之二十一叉裝一百零四箱抵岸皮皆有裂裹可見但箱甚輕開箱驗之則少十六顆其餘每箱皆有少者為搜其船尚得二十五顆箱皮惟一婦人被獲故總巡求幫押侯候得男子乃行再審云再行縫綴使之復合其艇中男子皆已遠屬惟一婦人被獲故總巡求幫押侯候得男子乃行再審云

便會將貨物儲存在港，待風聲過後，便可以最快速度運回內地，就如鴉片戰爭前作為走私據點的伶仃洋一樣（Grace, 2014）。沙遜洋行於 1857 年在香港設立據點，相信亦是為了應對清政府打擊鴉片走私與鴉片市場波動。

從僅有的檔案資料看，沙遜洋行早期在香港的辦公地點位於畢打碼頭（Pedder's Wharf）側，貨倉則設於畢打山腳（Pedder's Hill），約於雲咸街與舊德意志會所相鄰之處。他們選址於此，一方面是貨倉與碼頭只有一箭之遙，方便貨物搬運上落；同時也因為當時治安惡劣，盜賊橫行，連門禁森嚴的渣甸洋行物業與港督府亦曾遭洗劫（鄭宏泰、黃紹倫，2010）。由於鴉片價比黃金，清廷「嚴打」時因供不應求，漲價更甚，沙遜洋行為防盜賊，貨倉不但靠山而建，四周築有高高圍牆，更設有私人的「沙遜炮台」（*South China Morning Post*, 19 January 1934 and 29 May 1961），可見當時治安之惡劣及鴉片的價值。沙遜洋行最初主要是將香港當作存儲鴉片的地方，日後逐步認識到香港社會和經濟的特點，才開始把資金投入到金融和地產之中，令其與香港的關係更趨緊密。

這裡再引述施其樂的研究，補充一點猶太人與香港的關係。據他所說，第一名踏足香港的猶太人應是科恩（Samuel Cohen），約於 1843 至 1844 年間抵達，然後有菲臘斯（Jacob Phillips），他創立了「菲臘斯莫爾洋行」（Philips Moore & Co）。1850 年代中，中英關係再度緊張，促使不少在中華大地——尤其廣州——立足的洋商轉到香港，其中包括猶太商人伊士拉（Nissim J. Ezra），便於 1855 年由廣州轉到香港，並向港府申請土地興建猶太墳場，於 1857 年獲批內地段 581 號的地皮，即今日銅鑼灣山光道東蓮覺苑側（Empson, 1992: 132）。

第二次鴉片戰爭開戰後，開始有別的猶太商人如沙遜家族般轉到香港。施其樂根據那時的《香港商業名錄》資料，指在 1859 年，香港共有 15 名猶太商人，分別來自三家猶太洋行，沙遜洋行佔六名，七人來自菲臘斯莫爾洋行，

表 3-1：1843 至 1883 年猶太商人與沙遜系數目轉變 #

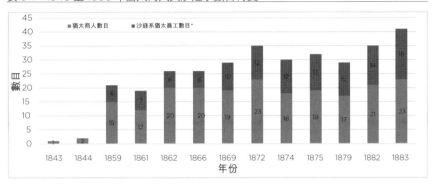

*　這裡的「沙遜系」，指自 1867 年起包括了新舊沙遜洋行兩家公司。
#　據施其樂引述 Jewish encyclopedia 的記錄，1882 年時，香港有 60 名賽法迪猶太
　人，而 1898 年則有 150 名（Smith, 1995: 406），但沒分指出是哪個類別的猶太人，
　相信是總數。

資料來源：Smith, 1995: 398-406

餘下二人來自「猶大洋行」（Judah & Co），可見那時在港猶太人仍然極少。第
二次鴉片戰爭結束並簽訂《北京條約》後，中華大地進一步開放，但香港的猶
太商人增幅不大，1862 年增加至 20 名，之後數年維持在這個水平，1869 年減
至 19 名，就算到 1883 年，亦只有 23 名而已（Smith, 1995: 402-403，參考表
3-1）。[2]

　　若從猶太商人對追逐利潤的靈敏度推測，那時香港的生意發展空間，明顯
未有如廣州、上海或福州等地般吸引，
可沙遜家族自 1857 年在香港設立據點
後卻不斷增加業務與人手投入，相信是
另有盤算，或嗅到獨特商機，令「沙遜
系」（包括新舊沙遜洋行，詳見另一章
討論）猶太員工數目佔在港猶太人較大

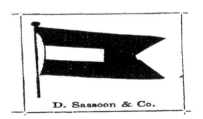

沙遜洋行船隊旗號。資料來源：*China
Directory*, 1867 ii

的比例。

在 1867 年出版的《中國商業名錄》（*China Directory*）中，沙遜洋行公司地址仍是畢打碼頭（Pedder's Wharf），當中有兩項值得注意的資料：一是洋行旗下擁有輪船，並與其他不少歐美洋行的輪船般，擁有自己的旗號；其二是這家洋行僱用的員工人數不少，總計達 25 人，其中四人來自沙遜家族（不包括姻親）。[3] 在這 25 人中，標明駐守上海的有八人，駐守漢口和天津的各有二人，駐守福州、寧波、漢口、天津和橫濱的各有一人，沒註明的有八人，相信是留在香港，或需四處出差的（*China Directory,* 1867: 26A-27A）。

在福州、寧波等地的名錄中，可能由於資料從略的關係，只列出三數家龍頭洋行，而在上海及橫濱兩處則列出較多商戶，沙遜洋行的名字亦在其中。在上海的名錄，員工人數雖同為八名，但其中一人的名字與前文有出入；公司地址在北京路與南京路之間的海濱，這是沙遜洋行一直以來的扎根地。在橫濱的名錄，沙遜洋行的員工人數有二名，並非前文提及只有一名，而且沒有列出公

表 3-2：不同時期大衛．沙遜八子輪替駐華資料 *

1845-1849	次子艾理亞（Elias）	派駐廣州
1846-1850	長子亞都拉（Abdullah）**	派駐廣州
1850-1861	四子魯賓（Reuben）	派駐香港
1852-1858	三子沙遜（Sassoon）	派駐廣州
1861-1867	五子亞伯拉罕（Abraham）***	派駐香港
1862-1875	七子所羅門（Solomon）	派駐上海
1874-1887	八子弗特烈（ Frederick）	派駐香港
1884-1887	六子亞倫（Aaron）	較少直接參與家族生意

* 自 1867 年，兄弟分家後出現新舊沙遜洋行競逐的情況，「兄弟輪替」駐華所帶來的效果，應有一定轉變。
** 後改稱阿爾伯特（Albert）。
*** 後改稱亞瑟（Arthur）。

資料來源：Smith, 1995: 408; 黃紹倫，2019：11

司地址（*China Directory*, 1867: 15J and 5S）。無論是上海或橫濱的資料，基本上支持了香港部份商業名錄中的介紹，同時亦揭示沙遜洋行生意遍及中國的主要商埠及日本，加上在英國和印度的投資，那時實已成為了跨國企業。

這裡還要補充的是，自全力開拓中華市場後，大衛·沙遜曾以類似「輪替」的方式派遣諸子到華，直接管理業務，與人丁單薄的太古洋行的管理模式截然不同（參考筆者有關太古家族專著的論述）。表 3-2 列出不同時期諸子來華的簡單資料，可發現自開拓中國市場後，任何時段都起碼有一名兒子留駐管理業務，正如第一章提及黃仁宇（1997：80）對 1800 年前威尼斯的觀察：「合夥經商多是家人兄弟，通常一個駐屯海外，掌管近東埃及希臘和黑海間的買賣，一個留守在威尼斯」。亦因沙遜洋行一直有「可話事」的駐華負責人，遇上突發問題時亦能迅速應變，劍及履及地落實各種管理與市場策略。

無論是開拓廣州、上海、汕頭、福州，乃至香港、橫濱等不同市場，大衛·沙遜一方面全力依賴諸子在當地直接領導和管理，因時制宜作出準確決定；另一方面又十分強調「不作出頭鳥」的處事原則，生意經營上只是「跟大隊」——評估別人的生意，看到有利可圖便投入其中，大力發展。而他致勝之處，是在經營和銷售上注重細節，更細心地了解及配合市場需要；及派遣諸子到華，讓家族能更直接、更準確地了解市場狀況，作出更快及適切的回應。簡言之，這種穩打穩紮，以本身管理及經營特長取勝的方式，成為他及子孫後代的經營特點，和突圍而出的關鍵所在。

效忠英國的舉動

沙遜家族在中國不斷開拓之際，他們在孟買的生意亦沒有停步。雖然他們已富甲一方，但巴格達的生活和經歷，令大衛·沙遜深刻地體會到政治環境對營商的影響力，政府的撐腰或打壓，都可做成翻天覆地的改變。而他選擇由布

什爾轉到孟買，除當地更有利營商外，還與在那裡可爭取大英帝國作為靠山有關。棉花貿易、鴉片走私，甚至是買田買地等，都需有力政權的保護，否則不但舉步維艱，亦容易一夜間化為烏有。因此，據說於 1853 年，大衛‧沙遜做了正式歸化英國的手續，宣誓效忠英女皇及其後代。由於不懂英文，他在歸化文件上是以希伯來文簽名（Jackson, 1968: 35），這情況在當時應相當常見。

單靠入籍歸化顯然並不足夠，要獲英國政府青睞或信任，需更進一步的行動，他們亦積極把握每個機會「表忠」。1857 年，印度發生嚴重且規模龐大的動亂，[4] 原因眾說紛紜，主要是民眾不滿英國政府漠視當地宗教與傳統，以種族主義政策進行殖民統治，壓榨印度人民、破壞印度傳統，損害原領導階層的既得利益等。動亂爆發後，已經歸化英籍的大衛‧沙遜「第一個走出來表示支持英國政府」（Jackson, 1968: 36），還表示可組織猶太族群上前線平亂，另一標準動作則是捐錢支持英軍用兵（Jackson, 1968: 35-36）。由於大英帝國擁有現代化軍備，軍力極不對稱，叛亂不出一年便被鎮壓，社會秩序逐步恢復，此時大衛‧沙遜又再公開讚揚英軍。

動亂平息後，為了強化管理，印度被併入大英帝國實行直接統治，維多利亞女皇（Queen Victoria）亦兼任印度女皇（Herbert, 1941; Peers, 2002; Chakarvarty, 2005）。1858 年 11 月，適逢維多利亞女皇加冕 20 周年，印度舉行了盛大的慶祝活動，大衛‧沙遜再次出錢出力，除舉家積極參與「慶祝英女皇統治印度」的活動外，還在孟買城中張燈結綵，掛起「天祐女皇」（God save the Queen）的花牌，又佈置一些象徵英國與皇室的「獅子與麒麟」圖像，為整座孟買城添加不少「喜慶」氣氛（*The Daily News,* 7 December 1858; Jackson, 1968: 35-36）。他的舉動自然令英國皇室及殖民地政府覺得四方來儀，民心歸順。

沙遜家族之後進一步「英國化」。在動亂爆發前，大衛‧沙遜要求家人子

孫都要穿著猶太傳統服裝，緊守猶太宗教的信仰崇拜，並必須如大衛‧沙遜本人及過去的世代般學好希伯來文、亞拉伯文和波斯文等。但在暴亂發生及平定後，他的態度有了截然不同的改變，不單同意子孫們穿著英式服裝，日常生活及飲食方式也更英國化，亦更強調要學好英文（*The Washington Post*, 19 January 1909），反映他已全然靠向了英國。在他態度轉變的影響下，其中一些兒子日後亦改用英文名字，如亞都拉改為阿爾伯特（Albert）、亞伯拉罕改為亞瑟（Arthur）（因應他們名字的改變，下文的中文譯名亦會變更）。

　　除了積極表示效忠外，富甲一方的大衛‧沙遜亦開始慷慨捐輸，大做慈善，助弱扶貧。由於信仰的需要，他在孟買定居不久便捐款興建猶太教堂，方便崇拜。他對猶太族群一直十分照顧，會協助他們的教育與就業。到了晚年時，他捐獻的對象更不再局限同族，而是關顧到整體社會的福祉。如在 1859 年，他配合印度推行監獄「勞改運動」（Reformatory Movement），捐款創立勞教學校（Sassoon Industrial and Reformatory Institution），協助一般少年罪犯以及那些捲入動亂中的青少年，讓他們有機會學習和改過，日後可重投社會，這亦可紓緩種族矛盾與社會負擔（*The Daily News*, 29 December 1859）。可見他開始擺脫過去只顧謀生或自己種族的做法，更關心社會事務，爭取政府及社會的認同。

　　這裡要補充一項令大衛‧沙遜生意更為暢旺、身家財富急升的歷史事件，那便是 1861 年，因為黑奴問題，美國爆發了南北戰爭。一直主導全球棉花市場的美國南方政府，被北方政府切斷出口路線，令英國棉紡供應短缺，出現所謂「棉花饑荒」（cotton famine）的局面，棉花價格大幅飆升（Beckert, 2014）。本來在歐洲棉花供應上只佔次要位置的印度，因此一枝獨秀，成為主要供應來源。由於沙遜洋行過去與棉農關係緊密，一直穩執印度棉花供應牛耳，乃成為這次曠日持久「棉花饑荒」的最大贏家，憑著奇貨可居而大獲厚利（Jackson, 1968）。

大衛・沙遜因棉花生意獲巨利之時，於 1863 年 9 月再作巨額捐款，在普納創立一所服務普羅民眾的醫院，同年 11 月的奠基儀式上，更邀得時任孟買總督主持，轟動一時。落成後取名「沙遜全民醫院」（Sassoon General Hospital），不分宗教及種族，服務全體民眾（*The Daily News,* 19 September and 28 November 1863; *The North China Herald,* 28 November 1863）。

此外，大衛・沙遜還捐款給印度政府興建一家機械學校（Sassoon Mechanics Institution），推動技術及技能教育（*The Daily News,* 7 December 1863; Jackson, 1968: 35-36）。可以這樣說，經歷 1857 至 1858 年的社會動亂後，晚年的大衛・沙遜除了繼續在商場開疆闢土外，亦開始思考如何更好地利用金錢，為自己賺取名聲和社會認同，尤其是政治接納和保護。他種種努力沒有白費，印度政府向他頒贈「印度之星」（Knighted of the Order of the Star of India）勳章，以資獎勵，亦是對其貢獻社會的肯定（*The Daily News,* 7 December 1864）。

進入晚年的經歷

當大衛・沙遜進入晚年時，第二段婚姻所生的子女亦相繼長大，在他安排下完成終身大事。綜合不同資料顯示，1856 年 9 月，他的女兒瑞秋・沙遜出閣，嫁給 AG・格貝（A.G. Gubbay）。後來，其他女兒亦陸續出嫁：凱特・沙遜嫁予所羅門・伊士高（Solomon Ezekiel）；瑞碧加・沙遜嫁夫 SE・邵林（Shellim E. Shellim）；而幼女慕雪・沙遜則嫁給 IH・海嚴（I.H. Hyeem）（*The North China Herald,* 15 November 1856; *Pall Mall Gazette,* 13 August 1873; Smith, 1995: 408-409）。這反映沙遜家族在當時已有一定的名聲及知名度，眾女的婚訊才會獲傳媒注意。但不知是什麼原因，一直找不到他首任妻子所生的女兒馬莎桃出嫁的資料。

繼室所生諸子中，沙遜・沙遜較早結婚，妻子是花拉・魯賓（Farha

Reuben），他們育有二子一女。其次為魯賓·沙遜，他娶凱特·伊士高（Kate Ezkiel）為妻，二人育有一子二女。五子亞瑟·沙遜的妻子為路易絲·貝路賈（Louise Perugia），他們婚後無所出。[5] 六子亞倫·沙遜沒有相關資料，可能是終身未婚。七子所羅門·沙遜的太太是賀拉·亞伯拉罕（Flora Abraham），[6] 二人育有一子二女。幼子弗特烈·沙遜娶妻珍尼特·拉斐爾（Janette Raphael），夫婦育有一子一女（Jackson, 1968; Fischel, 2007）。[7] 順作補充，無論是女兒的丈夫，或是兒子的媳婦都屬猶太裔，反映他們恪守只在猶太族群內通婚的傳統。

進入 1860 年代，子女相繼結婚生子、自組家庭之時，沙遜家族的主要生意大致上持續發展，鴉片、棉花及一般貿易均貨如輪轉。當然有時亦會遇上意外，如在 1860 年 3 月，沙遜洋行在日本的貨倉及辦公室便遭祝融之災，損失高達 10 萬元（相信是印度盧比），在當時是一個相當龐大的數字。同樣受災的還有一家洋資的「華士洋行」（Walsh & Co）以及華資的「大豐」（Ta-foong），據說各損失 4 萬及 2.5 萬元（*The Daily News*, 19 March 1860）。

雖然日本生意遭遇火災，損失嚴重，但因棉花貿易暢旺，並沒有影響家族財力。1863 年 11 月，大衛·沙遜斥巨資從亨利·費力卓爵士（Sir Henry Fletcher）手中，購入位於倫敦泰晤士河畔阿什利公園（Ashley Park）的物業（*The Daily News*, 29 November 1863）。由於該處環境優美，空氣尤佳，雖說該物業主要用作兒子居所，相信他亦有在那裡安度晚年的籌謀。[8] 可惜他後來健康變差，未能如願入住這所豪宅，享受晚年生活。

大衛·沙遜自 1832 年起以孟買為總部，派遣諸子東征西討，建立起龐大的商業王國，其間雖有小挫折，但大部份時間都一帆風順，生意愈做愈大，身家財富不斷膨脹。促成這種局面的原因不少，過去較多人將焦點放在個人、家族和商業網絡上，包括大衛·沙遜及眾子的能力及商業觸角；其次是「父子兵」模式令公司上下齊心，家族成員親赴前線指揮大局，讓生意可以更好發揮；其

三是沙遜家族在猶太族群間擁有緊密的商業及人脈網絡，可以互相高效支援，成為發展生意的強大後盾（黃紹倫，2019）。

不容低估的，還有大衛‧沙遜在政治上「懂走位」，洞悉大英帝國如日方中，綜合國力不斷膨脹，於是選擇向英國靠攏，做其忠誠子民，藉著英國政府在全球進行殖民擴張的大勢，在其聲威和保護下，四方拓展業務。此外，他清楚自己並非「根正苗紅」的盎格魯撒克遜人（Anglo-Saxon），故在不斷向英政府表達忠誠之餘，又聰明地選擇了「不爭第一」、寧居於人後的策略，以免成為眾矢之的。這種老謀深算、以退為進的策略，亦成為沙遜洋行生意能夠愈做愈大的原因。

創辦滙豐的角色

當然，論沙遜家族在香港，甚至中華大地的重大生意與投資舉動，不得不提及大衛‧沙遜在臨終之前，指示諸兒子參與牽頭創立香港上海滙豐銀行（The Hongkong & Shanghai Banking Corporation, 簡稱滙豐銀行，HSBC）一事，儘管這家銀行創立並正式投入營運時，大衛‧沙遜已經去世，還是值得在此談談。

正如前文提及，沙遜家族在香港設立據點的日子較渣甸或顛地洋行等遲，且初期較集中於鴉片存儲與轉口生意，但其在對華貿易上佔有重大份額，卻在行內人盡皆知。1860年代初，當那些具開拓野心的洋商，在發展對華貿易需要向銀行融資借貸時，卻總是碰到諸多留難，令其覺得資本受制、志不能達。基於此，那些洋人精英乃想出在香港籌組成立新銀行，藉以配合其發展目標。

當時，身在香港的亞瑟‧沙遜向遠在孟買的大衛‧沙遜報告了相關事宜，並得到後者支持，指示他參與籌組。經過一輪討論，到了1864年，一眾具影響力的洋商乃付諸行動，成立了「香港上海滙豐銀行」（英文原名為 The

Hongkong and Shanghai Banking Co Ltd）臨時委員會，共有 14 名成員，由顛地洋行資深合夥人宋利（Francis Chomley）出任主席，沙遜洋行的代表則是亞瑟．沙遜。即是說，在籌劃創立滙豐銀行之初，沙遜家族已扮演了極為重要的角色（Jackson, 1968: 87; King, 1987: 54）。

遺憾的是，在滙豐銀行投入服務前，大衛．沙遜便去世（詳見下一節討論），無法見證這間對香港極其重要的銀行的誕生，但沙遜家族在滙豐銀行仍扮演著重要角色。1865 年，銀行正式創立並開始營運，作為創辦人之一的亞瑟．沙遜，順理成章地代表家族進入董事局，且沙遜家族的持股量較多，是銀行創行的「大股東」。

在貨物運輸方面與沙遜家族素有業務往來的鐵行輪船領軍人修打蘭（Thomas Sutherland）則為創行副主席。到了 1867 年底，亞瑟．沙遜亦擔任銀行副主席之職（*The North China Herald*, 23 February 1867; King, 1987: 89-90）。[9]

滙豐銀行創立首十年，業務發展一直不如預期。一開始，銀行聘得有一定經驗和名聲的祈沙雅（Victor Kresser）出任銀行總經理，但他上任翌年，發生金融風

刊於 1868 年 *Chronicle and Directory for China* 上有關滙豐銀行的資料，亞瑟．沙遜乃副主席。

暴，全球經濟數年間均受拖累，滙豐銀行發展自然難見起色，令亞瑟‧沙遜等董事局成員相當不悅。待他五年任期完結後，銀行改聘郭爾格（James Greig）作領導。郭爾格任內雖積極努力，並代表銀行於 1872 年加入立法局，但業務發展仍不理想。1873 至 1874 年，所羅門‧沙遜代替亞瑟‧沙遜成為董事，同時獲任銀行主席，與郭爾格共同合作，開拓業務。

1874 年，雖然郭爾格於貸款給滿清政府推行洋務運動之事取得一定成績，但因當時商業環境仍然低迷，銀行業績仍然呆滯。因此，董事局在 1876 年決定改由昃臣（Thomas Jackson）擔任第三任總經理。昃臣在滙豐銀行工作已近十年，一直表現卓著，他清楚銀行的運作及強弱優劣，加上掌握地區與國際的政經和金融形勢，令銀行有了脫胎換骨的發展，開始邁出令人艷羨的前進腳步（King, 1987: 139）。

在所羅門‧沙遜之後，沙遜家族的艾理亞‧沙遜、弗特烈‧沙遜、米耶‧沙遜（Meyer E. Sassoon）、魯奇‧沙遜（D.R. Sassoon）等等，都先後輪替成為董事局成員（King, 1991; *The China Year Book*, 1913）。除大衛‧沙遜的直系子孫外，他有不少外孫或姻親都曾加入滙豐銀行董事局，包括 DM‧摩西（D.M. Moses）、MD‧伊士高（M.D. Ezekiel），以及 D‧格貝（D. Gubbay）等，其中大衛‧沙遜外孫 E‧邵林（E. Shellim）曾任滙豐銀行主席，另一名外孫 JS‧摩西（J.S. Moses）初期曾擔任董事，後來出任副主席，到 1895 年更出任主席，可見家族在銀行的影響力巨大。另一點值得注意的，是自 1882 年起，新沙遜洋行亦成為董事局成員，即一個家族有兩名董事，是滙豐銀行董事局極為罕見的事情（King, 1987）。

由於投資目光銳利，對政治及商業發展大局又有十分深邃的認知，哪怕沒有踏足香港與中華大地，洞悉商業基本原則與內部運作邏輯的大衛‧沙遜，到了老年之時，仍然料事如神、更為精明。在重大問題上，他提示兒子應該全力

參與滙豐銀行創建，讓家族能夠更好發揮本身的金融力量，銀行持久壯大，日後帶來巨大的收益與回報。到了晚年之時，大衛‧沙遜在政治態度上的重大轉變，奠下家族日後的發展方向，至於他開始大做慈善，協助政府穩定社會，亦爭取了不少來自政府的掌聲。還有一項重大決定，亦明顯影響了家族的長遠發展，惟因篇幅所限，且讓我們在下一節再作說明。

晚年分家的思慮

沙遜家族之所以發展為「東方羅富齊家族」，不但因為其財富巨大、生意遍佈全球，更是由於能夠減少或化解內部爭端與矛盾，令家業與財富得以延綿多代、歷久不衰。本來，婚姻關係複雜、兒子眾多，都是內部爭拗的根源，沙遜家族自然無法例外。不過，因大衛‧沙遜一直以較為公正及一視同仁的態度對待眾子，且給予相當的自由空間，讓他們有自己的投資和財產，婚後又能搬出另組小家庭，所以能夠減少矛盾積聚。而到了晚年時，他採取的分家方法，主要是讓諸子（較平均地）各得一份財產（Jackson, 1968: 44-45），可從他們自己最大利益出發，思考如何發展。

當然，由於長子及次子年紀輕輕便和他一起打拚事業，對沙遜洋行貢獻巨大，所以二人獲分配較多財產和股份。而阿爾伯特‧沙遜生為長子，在猶太文化中具特殊及重要的地位，成了家族理所當然的新領導人。這樣安排既受傳統認可，亦符合「多勞多得」的現實，故家族成員應沒有滋生太大的不公平或被剝奪感。而且，大衛‧沙遜是在生前作出財產及股權分配，有足夠權威處理問題，諸子對他又完全尊重，故這個財產眾多、婚姻複雜的家族，能順利落實分家過程，對家族及企業沒有產生太大衝擊。

大衛‧沙遜在生意經營上不爭第一，但注重管理細節，強調營運上的環環緊扣與有效配合；而他對於諸子的教訓，相信亦沿用相同哲學，所以諸子較能

接納父輩訂下的規則，或傳統的約束，當自己覺得心有不甘時，「不爭第一」，而是從細節和不同環節的高效配合入手，做好本份，競爭力便會在這個做好自己的過程中逐漸顯露出來，最後成為市場中無可否定的力量，並必然可以佔有一席之地。

具有傳奇人生經歷的大衛・沙遜，無論做人處事、經商治家，顯然均得出一套甚為特殊的「被動競爭」哲學和理念，並在耳濡目染間授予諸子，令其懂得如何避重就輕，更好地發揮本身力量。至於次子艾理亞・沙遜日後選擇自立門戶，在細節上與長兄競爭，並確實做出另一番耀眼成績，則可視作最好說明（參考下一章討論）。即是說，家大業大的沙遜家族，在大衛・沙遜去世後並沒鬧出四分五裂或對簿公堂的局面，這既與他生前做好分家安排有關，亦與他「不爭第一」，寧可做好自己的人生與經營哲學有關，值得注視。

大衛・沙遜晚年的多項舉動，無疑備受關注：做好分家有利減少內部矛盾，令家業更好地傳承下去；大做慈善公益，爭取社會及政府認同，為個人及家族積累社會與道德資本；斥巨資在英國買下環境清幽的大宅，作退休英國、安享晚年之想，此舉似乎揭示了他對人生最後歸宿的思慮，令人玩味。

可惜，大衛・沙遜未能落實轉到英國安享晚年的計劃，在購入泰晤士河畔阿什利公園大宅不久的 1864 年 11 月 7 日，他於普納去世，享年 72 歲。當時報紙的說法是：「去世前一日，大衛・沙遜發高燒，一日後不治」（*The Daily News*, 7 December 1864）。而據 Jackson（1968: 43）描述，晚年退休後居於普納的大衛・沙遜，每日都會給孟買的公司寫信，11 月某天，「僕人曾聽到他氣弱無力地叫『亞都拉、亞都拉』，應是忘記了他的兒子身在英倫。他死去時手中還拿著羽毛筆」。可見大衛・沙遜在死亡前夕，仍對工作念念不忘。

大衛・沙遜去世時，大多數兒子均在海外，長子及三子在英國，四子及五子在香港，二子及七子在上海，相信只有六子和八子在孟買，但當時亦不

在家。大衛·沙遜死後，子女按猶太傳統進行祭祀，將他葬於普納（Jackson, 1968: 43）。報紙有關他去世的消息，較多聚焦於他生前服務社會的慈善公益，指他曾慷慨捐款，在孟買及普納等地興建學校、醫院、猶太教堂、勞教所等（*The Daily News*, 7 December 1864），這些利他的舉動，畢竟比他死後留下多少財產給自己血脈更為亮眼，所以較受到社會重視。至於家族積累下來的巨大財富，日後較為誇張的估算，或者說社會流傳的講法，是「他們乃半個孟買的地主」（They are the owners of half Bombay），可見其富甲一方，所言非虛（*The Freeman's Journal*, 3 March 1887）。[10]

作為「大衛王第五子」的後裔，先祖輩經歷不斷遷徙，到父親一代時已成為巴格達「銀行總長」、猶太群體的「納西」，並享有「酋長」頭銜，若果沒有重大變故，大衛·沙遜必然會子襲父職，登上那個位高權重、受人敬仰的大位。可政治及社會的變遷，卻令其人生軌跡再不古板單調，逃亡時朝不保夕不在話下，投身商海更是風高浪急，後來開拓中華市場，走私鴉片更難免提心吊膽。爭取英國保護，表達忠誠，顯然被視為最好保障，因此相信有了轉往英國養老的圖謀，惟最後還是未能如願，老死普納後長眠當地，算是為傳奇人生劃上了句號（Jackson, 1968）。

結語

與無數創業者一樣，大衛·沙遜在生意投資上眼光獨到，有滿足不了的野心，當察覺到哪裡有商機、哪些生意能做，在深入評估後覺得自己能做得更好時，必會染指其中，全力開拓。中華大地自第一次鴉片戰爭後被迫開放市場，自然成為靜待開拓的「處女地」，大衛·沙遜在確信大局底定後遣子東來，最後證明其目光銳利，決策準確，因此取得了豐碩成果，更被稱為「擁有半個孟買」的家族（*Freeman's Journal*, 3 March 1887），身家財富之豐厚，影響力之巨

大，可想而知。

在家業傳承層面，「知子莫若父」的大衛‧沙遜，顯然明白到本身的潛在問題，亦對諸子個性有充份掌握，乃採取較為公平的諸子均分原則，並在有生之年便做好安排，因此能有效化解潛在的內部矛盾；而他強調「不爭第一」，寧可做好自身以提升競爭力的人生與經營哲學，亦潛移默化地令諸子服膺於他的安排，就算最後還是出現分裂局面，亦不致變成內鬥和內耗，而是能夠將矛盾與不滿轉化成「正能量」，專注於做好做強自身生意，順利完成那個父死子繼、世代相傳的接班過程。

註釋

1. 有學者指亞都拉·沙遜在 1841 年 1 月 26 日出席了英軍佔領香港的儀式（Vaid, 1972: 15），惟此點在很多地方都找不到證據支持。

2. 商業名錄只列出商人，不反映整體猶太人的數目。儘管官方統計數字要到很後期才有，但一般估計數目亦不多，例如有分析指，在 1870 年時，香港約有 40 名猶太人，1881 年增至 70 人（Vittachi, 1999: 61）。

3. 這四名家族成員為：亞瑟·沙遜、雅各布·沙遜、所羅門·沙遜及約瑟夫·沙遜（Joseph Sassoon），其中雅各布·沙遜是艾理亞·沙遜之子，而約瑟夫·沙遜則是阿爾伯特·沙遜之子，可見第三代已開始接班。

4. 英國稱之為「印度兵變」（Indian Mutiny 或 Sepoy Mutiny），印度民眾則稱之為民眾「叛亂」（Rebellion）或是「起義」（Uprising），亦有學者視之為印度人民爭取脫離殖民統治的「第一次獨立戰爭」（the First Independent War）（Herbert, 1941; Peers, 2002; Chakarvarty, 2005）

5. 亞瑟即原來的亞伯拉罕。

6. 賀拉乃亞都拉·沙遜的孫女，有關賀拉和所羅門·沙遜的婚姻，另一章將再作深入討論，這裡從略。

7. 部份子女的婚嫁，發生在大衛·沙遜去世之後，相關資料見其他章節補充。

8. 在此之前的 1858 年，大衛·沙遜讓時年只有 26 歲的三子沙遜·沙遜在那裡購入物業，惟那時可能不是整幢大宅（Jackson, 1968: 37-38）。

9. 1865 年，繼滙豐銀行以有限公司模式創立後，亞瑟·沙遜還代表家族在香港參與創立了省港澳輪船有限公司（The Hong Kong Canton & Macao Steamboat Company Limited），開拓航運生意（鄭宏泰，2020：108）。

10. 大衛·沙遜去世時，其遺產估值約為 400 萬英鎊（Roth, 1941: 185），這在當時社會而言自屬天文數字，但相信還沒包括那些早已轉到各兒子手中的不同生意控股權。

第四章

兄弟分家

暗中較勁的企業不同發展

正如上一章提及，當創業家長去世後，那些子女眾多的家族很多時都會出現諸子分家、各奔前程的情況，沙遜家族亦復如此。只是一來大衛·沙遜生前做好了諸子一人一份的遺產分配，沒有留下太多激化子女矛盾與爭拗的火藥引，所以分家後沒有出現兄弟為錢反目，鬧上法庭的醜態，各人反而能夠藉分家所得，在商場上以真功夫一較長短、互相競逐，看誰更有本事，帶來良性效果，令沙遜家族有更輝煌的發展。

從某層面上說，沙遜家族在第二代分家後各走各路的做法，就如修剪家族樹（pruning family tree）般，可以減少矛盾與紛爭，在職責更為清晰的情況下調動積極性。因為大家各有自己的發展空間，要為本身的事業更好地打拼，藉以證明其實力和能力，不致別無選擇地於同一家公司形成困獸鬥，甚至積怨成仇，故更有助家族整體成長。沙遜家族的第二代便因分家，令家業開創了更好局面，但與此同時，由於諸子各走各路，畢竟還是削弱了親情，令各房日後出現隔閡，關係不再親厚。

長兄領軍的局面

SIR ALBERT DAVID SASSOON, K.S.I.

阿爾伯特‧沙遜

大衛‧沙遜去世後，按傳統由長子阿爾伯特‧沙遜繼承了沙遜洋行主席之職，同時成為家族的領軍人。這裡要指出的是，從名字上看，「沙遜父子洋行」似是「合夥」公司，但現實上卻是大衛‧沙遜的「一人公司」，只有他才是「老闆」，諸子雖先後加入公司工作，亦有一定股權，沾了點「老闆」的光，但其實與一般「打工仔」無異，一切皆以父親馬首是瞻。到大衛‧沙遜去世後，諸子大致上繼承了差不多的股份，公司變成八人「合夥」的組織，此時大家才是真正的「老闆」。

這種組織上的變化，令原來的「父子兵」模式蛻變為「兄弟班」模式。在「父子兵」模式下，由父親調兵遣將，發號司令，諸子亦言聽計從，所以行動快而效率高。但是，在「兄弟班」模式下，由於大家輩份相同、地位相近，股權亦差別不大，就算阿爾伯特‧沙遜名正言順地當上主席，亦難以如父親生前般用「一言堂」的方式作決定，而免不了要尋求諸兄弟共識，影響政策與行動效率。同時，在人多口雜的情況下，內部矛盾容易滋生，若在過程中處理失當，矛盾更會激化為衝突，甚至分裂。

父親去世之初，眾兄弟要安排喪葬儀式等後事、處理遺產接管手續、安頓及修整企業組織結構等，紛亂繁忙，加上大家才剛正式成為合夥人，矛盾尚未浮現。不久後，外圍經濟出現重大波動，沙遜兄弟亦要齊心一致，槍口全力對外。不過，由於各人的人生目標及觀點看法等始終有差異，彼此的分歧在處理

事務的過程中不斷突顯，最終只能走上分裂之路。

　　正如上一章提及，大衛・沙遜的遺產大致上是諸子均分，而長子一房按傳統佔有領導地位。儘管這種安排已兼顧了公平原則和猶太傳統，但還是無法遏抑兄弟離心的力量。而首先萌生離意、不願服從長兄領導的，不是阿爾伯特・沙遜的異母弟弟們，竟是同父同母的二弟艾理亞・沙遜。這恰好說明，出現離心意識，不一定由複雜的家庭結構所造成。

　　從資料上看，進入 1860 年代，原本較多時間留在中國打理當地生意的艾理亞・沙遜，回到了孟買並投入那裡的生意。他於 1864 年初獲邀加入孟買「利新銀行」（Bank of Hindustan, China and Japan，又稱「利生銀行」或「慳度士丹中國日本滙理銀行」）董事局，更當選主席（*The Daily News,* 14 January 1864）。[1]隨後又獲委任為孟買立法會議員（Jackson, 1968: 47-48），可謂位高權重，不但在商界名聲日隆，社會地位亦日高。

　　然而，就在大衛・沙遜去世大約半年後的 1865 年 5 月，美國內戰結束，令印度熾熱的棉花市場恍如被「一盆冷水照頭淋」。由於美國為棉花的主要產地之一，戰爭期間雖棉產大減，一旦戰爭結束，供應回復，則棉花價格勢必大跌，衝擊過去數年炒得火熱的棉花市場，導致泡沫爆破，令炒賣者蒙受巨大損失，不少人債台高築或被迫破產，如被稱為「印度工業之父」的占些治・塔塔（Jamsetji Nasarwanji Tata），便在此一役中損失慘重，幸而最後能東山再起。

　　所謂牽一髮動全身，印度的整體經濟穩定亦受嚴重影響，其中對銀行業的衝擊最嚴重。雖然銀行已採取行動積極追收欠款，但如借貸人申請破產或逃亡避債，銀行亦無可奈何，結果有不少呆壞賬無法追回，令銀行出現虧損，如孟買銀行（Bank of Bombay）更因過度放貸走上破產之路，轟動社會（Jackson, 1968: 44）。此外，銀行提升利息，收緊按揭，以及「落雨收遮」的追債行動，令不少公司走上絕路，亦影響一般商業運作。

由於沙遜洋行一直奉行大衛‧沙遜定下較為保守的投資策略，在泡沫不斷膨脹時保持冷靜，不謀一時之利，因此尚能平穩渡過。不過，由艾理亞‧沙遜擔任主席的利新銀行，卻陷入放貸過度的危機，並於翌年（1866年）被迫倒閉。雖然沙遜洋行在這次市場泡沫爆破中能力保不失，但家族在利新銀行有不少投資，相信亦蒙受不少損失。而且，銀行在艾理亞‧沙遜治理下遭遇滑鐵盧，定會招來不少投資者的指摘和批評，連累家族名聲，兄弟對此有怨言亦在所難免，令彼此關係出現嫌隙，埋下了日後分裂的種子。

就如很多家族企業的傳承接班不會一帆風順，大衛‧沙遜去世後亦是如此。沙遜家族第二代接手生意後，市場出現巨大波動，雖沒有太大虧損，但因大家營商手法不同，如艾理亞‧沙遜應較為進取，故在市場逆轉時損失較大；阿爾伯特‧沙遜和其他諸弟則較傾向穩紮穩打（參考下文討論），卻受艾理亞‧沙遜拖累，自然感到不忿。棉花市場爆破，給不同風格的經營者帶來不同衝擊，亦激發兄弟間的矛盾，相信令艾理亞‧沙遜受到壓力和批評，加速他離開另起爐灶的步伐。

另起爐灶的較勁

大衛‧沙遜去世三年後的1867年，家族的發展進程碰到了重大變遷與挑戰。那年7月，繼室所出長子的沙遜‧沙遜在倫敦朗豪酒店（Langham Hotel）跌倒，傷重不治，令一眾家人極為傷心。去世時他只有35歲左右，遺下年紀尚幼的三子一女，分別是祖克（Joseph，暱稱Jock，因此譯為祖克）、弗雷特（Frederick，英文與大衛‧沙遜第八子弗特烈同名，為避免混亂，這裡譯為弗雷特）、艾弗特（Alfred）以及女兒瑞秋（Rachel）。幸好沙遜‧沙遜留下足夠遺產（相信主要是沙遜洋行股份的長期收益），寡妻花拉‧沙遜才能衣食無憂地把年幼子女撫養成人。但可能因自小失去父親的愛護扶持，成長道路上有所欠

缺，令他們培養出獨立倔強的性格，似乎也較少參與家族生意，反而投身其他事業（Jackson, 1968: 47; Fischel, 2007: 69; 參考其他章節討論）。

同年秋天，在處理好沙遜·沙遜身後事不久，艾理亞·沙遜辭去沙遜洋行職位，不再出任合夥人。此舉揭示兄弟不和表面化，無法修補，而雙方各走各路，難免會有競爭衝突。從那時起，六兄弟乃集合一起，艾理亞·沙遜則另起爐灶，創立以他個人名字為寶號的公司，是為 Elias David Sassoon & Company（E.D. Sassoon & Co）。由於它的英文名稱與大衛沙遜父子洋行（David Sassoon, Sons & Co 或 David Sassoon & Co）十分相似，中文簡稱更同樣是沙遜洋行，因此在華人社會，為了區別這兩家同出一脈的企業，將原來的沙遜洋行改稱「舊沙遜洋行」，艾理亞·沙遜於 1867 年新成立的則稱為「新沙遜洋行」。[2]

對於艾理亞·沙遜離開的原因，坊間有不少分析或臆測。Jackson 指他個性深沉內斂，行事不動聲色，由於意識到老練世故的兄長將會長期擔任公司主席之職，退任後亦會按猶太傳統把職位傳到兒子手中，代表他只能「長期成為副手」（a permanent deputy），不會有機會坐上統領集團的大位，相信令他感到不是味兒（Jackson, 1968: 48; 黃紹倫，2019：13-14）。

刊於 1905 年 *Twentieth Century Impression of Hong Kong* 上的艾理亞·沙遜（右上）及其長子雅各布·沙遜（左下）

儘管這種「爭做第一」的分析有其道理，但似乎忽略了更深層次的性格迥異與投資風格不同等問題，從利新銀行倒閉一事便可以揭示。艾理亞・沙遜管理銀行時參與了較高風險的投資，可見他風格較進取的一面，認為保守策略會錯失發展機會；而他雖願意承受相關風險，不代表兄弟們也是如此，所以他在深思細想後選擇離去，日後投資才能按自己的風格行事。不過，由於他性格內斂，或許未能好好表達離隊理由，遑論事前與兄弟們坦誠商討，導致兄弟關係變差。

　　據悉，兄長阿爾伯特・沙遜視弟弟的離去為「背叛」，甚為不滿（Jackson, 1968: 103）。雪上加霜的是，新沙遜洋行的業務範疇與舊沙遜洋行相若，難免會在市場上兵戎相見，影響舊沙遜洋行生意。在艾理亞・沙遜眼中，運用自己的人脈資源和網絡管道，以熟悉的生意為起點，是自然不過的事；但對其他兄弟而言，他的行徑是擺明車馬的搶生意，近乎挑釁。

　　雖則如此，分裂後雙方未至於反目成仇，表面上仍保持客氣禮貌（outwardly polite），但私下關係卻十分緊張，除了喪葬婚嫁等重大家族事件會碰頭外，平日甚少聯絡，相見亦如陌路，往來模式「就好像是皇室遠房親戚之間那樣」（Jackson, 1968: 52）。原本阿爾伯特和艾理亞出自同一母親，母親早逝後兄弟相依，感情不錯，惟因生意競爭令兩人漸行漸遠。分析指兩兄弟均「誤判及低估了對方」，才會損害了多年感情（Jackson, 1968: 48）。

　　另起爐灶之初，新沙遜洋行走上舊沙遜洋行的發展道路，除一般貨物貿易外，亦經營棉花貿易和鴉片輸華等生意，特別是鴉片走私，在棉花市場爆破後佔較大比重，成為主要盈利來源。由於艾理亞・沙遜是家族中最早被派來華的，對中國市場認識較深，亦已建立起自己的人脈與商業網絡，加上兩家洋行名字接近，華商對於他們分裂一事又所知不多，以為是同一間公司，讓艾理亞・沙遜父子在搶攻中國市場上獲得巨大空間，得到良好發展，可以迅速壯大

起來。

　　當艾理亞‧沙遜兵貴神速地全力搶佔中國市場之時，留在舊沙遜洋行的六兄弟則繼續執行大衛‧沙遜的「英國化」策略，進一步向英國靠攏，增加在英國的投資，甚至移居當地。他們斥巨資在英國購入優質物業作為居所，除上一章提及沙遜‧沙遜在 1850 年代末已開始在英國生活外，魯賓‧沙遜的女兒於 1867 年 7 月 27 日在英國出生時，登記地址為海德公園蘭卡士打閘（Lancaster-gate）95 號，相信他們一家亦已扎根英國了（*Pall Mall Gazette*, 29 July 1867）。

　　除有兄弟移居英國外，他們亦積極入股具潛質的公司。1868 年 1 月，報章刊登了一則關於魯賓‧沙遜獲邀加入「倫敦及聖加芙蓮碼頭公司」（London and St Katharine Docks Co）董事局，成為董事的消息（*The Daily News*, 29 January 1867），可見他那時在英國應已有不少投資。換句話說，無論是生活場域，或是投資層面，他們開始有了重大的改變，似乎打算將投資重心逐步由東方轉到英國或歐洲。

　　從艾理亞‧沙遜另起爐灶後的投資方向與其他兄弟截然不同看來，雙方的差異相當巨大，但這種「路線之爭」並沒甚麼正反對錯之分，只是個人喜好和選擇。此外，分道揚鑣的做法或會受人指點和評論，亦會損害親人間的感情，但畢竟有助「化解二房之間的心病，令兩房成員不致積怨成仇」（黃紹倫，2019：14）。即是說，一場從理性出發的兄弟和平分家，「合則來、不合則去」，雖無可避免對家族帶來衝擊，但同時亦帶來不容低估的良性效果，既有助化解積怨，亦有效促進投資生意多元化。

　　自分家後，來自同一血脈的兩家洋行，在組織及管理上呈現了兩種不同的模式：一種是由長兄阿爾伯特‧沙遜領導、五名合夥弟弟全力配合的「兄弟班」模式；另一種是由艾理亞‧沙遜主持，加上年紀較大的長子雅各布‧沙遜（Jacob Sassoon）作左右手輔弼的「父子兵」模式（日後再有其他年紀漸長的

兒子加入）。一開始，論實力和財力，新沙遜洋行應只及舊沙遜洋行的七分之一，但後來卻逐步追近，與之分庭抗禮，甚至超越，直觀上揭示「父子兵」模式較「兄弟班」模式更有效率，亦反映艾理亞·沙遜的投資策略較適合當時營商環境。

鴉片輸華的龍頭

正如第三章粗略談及，大衛·沙遜率領諸子在孟買定居，開始經營對華貿易後，鴉片貿易成為盈利的重要一環，而且不斷壯大。1865 至 1866 年間孟買棉花泡沫爆破後，棉花市場一段時期內疲不能興，鴉片則因市場龐大而保持蓬勃發展，成為企業主要收入來源。艾理亞·沙遜當時選擇另立門戶的其中一個原因，很可能亦與他在這方面較為進取的策略有關，惟其他兄弟有意或已開始轉到英國生活，因鴉片始終是不光彩的生意，寧可低調進行，不願再作擴張，哪怕他們其實亦明白鴉片生意的利潤豐厚，不能不做。此點進一步說明兄弟在投資觀點上的差異，分道揚鑣是遲早的結果。

在 1860 年代前，儘管清政府在兩次鴉片戰爭中一敗塗地，被迫割地賠款、開放通商港口，但仍禁止鴉片入口，各國商人為利忘義，繼續走私，而香港及附近水域則成為他們的走私要塞。到了 1860 年代中，雖然清政府仍嚴禁鴉片，但因開展了洋務運動，與歐美國家有了更多正面交流，在打擊鴉片走私上「隻眼開、隻眼閉」，鴉片商人的活動空間大增，新舊沙遜洋行乃乘時而起。他們成功的原因，一方面是早已建立起在印度採購再輸華銷售的「一條龍」經營網絡，可有效控制成本；其次是管理工作皆由家族成員負責，能迅速回應市場需要；而且，企業一直著重細節及經營效益，因此能不斷擴大市場佔有率，最後甚至把一直居於龍頭地位的渣甸洋行比了下去。

當新舊沙遜洋行不斷擴展鴉片生意之時，舊沙遜洋行諸兄弟移居英國的行

動亦接近完成。到了 1860 年代末，除甚少參與業務並缺乏資料的亞倫‧沙遜外，長兄阿爾伯特‧沙遜、四弟亞瑟‧沙遜、五弟魯賓‧沙遜三人，均已長居英國，留下所羅門‧沙遜駐守孟買，穩守「大本營」看管業務，最年幼的弗特烈‧沙遜則被派往中華大地，並在香港留守了較長時間。由於顧慮名聲，他們的鴉片生意並沒太進取，只是順其自然，按市場發展作出配合而已。相反，新沙遜洋行在艾理亞‧沙遜的領導下，採取了大力開拓的策略，市場佔有率不斷上升，獲利十分豐厚。

在艾理亞‧沙遜自立門戶五年後的 1872 年，發生了三件看似不相干但其實互相牽引的事件，成為新沙遜洋行發展的轉捩點。其一是沙遜家族族長阿爾伯特‧沙遜於 1868 年獲委任為孟買立法會議員，並因其對社會的貢獻，在 1872 年獲大英皇室頒贈爵士和「印度之星」頭銜（*The North China Herald*, 25 May 1872），雙喜臨門。可以想像，他的名聲與社會地位大升，猶如昔日巴格達的「納西」，因此家族亦更珍惜羽毛，對鴉片生意顧忌更大，既不敢太招搖，亦不會太進取。

其二是滿清政府自接受「寓禁於徵」的做法，將鴉片輸華合法化，藉徵收關稅一來償還巨額賠款，二來充實日見緊絀的國庫後，市場競爭更為激烈，走私網絡無孔不入的洋行優勢不再，反而那些好好按市場規律經營的公司，卻能憑著控制成本、促進效率突圍，當中新沙遜洋行便憑這些優勢，奠下市場領導地位。

其三是過去一直作為鴉片走私龍頭的渣甸洋行，由於自覺經營效率不夠高，且鴉片市場在自由競爭下利潤大跌，所以選擇退出，不再染指這個能日進斗金，卻違背道德、備受惡評的行業（Fay, 1982: 93），從此轉投輪船、運輸、煉糖、紡織等生產，同時亦發展銀行、保險和地產等金融行業，力求「漂白」，與鴉片生意撤除關係。

在這三個因素的影響下，更為進取地開拓中國市場的艾理亞‧沙遜不斷壯大，逐步追近舊沙遜洋行，艾理亞‧沙遜一房的身家財富亦持續攀升。因為新沙遜洋行的股權是一房獨有，舊沙遜洋行則是六兄弟均分，即是說新沙遜洋行業務的上升，意味著艾理亞‧沙遜一房的財富，倍多於諸兄弟各自的增長。

對於沙遜家族染指鴉片生意並不斷推進發展一事，張仲禮、陳曾年將之分為三個階段，並引述不同統計資料，估算其輸入數量。這三個階段，一是1870年代前的走私時期；二是1870年代初至1880年中的合法輸入時期；三是1880年代後市場多變的時期。他們進而估計，在第一階段時，渣甸洋行扮演主導角色，「沙遜集團」（相信是新舊沙遜洋行加在一起的統稱）的市場佔比「不會超過20%」；第二個階段是「沙遜集團領先時期」，估計「佔了印度鴉片的70%」；第三個階段是哈同洋行崛起時期，[3] 估計「沙遜集團……約為當時中國全部鴉片量的20%」（張仲禮、陳曾年，1985：21-22）。

對於第三階段的情況，張仲禮、陳曾年還指出，那個約20% 的比率，等值為約10,000 箱鴉片，並列出1899 至1908 年的十年間，新沙遜洋行進口鴉片的具體統計數字，年均為5,691 箱（張仲禮、陳曾年，1985：22）。按此推斷，新舊沙遜洋行在鴉片輸華的生意上，所佔比率是57：43，即是本來規模較小的新沙遜洋行，佔比反而更大，所以艾理亞‧沙遜一房所得利潤，應該遠勝其他諸房。

無論是對鴉片生意，或是對開拓東方市場，艾理亞‧沙遜和諸兄弟之間，無疑看法甚為不同，就發展中華大地鴉片市場一點，可說是最好證明。艾理亞‧沙遜顯然是從謀利的角度出發，其他兄弟則較注重怎樣避免「撈偏」身份，打入英國社會，以及如何轉移投資重點等。當然還有「父子兵」模式與「兄弟班」模式甚為不同的問題，令新舊沙遜洋行的發展有明顯差異。至於投資策略的差異，又令大家的發展有不同步調，實力本來遠遠落後的新沙遜洋行迎頭

趕上，甚至可以平起平坐。

多元投資的擴張

一如無數鴉片巨商的策略，沙遜家族同樣在鴉片生意中賺取巨額利潤後，將之轉移到其他正當生意層面。上一章粗略談及參與銀行與航運的投資，是其中一些例子，另一個則是棉紡業。

對於棉紡業在孟買的發展，這裡要先介紹前文提及的占些治·塔塔。在1865 至 1866 年間棉花市場泡沫爆破時，他深受打擊，認識到將印度棉花長途跋涉輸到英國，在當地製成產品後輸到印度及中國等地，這樣的做法費時失事，不符合貿易的基本原則，更不要說印度的生產成本（主要是地租、工資和能源等）遠比英國低。所以他逐步恢復元氣後再戰江湖時，決定在孟買創立紡織廠，用當地出產的棉花、招聘當地工人，就地生產，把製成品傾銷當地，或是相距不遠的中國（Roth, 1941: 76-88）。

經過一番努力，占些治·塔塔於 1874 年創立了「女皇紡織廠」（Empress Mill），取得巨大成功，他更因為開風氣之先，一生致力印度工業發展，被譽為「印度工業之父」（Roth, 1941: 76; Harris, 1958: 1-2; 黃紹倫，2018）。至於此舉讓「不爭第一」，但精於學習模仿的沙遜家族看在眼裡，不久舊沙遜洋行開辦了「改良版」的「沙遜棉紡廠」（Sassoon Spinning and Weaving Mill）。

新舊沙遜洋行過去一直在棉花西輸及紡織品東輸方面扮演吃重角色，當他們有樣學樣成立自己的紡織廠後，由於財雄勢大，加上深知工業生產的核心在於規模經濟，阿爾伯特·沙遜諸兄弟乃從規模入手，興建了當時孟買最大的棉紡工廠，聘用工人數以千計。之後由於盈利不錯，他們還夥同其他財團，再創立「沙遜聯合絲織廠」（Sassoon and Alliance Silk Manufacturing Co），擴大家族在棉紡與絲綢等方面的市場佔有率。

占些治‧塔塔及舊沙遜洋行成功進軍紡織業，自然引起艾理亞‧沙遜極大興趣。但以財力資源以言，當時他尚不及舊沙遜洋行，難以用規模取勝，於是他決定由產品品質與生產力等同樣重要的條件入手，透過先進科技及高效能的器材，提升產量質量。他先後成立「亞力山德拉紡織廠」（Alexandra Mill）及「新沙遜紡織廠」（E.D. Sassoon Mill），引入英國最新機械設備，率先在孟買工廠中安裝輸送帶，以減輕人手、提升效率（Jackson, 1968: 65; 張仲禮、陳曾年，1985：14），令新沙遜洋行在紡織廠市場亦能分一杯羹。

儘管沙遜諸兄弟並非紡織業的先行者，但他們學得快、做得出色，由貿易（亦涉獵種植）轉型工業生產的過程，不但強化了新舊沙遜洋行的生意與投資，亦為孟買和印度經濟創造更多就業機會，促進當地工業化與城市化。據說，單從就業人數上看，在十九世紀末，整個印度社會約有 50 萬人從事紡織業，其中三分一都在「沙遜系」旗下的紡織廠工作，可見其家族在印度紡織業中扮演了極吃重的角色（Jackson, 1968: 65）。

雖則如此，作為家族代表人物的阿爾伯特‧沙遜，只被印度社會稱為「印度工業奠基人之一」，名聲遠沒「印度工業之父」占些治‧塔塔響亮。對於這點，有分析指與沙遜家族經營較為保守，缺乏開拓精神有關。

沙遜家族屬於直覺或經訓練商人，並非工業家，他們傾向小心護理其集團，只滿足於安全水平的營運利潤，惟過於小心的作風長遠而言可以是危險的。占些治‧塔塔則展示了較多企業色彩，既把大量財富投入於地產、化工、水泥及滾動的股票中，亦常常保持警惕和流動。當沙遜家族只是緩慢地一間間地在孟買那個已經很擠逼的地方增加廠房時，他花了數個月到美國阿拉巴馬及佐治亞等地購買棉花及現代技術，之後再北走至匹茨堡，考察鋼鐵廠，因他有尋找新指標為印度多

個城市供應電力的夢想。(**Jackson, 1968: 100-101**)

毫無疑問，沙遜家族由始至終都不屬於工業家類型，說他們是「直覺或經訓練商人」，是十分準確的客觀描述，這類商人的主要特點，在於商業觸角敏銳，並且十分強調實效，當察覺某方面有發展機會時，便會想方設法插上一腳，不同投資或生意之間未必有甚麼聯繫，只要能夠帶來較大效益或利益便可，即是沒打算達至甚麼業務整合的遠大目標，或是產生何種協同效應。於1872至1875年間在孟買籌建「沙遜碼頭」（Sassoon Dock），便是其中例子。

資料顯示於1872年，阿爾伯特・沙遜斥巨資從陷於財困的哥拉巴公司（Colaba Company）手中，以低價買入孟買南岸哥拉巴海港一大片海旁地皮，總面積達20萬平方呎（Roth, 1941: 80）。該地原屬海產濕貨集散地，但沙遜家族的公司經營出入口貿易，需頻密起卸貨物，於是在該地興建碼頭，便利印度棉花出口，同時亦配合紡織品輸出，令碼頭發展成孟買其中一個吞吐量龐大的海港，為家族帶來長期而穩定的收入。[4] 1875年11月碼頭舉行奠基儀式時，阿爾伯特・沙遜更特別邀請到訪印度的威爾斯王子（Prince of Wales）主持，[5] 場面之盛大可想而知（Jackson, 1968: 55），亦揭示阿爾伯特・沙遜已和英國皇室有了深入交往。

順作補充的是，在奠基儀式之後，阿爾伯特・沙遜還招呼威爾斯王子到家族豪華的「聖蘇斯」（San Souci）大宅，一盡地主之誼（*Leeds Mercury,* 12 January 1895）。此外，阿爾伯特・沙遜日後創立了一家保險公司，更以威爾斯王子的名字命名，是為「威爾斯王子火燭保險公司」（Prince of Wales Fire Insurance Co），種種舉動揭示兩人關係緊密（有關這方面討論，請參考其他章節與英國皇室往來的介紹）。

與沙遜碼頭相關的投資，還有「港口罐頭食品和土地開發公司」（Port

Canning and Land Improvement Co）。成立該公司的原因，是配合碼頭附近海域有大量海產，於是在那兒興建工廠，生產罐頭食品，再輸往海外不同市場。公司另一業務是規劃碼頭四周土地的發展用途，包括將海床挖深，讓貨船停泊，某些地方則要填海造地，興建廠房與運輸設施等。即是說，這公司基本上是為了沙遜碼頭而設立，亦可視作碼頭生意的延伸部份，能產生很大協同效益。

在新舊沙遜洋行先後投身紡織廠，並開設沙遜碼頭的同時，沙遜家族諸兄弟還採取了「搭便車」的方法來增加財富。他們不斷物色具潛力的生意，大量入股其他公司，然後憑著大股東的身份爭取加入董事局。這樣一來，他們既可左右公司決策，握有話事權或否決權，又能學習他人的營運知識，了解行業發展，總之是知己知彼，讓自身立於不敗之地。粗略資料顯示，沙遜家族至少曾入股如下多家具有雄厚實力的公司，包括「香港火燭保險」（Hong Kong Fire Insurance Co）、「維多利亞火燭保險」（Victoria Fire Insurance Co）、「廣州於仁保險社」（Union Insurance Society of Canton）、「諫當保險」（Canton Insurance Co）、「中國商人保險」（China Trader's Insurance Co）、「中華製糖廠」（China Sugar Refinery Co Ltd）、「呂宋製糖廠」（Luzon Sugar Refinery Co Ltd）、「中國馬尼拉蒸汽輪船」（China and Manila Steamship Co Ltd）、「中國日本及海峽銀行」（The Bank of China, Japan and the Strait Ltd），以及「波斯帝國銀行」（Imperial Bank of Persia）等。家族成員不單在這些公司成為一般董事，更曾出任董事局主席或副主席（*The North China Herald*, 15-22 March 1871; 15-18 October 1871; 15 October 1874; 10 August 1877; 4 August 1882; 21 February 1883）。

從某層面上說，沙遜家族在 1870 至 1880 年代不斷發展紡織、碼頭、罐頭生產，到投資銀行、保險、運輸和煉糖等生意，主要是鴉片生意帶來巨大盈利，必須尋找出路再投資，於是便如水銀瀉地般向不同層面擴散，美其名是投

資多元化，實質上是模仿他人的經營，或依附他人的生意。這種模式的商業王國，與塔塔那種憑著工業起家，由生產技術帶動，強調開拓和創新，並在掌握一門技術後擴展到其他產業諸如鋼鐵、水泥、電力、工程等，無疑甚為不同。所以塔塔的發展模式被指具有「較多企業色彩」，即是較具原創性和進取性。

發展方向的轉變

與多元投資平行前進的，是新舊沙遜洋行發展方向的轉變，簡單而言是新沙遜洋行較多轉向中國市場，舊沙遜洋行則轉到英國或歐洲市場。出現這種截然不同轉變的關鍵，相信與他們「情歸何處」的問題直接掛鈎：阿爾伯特·沙遜與五名弟弟一心希望移居英國生活，並在英國建立緊密的社會人脈網絡；艾理亞·沙遜一房則選擇東方市場，因為他們覺得那裡的生意更有空間，留下看管，更能維護生意發展。

其實在大衛·沙遜當家時，家族已有「英國化」的趨勢，他在 1850 年代將亞瑟·沙遜送到英國求學，之後在英國的投資有所增長，亦開始在當地買入物業，應已萌生移居英國生活的打算。到了 1860 年代，由於加重了棉花和紡織品生意的力度，沙遜·沙遜成為駐守英國的家族代表，奔走於蘭開郡和曼徹斯特等棉紡業重鎮之間；家族不只發展當地棉紡及貿易生意，還進一步擴大投資，入股英國的碼頭、航運、銀行與保險等業務，亦先後買入多個物業。這些投資部份是以整個家族——即舊沙遜洋行名義持有，部份則是諸房子孫按他們自己興趣及現實條件購入。而在增加對英國的資本投入之餘，他們在中華大地的生意，除鴉片外均不斷收縮（Jackson, 1968）。

進一步說，從 1867 年艾理亞·沙遜決定自立門戶起，不計已去世的沙遜·沙遜一房，當時轉到英國生活的，包括阿爾伯特·沙遜、魯賓·沙遜和亞瑟·沙遜三兄弟及其家人，即是有一半人已轉到了英國。由於長兄阿爾伯特·

沙遜乃公司主席，亦是家族族長，他長期居於英國，資產和生意逐步轉到英國自是不難理解。自 1870 年代中起，孟買的生意主要由所羅門‧沙遜負責，最年幼的弗特烈‧沙遜則較多時間在香港，主力看管中國市場的生意。[6] 雖然，眾兄弟在家族企業內的持股量相若，但所羅門及弗特烈作為年紀最幼的弟弟，很多決策都要請示遠在英國的兄長們，較難憑一己主意行事，身份變得近似一般專業人士管理者，而非能夠一錘定音的老闆。

這裡先補充一點他們兩兄弟的人生經歷。先說所羅門‧沙遜，他於 16 歲（即 1857 年左右）便投身商界，加入家族企業，更曾於 1862 至 1875 年被派到中國，有多年在香港生活的經歷。1875 年，他回到孟買，並於 1876 年 4 月結婚，妻子是賀拉‧阿伯拉罕（Flora Abraham，下文簡稱賀拉），[7] 婚禮在家族大宅「聖蘇斯」（Sans Souci）舉行，場面盛大（*The North China Herald*, 6 April 1876）。婚後，夫婦育有一子（David，下文稱為戴夫‧沙遜）二女（Rachel 及 Mozelle）。由於長期留守孟買，他於 1880 年代購入一所與「空中花園」（Hanging Garden）相去不遠的大宅，名叫「尼比安精舍」（Nepean Lodge），讓子女在那裡成長（Jackson, 1968）。

自回到孟買，並成為家族企業的實務操作人後，所羅門‧沙遜的社會地位不斷提升，其中最受注目的，是他兩度出任孟買立法會議員，又曾出任孟買「港口信託人」（Port Trustee）。公職之外，所羅門‧沙遜亦擔任沙遜棉紡廠、沙遜聯合絲織廠、港口罐頭食品和土地開發公司，以及東方人壽保險公司（Oriental Life Assurance Co）等主席，工作甚為繁重（*The North China Herald*, 20 April 1894）。

至於弗特烈‧沙遜，作為大衛‧沙遜最年幼的兒子，父親去世時他只有 11 歲，在母親及諸兄的照料下成長，有較多時間接受教育，到年過雙十之後才投入家族企業。他於 1874 年被派往中國，接替返回孟買的所羅門‧沙遜，成

為打理在華業務的核心人物。他除了管理家族的鴉片及一般貿易生意外，還擔任家族入股的銀行、保險、輪船及製糖等公司的董事。弗特烈在華時間較久，長達 13 年，一直到 1887 年才離開，中國業務改由家族姻親負責，如阿爾伯特·沙遜的女婿等。弗特烈如其他多位兄長一樣，最後選擇到倫敦定居。他於 1894 年約 41 歲時才結婚，妻子為珍尼特·拉斐爾（Jeanette Raphael），同樣來自猶太富裕家族。

此時，舊沙遜洋行於各地的業務大致完成分工：阿爾伯特·沙遜鎮守總部、所羅門·沙遜負責孟買的公司，其餘各人輪流派駐不同地方。但想不到在弗特烈·沙遜結婚那年，所羅門·沙遜卻在孟買去世，享年 53 歲（*The North China Herald*, 20 April 1894）。這不但令家族中人大為傷感，更影響了家族對東方業務的管理。有關這方面，將在下一章再作深入探討。

相對於舊沙遜洋行諸兄弟選擇英國，對東方的取態半冷不熱，艾理亞·沙遜自另起爐灶後則投入全副精力，大舉開拓東方市場。如前文提及，他在鴉片貿易上不斷壯大，甚至超越了舊沙遜洋行，以及進軍印度紡織業，此外還不斷尋找其他生意門路。可惜，在 1880 年 3 月，當艾理亞·沙遜親赴錫蘭巡察當地茶園，打算開闢茶葉這項新業務時，卻在途中不幸染病，而且病況急速轉壞，於同月 22 日在當地去世，享年 60 歲（Jackson, 1968: 63）。

據報紙較詳細的報導，1880 年 3 月，艾理亞·沙遜前往錫蘭，經過一個名叫加勒（Galle）的海港時，不幸染上類風濕關節病，他在當地就醫並接受了初步治療，惟仍感身體虛弱，打算轉到新加坡或香港休養，但因新加坡天氣炎熱，故決定直接到香港。不過在錫蘭等待船期之時，病情卻急速惡化，不出數天便在當地病故。當時，陪伴在旁的除了隨從外，還有一位 AS·格貝（A.S. Gubbay），相信是他妹夫的兄弟。報紙還提及艾理亞·沙遜的妻子在數年前已去世，遺下五名子女，長子為雅各布·沙遜，最年幼的兒子只有 15 歲（*Leeds*

Mercury, 16 April 1880; *The North China Herald,* 11 May 1880）。而過去一直擔任父親左右手的雅各布・沙遜，在父親去世後很快接手了新沙遜洋行的業務，成為公司的領軍人（Jackson, 1968）。

在這裡可以補充一點命運對人生際遇的影響。當艾理亞・沙遜以為自己尚健壯，可以全身投入生意經營，為後人打下一個更穩固的企業王國時，卻在異國突然急病去世；而同年的聖誕節前夕，阿爾伯特・沙遜在倫敦華頓街（Walton Street）辦公室工作時，遇上煤氣泄漏，引致爆炸和火燭，雖然火勢猛烈，但他及員工均逃過一劫，只有手及面部被燒傷，算是不幸中之大幸（*Illustrated Police News,* 1 January 1881）。兩兄弟在同一年均遭劫難，能否躲得過，彷彿是看命運擲骰子，在毫釐之間決定了生死存歿。

中國民間有「龍生九子，子子不同」的說法，就算是同一父母所生的子女，性格行為都未必相似，會各有自己的目標和理想。艾理亞・沙遜與諸兄弟之間對事業與人生的看法差異巨大，當兄弟們放慢經營腳步時，他卻不滿足於現況，四出尋找商機；當兄弟們選擇移居英國時，他則堅持留守東方；當兄弟們一心打入英國上流社會時，他仍奔走於客戶和生意夥伴之間。種種差異令大家愈行愈遠，當艾理亞・沙遜不願受兄弟的約束，便只能孤身上路，與兄弟分道揚鑣。

結語

無論中外社會，兄弟分家、各走各路時，總是被貼上負面標籤，認為這反映家族不夠團結，同時削弱家族力量，攤薄來之不易的資本積累。然而在沙遜家族這個例子中，或許由於分裂情況不算嚴重，只有艾理亞・沙遜一人離去，其他各人仍團結在一起，故沙遜家族第二代分裂後，家族事業非但沒有走向沒落，相反，新舊沙遜洋行的前進步伐雖緩急不一，但同樣欣欣向榮，投資範疇

不斷增加，家族財產越見豐厚。

　　由此可見，分家其實不一定都是不好或負面的，相反卻有不少正面功能。以新沙遜洋行的情況來說，與兄弟分開後，能激發艾理亞‧沙遜一房的雄心，必須以積極進取的行動，做出成績以揭示其能力，證明自己決定是正確的；至於維持一統，留在舊沙遜洋行的諸兄弟亦須做出成績，一來防止再有成員離去，二來亦要說明團結帶來的利益遠大於分裂。由此可見，若能恰當做好情感及風險管理，家族分裂並不是洪水猛獸，反而一方面能化解內部矛盾與積怨，另一方面又能刺激彼此競爭，成為推動家族走向多元及良性發展一股不容忽視的重要力量。

註釋

1 晚年時，大衛‧沙遜應有意大舉進軍銀行金融業，除指示亞瑟‧沙遜參與在香港創立滙豐銀行，同時又安排艾理亞‧沙遜進入利新銀行並出任主席，應屬家族投資「升格」的重要佈局。

2 有分析指新沙遜洋行創立於 1872 年（張仲禮、陳曾年，1985：12；唐培吉，1992：72），此實有誤。

3 亞倫‧哈同（Aaron Silas Hardoon），在華人社會簡稱哈同，他與大衛‧沙遜同樣來自巴格達，乃賽法迪猶太人，曾在沙遜洋行工作，主要參與鴉片貿易，日後自立門戶，不但在鴉片生意上青出於藍，在上海地產生意上亦如是。不過他與妻子羅迦陵沒有子女，去世後的巨大遺產如流水般散失（Jackson, 1968; 鄭宏泰、呂文淵、黃紹倫，2016）。

4 後來，此生意連同碼頭物業為孟買政府徵收（*The North China Herald*, 20 April 1894）。

5 日後成為英國國王，是為愛德華七世（Edward VII）。

6 由於亞倫‧沙遜無論在生意上或家族內均不活躍，作風十分低調，缺乏與他相關的資料，這兒只能略過不表。

7 賀拉其實是阿爾伯特‧沙遜的外孫女，血緣上和輩份上可謂十分近，而且有跨輩份結婚的問題，在華人文化看來，關係實在十分複雜（Berger, no year）。

第五章

深耕英國
遊走於皇室貴族的上層社會

大衛·沙遜退休後到英國安享晚年的計劃雖未能成事，但其想法為多數兒子所認同，亦繼承其遺志付諸行動。因此，自阿爾伯特·沙遜成為家族和企業領軍人之後，他一方面繼續發展東方（主要是巴格達、波斯、印度、中國及日本）生意，另一方面則加大投資英國，家族更從孟買移居至此。他們積極打進上流社會，正所謂居移體，養移氣，他們在英國往來接觸的圈子非富即貴，往來無白丁，大多是富豪巨賈的生意夥伴或客戶，甚至是皇室貴族。這個曾經擁有頂級財富與權力的古老家族再次聲名大噪，在西方媒體眼中，「其名字意味金錢與門第」（whose name implies money and pedigree），屬「含金量」極高的世界級巨富（*Western Mail*, 17 May 1886）。

雖然家族第二代成員大多已長居英國，但主要生意投資畢竟還是集中於東方，所以他們逐漸採取像渣甸洋行與太古洋行般的「遙控管理」模式，即自己（或主要股東）留在英國，但盡量下放權力，讓願意留在東方的家族成員負責，又或授權非家族專業人士管理。不過，當那些駐守東方的成員因不同因素難以繼續時，大股東的「缺席」會令企業發展動力生變，削弱了積極的開拓精神，左右企業前進的速度。因此，舊沙遜洋行雖仍能保持增長，但發展動力已大不如前了。

結交權貴的努力

廣東話有句老話叫「入屋叫人，入廟拜神」，意思是作為外來者到了一個新地方，必須明白主客之別，了解從屬關係。見慣風浪、歷經多次遷移和社會變幻的沙遜家族，必然對此有深切體會，也明白「大樹好遮蔭」的道理，故他們在移居英國前，已充分準備好如何「叫人」與「拜神」。顯而易見的例子，相信是他們善用財富，高調於 1860 年代買入泰晤士河畔的雅什利公園大宅，營造出猶如巨星登場的「氣勢」。

上一章曾提及，在孟買創業 20 年後的 1853 年，大衛・沙遜正式歸化英籍，之後在 1855 年，亞瑟・沙遜（即亞伯拉罕・沙遜）被送到英求學，並在當地置業，兩者應可視作沙遜家族強化與英國關係的起點。至 1857 年，「印度兵變」迅速被平定後，家族顯然加速了「英國化」的步伐，除捐款慶祝維多利亞女皇登基 20 周年，發表支持政府統治的言論外，還一改日常生活習慣，要求子孫吃西餐、穿西服。1858 年底，大衛・沙遜派出三子沙遜・沙遜到英國，設立沙遜洋行分公司，正式開展當地的生意與投資（Jackson, 1968）。

對沙遜家族而言，辦理歸化手續及送子到英國求學，都是輕而易舉之事，不用太花心神。但當他們想加速「英國化」，特別是在英國設立分公司時，便需要更深入地與政府及權貴打交道，強化政商關係。雖然現已無法考究沙遜家族是何時開始建立與英國權貴的關係，也不清楚過程如何或由誰穿針引線，但肯定的是，由於父輩曾是巴格達「納西」，大衛・沙遜自幼耳濡目染，應該深明結交權貴的方法與竅門。而 1860 年代，他購入雅什利公園大宅，傳遞出家族來頭不少、身家豐厚的訊息，就如一張「金光閃閃」的名牌，便利日後與權貴接觸交往。

正如第三章提及，爆發「印度兵變」後，大衛・沙遜代表家族高調地表達對大英皇室的忠誠（Jackson, 1968），亦曾在英國皇室的喜慶活動上捐獻。到維

多利亞女皇的丈夫阿爾伯特親王（Albert, Prince Consort）於 1861 年去世，當時全國及海外屬土均興起籌建阿爾伯特紀念碑或紀念像，以表示沉重哀悼，大衛‧沙遜亦不甘後人，在 1864 年主動向英國國務大臣（Secretary of State）提出，由他本人出資，在孟買的維多利亞博物館花園，豎立一座紀念阿爾伯特的雕像（*The Daily News,* 21 November 1864），提案當然很快便獲得批准。

雖然，就如購入英國大宅卻在入住前去世一樣，大衛‧沙遜興建阿爾伯特紀念雕像，亦未能親眼見證雕像的落成，但他不斷向皇室表忠示好的舉動，讓他的子孫坐享其成，爭取到一張英國上層社會的入場券。就在大衛‧沙遜去世前後，眾子相繼在倫敦購入大宅，其中阿爾伯特‧沙遜的大宅位於倫敦肯辛頓道 25 號的「肯辛頓戈爾」（25 Kensington Gore），而亞瑟‧沙遜的居所則在海德公園（Hyde Park）南端的「阿爾伯特門 2 號」（2 Albert Gate）。不過，日後最引人注目的，相信是魯賓‧沙遜購入布賴頓（Brighton）的皇后花園（Queen's Garden）以及蘇格蘭的「都瓊雅舍」（Tulchan Lodge）等，這兩處物業不但極其奢華，後者日後更成為皇室貴族與政府要員的度假勝地，經常可見達官貴人於此奔馳打獵。

事實上，對沙遜家族而言，購入豪宅不單是為了建造安樂窩，或想為家人提供舒適的生活環境，豪宅更重要的功能，是讓他們彰顯財富，以及打造重要的社交場所。有了豪華大宅，沙遜家族第二代才有更適切的場地，邀請他們有意結交的皇親國戚或權貴到家中作客，藉殷勤款待表達情意，建立私交。說實在，在這個世界上，只有窮人想結交權貴才會遇到困難，有錢人要加入富豪俱樂部，當然是暢通無阻。

當然，除了購買豪華大宅以便招待權貴外，沙遜家族還有如下多項「絕招」，令其希望結交的目標人物——尤其皇室貴族——無法抗拒：

其一是投其所好。英國皇室貴族喜好賽馬和飼養名種馬，沙遜家族到英國

定居後亦大花心機，以重金購入名種馬，與皇室貴族們有了共同興趣與話題。[1]

其二是創造空間，便利打獵郊遊。除了養馬賽馬，皇室貴族的另一喜好或習慣便是野外打獵，上文提及沙遜家族置於蘇格蘭的「都瓊雅舍」，便經常招待皇室貴族入住，讓他們在附近郊遊打獵。

其三是配合上流社會各種休閒娛樂的生活享受。較受注視的安排，是沙遜家族不同大宅設有不同特殊設施，例如在魯賓‧沙遜位於布賴頓的大宅，便闢有私人動物園。另有家族成員聘請了私人管弦樂隊，在觥籌交錯間為貴賓助興（Jackson, 1968: 68）。

其四是深明「禮多人不怪」的道理，出手豪爽大方。每遇皇室貴族的喜慶活動或大時大節，沙遜家族都會送出厚禮以表心意，其中較惹人注目的例子，是在 1889 年 7 月路易絲公主（Princess Louis）大婚時，沙遜家族的阿爾伯特、魯賓和亞瑟三兄弟便送上三顆大鑽石，讓公主鑲嵌在結婚禮服的頭飾中（made up into a tiara），吸引眾多賓客的視線（*Birmingham Daily Post*, 27 July 1889）。

為了達成與皇室貴族交往，打入上流社會，維持長久關係的目標，沙遜家族可謂用盡心思，絕招盡出（Jackson, 1968: 68）。但若說他們所做的一切都是出於心機計算，才故意投其所好、贏取皇室貴族的歡心，那未免有點言過其實，因為他們畢竟來自猶太民族的上層社會，祖輩曾是「納西」，故他們的生活習慣、品味和志趣，其實與英國權貴圈子相當接近，再加上有龐大財富作「推薦信」，自然容易走在一起。

標誌著沙遜家族在英國結交權貴取得一定進展的，相信是阿爾伯特‧沙遜於 1872 年獲得了爵士頭銜（Roth, 1941: 88）。而年過 33 歲的亞瑟‧沙遜於 1873 年 1 月 19 日與路易絲‧貝路賈（Louise Perugia）在英國結婚，更屬家族在社會網絡上的一重大突破，因為貝路賈家族乃在英國定居已久的著名猶太家族，路易絲‧貝路賈之父亞奇里‧貝路賈（Achille Perugia）在猶太群體中甚

有名聲。不過，那次婚禮雖引起社會注視，沙遜家族卻沒大事鋪張（*Pall Mall Gazette*, 21 January 1873）。

當亞瑟・沙遜踏上蜜月之旅時，自 1870 年代起便較多留在英國的阿爾伯特・沙遜，繼之前捐款在孟買興辦學校後，又於 1873 年 6 月再捐款在曼徹斯特興建猶太教堂，便利猶太教徒崇拜（*Liverpool Mercury*, 14 June 1873）。同年 8 月，大衛・沙遜幼女慕絲・沙遜（Mozelle Sassoon）出嫁，丈夫是來自巴格達但已在英國落戶定居的 IH・海嚴（I.H. Hyeem），這頭親事在猶太社區及英國社會都備受注視（*Pall Mall Gazette*, 13 August 1873），反映富裕猶太群體在英國的生活，其實一直受到英國社會的關注（Lindemann and Levy, 2010）。

經過多年用心培養，到了 1870 年中，家族在英國已與不少權貴建立起交往網絡，成功躋身上流社會，名聲十分顯赫，一舉一動都會引來社會注視。而在 1875 年發生的兩項大事，可十分清晰地反映這個家族在英國上流社會日見吃重的位置。

其一是該年 6 月，東非坦桑尼亞的蘇丹桑其巴魯（Zanzibar）到英國進行官式訪問，會見了諸如梳士巴利勳爵（Lord Salisbury）等政府高層官員，魯賓・沙遜不但獲邀與之見面，更在家中設宴款待遠客（*Leeds Mercury*, 28 June 1875）。此事反映他與桑其巴魯早有交往，人脈關係網絡龐大，亦顯示他獲得英國政府的肯定或認可，才會委派他招待貴賓。

其二是上一章提及，在該年 11 月時，阿爾伯特・沙遜請得到訪印度的威爾斯王子，主持孟買沙遜碼頭的奠基儀式，吸引了海內外社會的無數目光，因為在那個年代，只有很少人能請得大英帝國王子的大駕。數年後的 1879 年，阿爾伯特・沙遜捐錢為威爾斯王子鑄造雕像，豎立於孟買市的廣場之上，大有投桃報李的色彩，銅像於 1879 年 6 月的揭幕儀式，更由當時的孟買總督主持，場面盛大（*The Daily News*, 27 June 1879）。

阿爾伯特・沙遜捐建的威爾斯王子雕像

既然選擇作為大英帝國子民，又定居英國，大衛・沙遜與兒子們一方面買入當地豪華大宅，另方面增加投資，同時又強化與當地猶太社區、上流社會和政商權貴的交往。這可說是過往漂泊無定、四處移居的猶太家族，在致富後尋求提升社會地位及影響力的必然過程，沒有太特殊之處。反而像威爾斯王子——日後登基成為大英帝國國王愛德華七世（Edward VII）——等皇室及貴族們，願意對身為「外族」的沙遜家族敞開胸懷，與他們成為密友，授之為顧問，這才是相當特殊的地方，值得下文再作深入討論。

正當家族第二代努力經營，以求在英國上流社會站穩陣腳之時，第三代也逐漸成長，透過不同方式充實自己，為家族及自己的未來鋪路。由於沙遜家族不少成員已移居英國，成家立室，他們的孩子亦在當地求學，從資料上看，阿爾伯特・沙遜的孩子開始接受正規教育時，大多進入伊頓公學（Eton College）這所老牌貴族學校，之後再考入牛津大學，小部份則升讀其他著名大學。他們在大學期間或畢業前後，通常會加入當地志願兵團，接受基本軍事訓練，磨練鬥志，培養團隊精神。

當中，阿爾伯特・沙遜的次子愛德華・沙遜（Edward Sassoon）便是一個典型的例子。他於伊頓公學畢業後考入牛津大學，然後加入米德爾塞克斯義勇騎兵隊（Middlesex Yeomanry）接受軍訓，曾擔任隊長之職（Jackson, 1968: 81），可見其表現不俗。而他的兄長約瑟夫・沙遜（Joseph D. Sassoon）[2] 以及堂弟如祖克・沙遜（Joseph Sassoon，暱稱 Jock，本書一律譯作祖克・沙遜）及艾弗特・沙遜（Alfred Sassoon）等，亦大多有著與愛德華・沙遜相近的成長求學道路。

SIR EDWARD SASSOON
New M.P. for Hythe

愛德華・沙遜

另一方面，艾理亞・沙遜對子孫的安排則略有不同，他們雖然同樣被送到英國求學，卻捨伊頓公學而多入讀哈羅學校（Harrow School），之後亦較多選擇升讀劍橋大學，當然亦會接受軍事訓練，磨練鬥志。這種安排，似是艾理亞・沙遜刻意讓孩子避開與其他堂兄弟交往，或至少無意讓他們多接觸以便日後互相扶持，再一次證明艾理亞・沙遜一房與其他房之間關係疏離，甚至帶有點敵意，才會刻意「保持距離」。

所謂「家家有本難唸的經」，無論沙遜兄弟一房與其他房之間不願往來的原因為何，第三代年幼時被安排到英國求學，接受英國文化，學習英文與現代知識卻基本一致，亦是大英帝國國力強盛的重要說明和有力反映。到了第三代，他們或是在英國出生，或自小被送到英國，生活習慣已十分英國化，不過在信仰及婚姻方面，仍恪守猶太人的傳統與習俗。

世家聯姻的網絡

從人際關係與社會網絡的角度上說，以血脈為紐帶，無疑是最穩固，亦最

具韌力的關係；但血脈乃先天性的，可遇不可求，而略次於血脈關係的，便是半血脈，即是夫婦經婚姻結合後誕下後代，成為秦晉之好，令姻親關係有了共生共榮的連結和條件。正因如此，婚姻自古至今婚姻一直是後天經營社會網絡時最備受關注的一環，沙遜家族亦明顯視之為重要部份。

撇開大衛・沙遜一代本身亦與門當戶對的猶太大家族通婚不談，到阿爾伯特・沙遜那一代，哪怕家族由巴格達轉到孟買，甚至經歷了從上海、香港等地再轉到英國的巨大變遷，其婚姻結合，仍脫離不了「門當戶對」的要求，可見這種「半血脈」關係連結的重要性和作用。至於家族在英國扎根，結交了皇室權貴後，婚姻網絡自然亦在這些層面上擴散開去。

當然，由於猶太人有族內通婚的傳統，基本上只會從猶太人之間選擇伴侶，抗拒與其他族裔聯婚，所以無論是大衛・沙遜本人，甚至其眾多子女等，嫁娶的大都是猶太人，且都是賽法迪猶太人，如前文提及亞瑟・沙遜與路易絲・貝路賈的婚姻，或慕絲・沙遜與 IH・海嚴的結合，便是很好的說明。婚嫁的對象除了是同族，還要門當戶對，即如中國俗語所謂的「木門對木門，竹門對竹門」，故能與沙遜家族聯婚的大都是豪門大戶，鮮有跨越階級門檻者。

遠的不說，就以阿爾伯特・沙遜諸兄弟到英國定居後的婚姻為例，除了亞瑟・沙遜和慕絲・沙遜外，俟後家族成員還與更多豪門結合。如阿爾伯特・沙遜之女蓮娜（Rachael Sassoon，又稱 Lina，這兒稱為蓮娜）嫁予 AM・格貝（A.M. Gubbay）；[3] 阿爾伯特・沙遜長子約瑟夫・沙遜（Joseph Albert Sassoon）娶猶太裔的 Rebecca。沙遜・沙遜長子祖克・沙遜迎娶路易絲・簡斯堡（Louise Gunzburg），[4] 女方為家族世居俄國聖彼得堡的猶太裔，日後他繼承了父親位於阿什利公園的大宅（*Pall Mall Gazette*, 26 July 1884）。至於魯賓・沙遜一房，資料顯示，他與妻子凱特・伊士高（Kate Ezkiel）育有一子大維・沙遜（David）及兩名女兒賀拉和路易絲（Flora 和 Louise），[5] 其中一名女婿博伊爾（Charles

Boyle）來頭不小，曾任毛里裘斯（Mauritius）總督，此點亦可作為上流社會「竹門對竹門」婚姻的一個註腳（Jackson, 1968: 127）。

這些婚禮，部份鋪張高調，部份則低調行事，但無論豪華還是平實，他們的婚姻對象都是來自同一社會階層，鮮有尋常百姓家能進入這個富貴圈，可見婚姻除兩情相悅外，更重要是能否達至一榮俱榮的目標。而從以下的例子，更可看到家族如何透過姻親關係，拓展人脈關係網絡，令雙方在上流階層站得更穩固、走得更長遠。

1881 年 1 月中，亞瑟・沙遜太太的妹妹 Maria Perugia，嫁給羅富齊家族的利奧溥・羅富齊（Leopold Rothschild），並舉行了場面盛大的婚禮。羅富齊家族乃世界級巨富，於當時縱橫歐洲，建立了無人能及的金融帝國（*Bristol Mercury*, 18 January 1881; *The Washington Post*, 21 February 1881）。這段婚姻除了將羅富齊與貝路賈家族連結起來，亦令亞瑟・沙遜與利奧溥・羅富齊成為連襟，換言之，沙遜家族也成了羅富齊家族的親戚，雙方多了往來的機會。正因兩家變得更親近，才締造出之後更緊密的婚姻聯盟，也就是下文將介紹的「世紀大婚」。

沙遜家族與羅富齊家族擁有共同的姻親，大家交往應更加密切，至 1887 年，便傳出了阿爾伯特・沙遜次子愛德華・沙遜，將迎娶羅富齊家族愛蓮・羅富齊（Aline Rothschild）的消息，轟動歐洲社會。當時愛德華・沙遜從牛津大學畢業不久，剛加入舊沙遜洋行工作，因其長兄約瑟夫不幸於 1884 年去世，令他成為家族第三代的主要繼承人，如無意外將接掌族長的大位。至於愛蓮・羅富齊之父吉士提夫・羅富齊（Gustave Rothschild）[6]，擁有男爵頭銜，乃家族的領導人物，故這對未婚夫婦均是家族的重要成員。

由於兩個家族均是商界巨頭，有財有勢，這段婚姻本已受到相當的關注，而令它被喻為「世紀大婚」、受人津津樂道的更重要原因，是兩家均不惜工本，

全力投入，目標一致地要舉辦一場極盡奢華的婚禮。1887 年 10 月 19 日，二人在巴黎維多利亞街（Rue de Victoire）的猶太大教堂舉行結婚儀式，之後再舉行大型宴會。獲邀賓客來自世界各地，出席者多達 12,000 人，[7] 據說是繼拿破崙三世大婚後法國最盛大的婚禮（Jackson, 1968: 81-82）。

雖說這兩個家族均富可敵國，但始終是商人身份，精於計算又講究實利，他們願意花上天文數字的巨款，顯然並不只是為了「辦一場婚事」。較合常理的推斷是，對沙遜家族來說，能夠與羅富齊家族結成親家，不但是富裕猶太家族門當戶對的「強強結合」，相信還代表著他們進入英國上流社會最頂尖的階層，故有意透過那次世紀大婚，高調地彰顯自己的成就與實力，相當於今天大灑金錢的廣告宣傳。同時兩家也藉此分享彼此的人脈關係網絡，擴張政商連結等，因此才有志一同舉辦一場「世紀大婚」。

婚後翌年的 12 月 4 日，愛蓮誕下一子，是為菲臘·沙遜（Phillip Sassoon），之後於 1894 年再誕下一女西貝爾·沙遜（Sybil Sassoon）。這一子一女日後亦成為家族的重心人物，從巨富世家聯婚的角度看，西貝爾·沙遜的婚姻甚至較父母更為轟動——雖然她的婚禮並不如父母般豪華或勞師動眾，詳情將在下文分析。

一個家族能否將富貴延綿多代，受很多因素影響，當中先天因素、個人際遇及命運順逆等，均非人力能夠轉移或改變。為了令家族永享富貴，子孫承福，便要透過後天的努力，盡可能將優勢延續。沙遜家族第一、二代由於環境因素，無法接受太多正規教育，但到第三代起，便開始安排子孫接受最優質的教育，鋪排更好的事業道路。至於結交權貴，積累雄厚社會資本，亦是世家大族努力經營的方向，當中較易為社會察覺的，實非婚姻聯盟莫屬（鄭宏泰、黃紹倫，2004）。

東方生意的維持

諸兄弟中，阿爾伯特·沙遜等較年長者在英國上流社會享受著豪華生活之時，年紀較幼的所羅門·沙遜等兄弟則在千里之外，金睛火眼地看管著生意，為多賺一點或節省一點而大傷腦筋。而沙遜家族在東方的生意，新舊沙遜兩家洋行又同時碰到市場與家族領導權轉變等問題，這裡先說市場變動的重大變化，之後再談兩家洋行的不同發展情況。

正如上一章提及，沙遜家族主力發展的東方市場，在 1870 年代中開始出現不少變化，家族因此亦順應調整投資策略。其一是紡織業在印度興起，家族先後創立大型紡織廠全力開拓；其二是鴉片入口中國合法化，沙遜家族亦加大投資；其三是家族因應各地發展，加大購入各地地皮，作長遠投資。至於家族兩家洋行領導者的才能與投資目光的取捨，導致了雙方的發展動力漸見不同。

在舊沙遜洋行而言，阿爾伯特·沙遜接班後，首十年很多時會親上「前線」，直接領導東方業務的發展，但由於他在 1860 年代末和亞瑟·沙遜、魯賓·沙遜兩弟選擇帶同妻小在英國定居，已甚少時間留在東方，偶有回來考察業務或處理重要事情，亦只是短暫停留而已。東方業務的管理大權，則交到所羅門·沙遜和弗特烈·沙遜諸弟手上。前者坐鎮孟買總部，後者看管大中華市場，[8] 另一幼弟亞倫·沙遜可能亦一直留在東方，並有一段短時間在香港出現（1884-1887），協助打理當地業務。

可以這樣說，舊沙遜洋行的實質管理大權自 1870 年代中起由兄轉弟——雖然最終決定權仍緊抓於身在英國的兄長手中。正因如此，所羅門·沙遜的領導角色，便較似那些非家族專業人士擔任行政總裁般，原則上只有行政大權，在重大事件的決定上，仍須事先取得倫敦兄長們的首肯，其市場反應、開拓意欲與發展動力顯然前後不同。

在新沙遜洋行而言，在 1880 年前，艾理亞·沙遜一直站在領導前沿，主

力奔走於東方，對各地市場脈搏有較準確的掌握，亦能作出較好反應和較快決定。鴉片輸華合法化後，新沙遜洋行能取得較突出的成績，甚至超越舊沙遜洋行，便是其競爭力更勝一籌的有力說明。1880 年，艾理亞‧沙遜突然去世，似乎沒有給家族傳承帶來甚麼衝擊，他的長子雅各布‧沙遜按傳統成為新領軍人，而且輕易駕御大局。[9] 雖則如此，新沙遜洋行的組織，亦由過去的「父子兵」變成了「兄弟班」，一如 1864 年大衛‧沙遜去世後舊沙遜洋行一樣。

據 Fischel（2007: 69）介紹，艾理亞‧沙遜育有五子，依次為雅各布‧沙遜（Jacob Elias Sassoon，1844 年生）、JE‧沙遜（Joseph Elias Sassoon，1851 年生）、EE‧沙遜（Edward Elias Sassoon，1853 年生），[10] 以及在 1855 年出生的一對孖生子：米耶‧沙遜（Meyer Elias Sassoon）和魯奇‧沙遜（David Elias Sassoon，因暱稱 Nukie Sassoon，故譯為魯奇）。雖然 JE‧沙遜於 1863 年約 12 歲時離世，但仍有四子和他一同打天下、拚生意，所以在自立門戶後取得甚為快速的發展。

雅各布‧沙遜出任新沙遜洋行領軍人後，如其父般把發展焦點集中在東方，且總是親自跑上「前線」，直接參與生意發展和管理，亦能與諸弟上下一心，將亡父的生意發揚光大。推動他努力不懈的原因，一方面可能是他們這房與本家關係疏遠，沒有其他人能作支援，故他必須事事親躬；同時，也可能是想證明父親當初分家的決定正確，不想輸給舊沙遜洋行的叔伯及堂兄弟們，或是給他們看扁看輕。在他領導下，新沙遜洋行維持決策快、效率高和向心力強的特點，以「兄弟班」形式保持較高的競爭優勢。

雅各布‧沙遜當上領導後不久，便從舊沙遜洋行中挖角，將在上海負責鴉片和地產生意的哈同（Silas A. Hardoon）納為己用（Jackson, 1968; Betta, 1997）。哈同出生於巴格達，1870 年代踏足上海，在舊沙遜洋行任職期間表現十分出色，為洋行賺取豐厚利潤，故備受重用。雅各布‧沙遜看中他的才能，

誘之以厚利，最終令他心動跳槽。這次挖角雖然成功，但相信進一步影響了兩家的關係，亦有違艾理亞·沙遜治下兩家不作惡性競爭的默契。

不過，令雅各布·沙遜出乎意料的是，哈同對他並不忠誠，工作上沒有以新沙遜洋行利益為主，反而從中取謀私利，以下引述的便是相關例子：

> 哈同利用為新沙遜洋行大舉進入房地產市場的時機，為自己打起了「擦邊球」—— 即在為新沙遜洋行購置房產的時候，運用自己的資金購入四處屬於南京路地區的優質地皮，反而為新沙遜洋行購置的房產卻大多集中在虹口和閘北那些在當時而言屬於較差的地段。此事後來成為他與沙遜家族鬧出不和的主要原因，並導致他最終離開了新沙遜洋行。（鄭宏泰、呂文淵、黃紹倫，2016：134）

因賓主之間出現嫌隙，哈同最後選擇離去，自立門戶，大力投資上海房地產，憑著本身任職新舊沙遜洋行期間建立的人脈與社會關係迅速崛起，一躍成為上海地產大王，「到去世時，其名下財富較其原僱主還要多」（Jackson, 1968: 66），可見哈同有點石成金、精於投資之才，也有狡獪自私的性格。

這裡引伸出兩家洋行自 1870 年代起，除大舉將從鴉片貿易中獲得的利潤投入到「公眾公司」（即今時今日所稱的上市公司）外，還大量投入到地產之中。具體地說，為了配合生意發展需要，新舊沙遜洋行均在他們總部或分行的所在地大舉購入地皮，例如孟買、加爾各答、上海、香港等地，其中面積最大的，便是上一章提及舊沙遜洋行購入哥拉巴海港一帶 20 萬平方呎地皮，用作發展沙遜碼頭一事。

從所購地皮在不同城市的分佈上說，由於家族是從孟買發跡，印度大陸又有不同種植及生產基地，舊沙遜洋行在那裡擁有的地皮自然更多。相對而言，

新沙遜洋行較著重大中華市場,所以購入較多上海和香港的地皮,且大多位於城市核心地帶。若然各個城市的發展步調相同,兩家洋行的財富增長應不會有太大差異,資產值亦應相若。可是,自 1880 年代起,上海和香港的城市化步伐加速,反而早在 1810 年代已開始移山填海、進行城市化建設的孟買卻原地踏步,令新舊沙遜洋行的財富總額出現很大改變。

除了地產外,雅各布‧沙遜還有另一些重要的投資,那就是創立商人銀行「東方銀行」(Eastern Bank Limited)。新沙遜洋行一直主力經營鴉片、棉紡等,並透過入股其他公眾公司,參與了銀行保險、貨倉碼頭及航運等多元生意。過程中,他覺得商人銀行這種高檔金融生意大有可為,因為那時不少企業常常碰上借貸融資的困難,外滙兌換又波動巨大,具有開拓潛力,尤其能與本身業務取長補短,於是在 1909 年底牽頭創立了東方銀行(*South China Morning Post*, 10 December 1909)。銀行總部設於倫敦,但主要在孟買營運,並在新加坡和孟加拉等地設分行,進一步壯大新沙遜洋行在銀行金融方面的實力(Jackson, 1968: 139-140)。東方銀行創立不久,國際金融與滙兌出現異常波動,然而雅各布‧沙遜應對合宜,因此生意有不錯的發展。

隨著時間轉移,新舊沙遜洋行無論投資面向、投資組合等均此消彼長,本來實力只及舊沙遜洋行七分之一的新沙遜洋行,總體上已可與對方分庭抗禮了。這樣的發展格局,相信為舊沙遜洋行諸兄弟帶來壓力。儘管我們沒法找到英國諸兄長的指示,要所羅門‧沙遜和弗特烈‧沙遜等提升效率、增加投資回報,但看著新沙遜洋行的生意業務蒸蒸日上,自己卻原地踏步,甚至時有倒退,舊沙遜洋行眾兄弟自然難以釋懷。

到了 1887 年,過去一直主力打理大中華市場的弗特烈‧沙遜和亞倫‧沙遜兩兄弟離開了香港(Smith, 1995),相信在孟買停留一段時間後轉往英國,其中弗特烈‧沙遜更如兄長們般在那兒居住下來,亞倫‧沙遜的去向不詳,

推斷亦是選擇在英國生活。顯然，一眾沙遜兄弟都不想留在東方，寧可長居英國，過優哉游哉的生活，只剩下孟買的所羅門・沙遜一人留守東方市場，要應對的工作自然更為繁重，而舊沙遜洋行無論在上海、福州、汕頭、香港，甚至是日本和加爾各答等地的業務，亦很自然地交到非家族人士手中。雖然那些管理層就如哈同般都是猶太人，但畢竟並非由自己人親身主持大局，決策與市場反應自然大不如前。

一如上一章提及，到了 1894 年，當弗特烈・沙遜宣佈結束王老五生活，喜氣洋洋地踏進教堂，與珍尼特・拉斐爾結婚之時，遠在東方，一直承擔著舊沙遜洋行經營管理重責的所羅門・沙遜，卻因積勞成疾於同年 3 月在孟買去世，享年只有 52 歲（*The North China Herald*, 20 April 1894），遺下寡妻賀拉（Flora Abraham）及三名子女。消息無疑令家族上下大感傷悲，至於洋行在東方的業務日後由誰人看管領導的問題，亦受到關注。

從大衛・沙遜以「父子兵」模式創業開始，他看到當時社會發展大勢，憑英國臣民身份，依仗大英帝國全球擴張的浪潮，令沙遜家族在東方的業務和生意如水銀瀉地般不斷展開、持續擴張。阿爾伯特・沙遜諸兄弟在接班後，沙遜洋行分裂為新舊兩家，當中舊沙遜洋行以「兄弟班」模式，雖不及父親時代，但尚能保持活力，並一如既往地把發展焦點集中於尚未全面開拓的東方市場，視那裡為財源滾滾來的關鍵所在。但由於舊沙遜洋行的最高領導層已陸續定居英國，與王室貴族為伍，過上層社會生活，無可避免影響他們對東方市場脈搏的掌握。

另一邊廂，分家後保持「父子兵」模式的新沙遜洋行，一方面業務仍以東方為基地，發展機遇甚多，另一方面「父子兵」模式令其更能全力打拚，自 1880 年以後業務進一步擴充。後來因艾理亞・沙遜去世，洋行亦由「父子兵」變成「兄弟班」模式，由於能維持兄弟一心，領軍人亦一直駐守東方，在孟買

和上海兩邊走，因此能步調一致地開拓東方市場，在生意規模及營利上，逐步超越舊沙遜洋行。

三代領軍的新局

艾理亞・沙遜在 1880 年突然去世後，長子雅各布・沙遜按傳統登上新沙遜洋行的領導大位，標誌著家族第三代走向前台。當時他約 36 歲，剛結婚不久，太太雷秋・艾薩斯（Rachel Isaacs）來自加爾各答的富裕商人家族。而他的三名弟弟只在 23 至 25 歲之間，和長兄年齡差距甚遠，加上雅各布・沙遜很早便出道協助父親開拓業務，早已建立起個人的領導權威，能帶領新沙遜洋行向前發展，諸弟亦對他言聽計從。故在新沙遜洋行而言，第三代登上前台後，仍能維持之前的發展勢頭，不斷向前。

至於舊沙遜洋行的傳承接班與企業管理，則出現不少波動和轉折。簡單來說，所羅門・沙遜去世後，東方業務需由諸兄弟中找人頂替，但令人意外的是竟然無人願意離開英國，返回東方接手經營，一方面可能是他們已習慣了英國上流社會的生活，無意再上前線拚搏；而且由於大權仍在英國，令東方的工作尤如燙手山芋，管理上吃力不討好。故當所羅門・沙遜的寡妻賀拉表示願意「妻代夫職」時，沙遜兄弟考慮到與其自己親自上陣，或委託非家族人士，倒不如交由家族媳婦打理，至少較可靠可信，而且公司出現女性主管，可讓外人看到家族尊重女性的「現代」色彩，所以他們很快便欣然答應，令賀拉成為舊沙遜洋行東方業務的首位女性領軍人。

即是說，新沙遜洋行在第三代接班後變成了「兄弟班」模式，維持上下一心，領導權高度集中，諸兄弟又大多留守東方市場，很多時能親上「前線」，了解市場變化，作出迅速決策。舊沙遜洋行雖然也是「兄弟班」模式，卻有更深層次的變化，不但上層核心領導遠離東方市場，作為「代理人」的在地領導

者亦由胞弟轉為弟婦，這在重男輕女的東方社會而言，無疑令人耳目一新，極受關注。不過論到管理和決策效率，新沙遜洋行仍略勝一籌。

就如所羅門・沙遜一樣，賀拉雖是東方業務的統領，但仍要聽命於阿爾伯特・沙遜等人，最後「話事權」仍在英國，而且她所獲得的授權和信任較其夫更低，差不多接近非家族的專業管理人。賀拉生於商人家族，自幼接觸生意經營，加上長伴丈夫身邊，對舊沙遜洋行的生意有十分深入的了解，所以自她成為洋行東方業務的領軍人之後，確實做出了一定成績，維持業務發展，令身在英國的叔伯們可以繼續享受優哉游哉的上流社會生活。

這裡先補充賀拉的一些資料和特殊遭遇。生於 1859 年的賀拉，是阿爾伯特・沙遜的外孫女，從輩份上說，她的丈夫其實乃她的外叔公，[11] 而她出閣那年只有 14 歲。賀拉天生聰敏，自小在家接受猶太拉比的教育，年紀略長後，則進入天主教學校接受正規教育。如其他沙遜家族成員般，她亦甚有語言天份，能講多種語言，是一位虔誠的猶太教徒，對子女的教育及信仰要求嚴格，令他們對猶太經典有深入認識（參考其他章的討論）。賀拉本人更曾被稱為「世界上其中一位最有學識的女性」（one of the world's most learned women），名聲響亮（Breger, no year）。

丈夫去世後，賀拉坐上舊沙遜洋行孟買總部的領導大位，發覺工作極為繁重，壓力巨大，令她大感吃不消。Jackson 寫道：「她私下相信丈夫的兄弟們，促成了丈夫的壯年早逝，因為當丈夫在努力工作時，他們卻在休閒地參與賽馬會議，或是與威爾斯王子吃著豐盛大餐」（Jackson, 1968: 106）。顯然，賀拉對家族其他成員相當不滿，認為他們好逸惡勞，不願回到東方幫手，令丈夫因過勞而早逝。

不可不提的是，賀拉主持東方業務期間的 1897 年，孟買爆發瘟疫，超過 2 萬人染疫死亡，舊沙遜洋行多家位於人口密集地區的工廠被迫停工，民眾生活

曾統管舊沙遜洋行的女當家賀拉

大受影響，洋行的生意亦大受衝擊，盈利銳減。據說，在那個疫情來勢洶洶，人心惶惶之時，賀拉加入政府成立的「抗疫委員會」，與醫療專家討論抗疫措施，其中一項便是推動疫苗接種，惟那時民眾對疫苗缺乏信心，賀拉曾連同不少當地婦女率先接種，作出示範，因此提升了人口的接種率。疫情衝擊下，賀拉既要應對家族生意業務大跌的壓力，亦要為抗疫費心傷神，令她剛過 40 歲便滿頭白髮（Kaufman, 2020: 99-100）。

在賀拉把全副精力投入舊沙遜洋行的東方業務及對抗瘟疫之時，阿爾伯特・沙遜一房的情況有了重大變化，主要是他本人健康日差，哮喘和支氣管問題不斷惡化，影響工作和生活，所以逐步把洋行的日常事務交給兒子，大有讓兒子成為「替代主席」的姿態（Jackson, 1968: 82-85）。

由於弟弟所羅門・沙遜和女婿莫里斯・格貝先後去世，這無疑給阿爾伯特・沙遜帶來了一定打擊（Jackson, 1968: 104）。1895 年，太太漢娜又因支氣管炎去世（*Leeds Mercury*, 12 January 1895），他失去了老伴，相信倍感孤獨。由於身心健康日差，他自此之後較少活躍於上流社會。雖則如此，到了 1896 年 8 月，大清重臣李鴻章歷史性訪英時，在中國有大額生意的阿爾伯特・沙遜，仍以舊沙遜洋行主席的身份，成為其中一位接待人士，出席了主要的歡迎活動。

接著的 9 月，威爾斯王子前往阿爾伯特・沙遜位於蘇格蘭的「都瓊雅舍」度假，在打獵時意外被散彈所傷，引起社會高度注視，幸好「情況並不嚴重」

（*The Washington Post,* 20 September 1896）。在那次活動中，阿爾伯特·沙遜已沒法出席了，改由亞瑟·沙遜陪同，一般相信他的健康變得更差。結果，在大約一個多月後的 1896 年 10 月，便傳來阿爾伯特·沙遜去世的噩耗，享年 78 歲（*Aberdeen Journal,* 26 October 1896）。

據說，阿爾伯特·沙遜去世時，兒媳在法國度假，三名在英國生活的弟弟則身處布賴頓（Brighton）等不同地方。而他去世後遺下可被計算的資產，估值約為 385,000 英鎊（Jackson, 1968: 108）。阿爾伯特·沙遜被葬於英國沙遜家族的墓地之中，對於他的離世，新舊沙遜洋行的所有門店及辦公室均關門停業，以示哀悼（*The North China Herald,* 30 October 1896）。

父親去世後，愛德華·沙遜按傳統繼承家業，成為舊沙遜洋行主席，統領旗下大小生意，又承襲了父親的爵位，各方面的實力和權力均大幅提升。一來，由於他如多位叔叔般，對回到東方打理生意沒興趣，二來亦覺得嬸母賀拉把孟買的業務處理得井井有條，不用操心，所以繼承父職後的愛德華·沙遜，乃想把精力集中到政治層面上。此點很可能與他自小便與權貴交往，耳濡目染有關，而他那時的目標，便是參選國會議員（Jackson, 1968: 111）。

即是說，對於舊沙遜洋行而言，第三代領軍人的「著眼點」或努力方向，已經與第一代時有了更大不同。到了 1899 年 3 月英國舉行國會選舉時，經過多年籌備的愛德華·沙遜，出馬競逐海特（Hythe）選區席位，結果以 2,425 票擊敗 1,898 票的主要對手赫特（Israel Hart），晉身英國國會殿堂，揭示沙遜家族在政治方面的參與進入了另一層次（*The Washington Post,* 2 March 1899）。

以巨富身份或玩票性質進入國會的愛德華·沙遜，顯然不像那些全職打拚政治的人士般銳意議政論政，他較關注的議題偏向於商業和經濟，其中較受人注目、較有長遠影響的，是他曾大力推動電報應用，指出電報是一項重要的科技發明，如善加利用，能有助開拓國際貿易，而事實亦證明如此（*Liverpool Mercury,* 12

今日位於倫敦的沙遜家族陵墓

December 1899）。

阿爾伯特‧沙遜去世後，不但愛德華‧沙遜的身份和事業方向有了很大改變，亞瑟‧沙遜和魯賓‧沙遜兩兄弟的角色地位亦如是，特別是因他們與皇室貴族的交往較多，在家族內亦明顯較過去吃重。始終當阿爾伯特‧沙遜在生之時，大家長的身份蓋過了兩名弟弟，令其難以全面發揮。如下一些例子，可具體看到他們在皇室貴族中受歡迎的程度。

其一是當威爾斯王子出遊時，魯賓‧沙遜總會陪伴在側，一同遊山玩水（*Pall Mall Gazette*, 15 September 1888），令他被視為「王子珍惜的旅行夥伴」（Jackson, 1968: 87）。而當有外國皇室或政要訪英時，他又會成為座上客，甚至被要求以非官方身份代為接待，即像今天社會所說的「民間外交」，便利不同層面的接觸，建立關係。舉例說，1899 年 6 月，波斯的「沙阿」（Shah）到英國進行官式訪問，魯賓‧沙遜獲邀參與盛大的歡迎活動，之後更在家中設豪華晚宴招待對方，邀請其觀看大型戲劇，這亦說明為何沙遜家族會成為波斯帝國銀行（Imperial Bank of Persia）的董事（*Reynolds Newspaper*, 9 June 1889）。

其二是 1900 年 9 月，威爾斯王子又到沙遜家族的「都瓊雅舍」度假，這次由亞瑟‧沙遜負責招待，賓主相聚甚歡（*Pall Mall Gazette*, 20 September 1900）。不久後的 1901 年 1 月 22 日，維多利亞女皇去世，標誌著「漢諾威王朝」（House of Hanover）的終結，由威爾斯王子繼位，是為英皇愛德華七世（King Edward VII），進入「薩克森－科堡及哥達王朝」（House of Saxe-Coburg and Gotha），日後易名為「溫莎王朝」（House of Windsor）。愛德華七世在位期間，與亞瑟·沙遜的往來更是有增無減，他因此被稱為愛德華七世的「密友」（intimate friend），彼此關係之深，可想而知（*South China Morning Post*, 11 May 1912）。

對於英皇登基前後均與沙遜家族往來緊密的問題，日後的戰時首相邱吉爾，據說在給母親寫信時曾有如下一段話：「我對國王很好奇，這（指登基）會不會徹底改變他的生活方式？他會否把馬匹賣掉，把猶太（跟班）遣散，還是會把魯賓沙宣珍藏於皇冠珠寶及權杖之中？」（引自黃紹倫，2019：17；原文來自Jackson, 1968: 120），揭示沙遜家族成員與皇室貴族等上流社會的深入交往，曾引來不同人士的不同觀感，他們更與羅富齊家族（Rothschild family）、希爾斯家族（Hirsch family）及卡塞爾家族（Cassel family）等同列，被視為「王子的金融顧問」（Prince's financial advisers），時常走在一起（Jackson, 1968: 67）。當然亦有說法指他們借貸給皇室與貴族，乃他們背後的大金主（Egremont, 2005: 3-4）。

順作補充的是，當舊沙遜洋行自1897年受孟買瘟疫衝擊，生意下滑時，身在英國的家族成員沒有體諒賀拉的努力，而是認為她表現不佳，計劃把她拉下台，於是採取了一個迂迴方法：於1901年將原來以合夥人形式組織的舊沙遜洋行，改為「有限公司」模式註冊。表面理由是有限公司制度有助減低經營風險，更能分清權責，實質上卻在公司註冊文件中加入特殊條文，列明當時各房只能派成年男子代表進入董事局，主席一職由各房代表推舉。正因如此，賀拉不能進入董事局，只能退下領導前線。她隨後亦選擇轉到倫敦生活，於1902年離開孟買時獲民眾夾道歡送，感謝她在抗疫時的努力，並稱她為「孟買皇后和亞拉巴山女皇」（Queen of Bombay and Empress of Malabar hill），可見她深

得當地社會擁戴（Kaufman, 2020: 102）。

從公司章程看，當時公司地址仍在倫敦「利登荷街」（Leadenhall Street）12號，董事計有：愛德華．沙遜、魯賓．沙遜、亞瑟．沙遜、弗特烈．沙遜、大衛．格貝、歐文斯（J. Owens）及龍高夫（Cecil J. Longcroft）七人（David Sassoon & Co. Ltd., various years）。已去世的沙遜．沙遜和所羅門．沙遜兩房，均沒後代加入董事局，前者是因該房和其他房關係欠佳，後者則是繼承人未及成年，加上賀拉受到排擠，令她覺得意興闌珊，不欲兒子參與家族生意，寧可把心力投入到慈善公益和信仰追尋上。

另一方面，由於新舊沙遜洋行主要投資在中國，鴉片生意更是關鍵所在，他們自然要與英國政府保持緊密關係，亦深懂有來有往、感恩報答之道，所以當政府某些部門需要一些額外資源資助，或是家族本身有求於政府時，雙方的「良性互動」乃顯得十分重要。舉例說，在 1903 年，英國皇家海軍駐上海租界分部為士兵增建休閒娛樂設施，但政府財政支持不足，因此向英商「募捐」，其中渣甸洋行、太古洋行及舊沙遜洋行各捐 500 兩白銀，新沙遜洋行則捐 250 兩，阿爾伯特．沙遜外孫 DM．格貝亦以個人名義捐了 10 兩（*The North China Herald*, 13 November 1903）。即是說，以單一洋行捐款額計，渣甸洋行、太古洋行與舊沙遜洋行同列，但若以家族名義計，沙遜家族則大幅拋離對手，這與他們過去無論對英國皇室或是政府捐款總是「不甘後人」的舉動一致，亦因此一直能與英國皇室維持極為緊密的關係。

另一方面，無論在英國、孟買或是香港，對於當地的慈善公益，尤其教育方面，沙遜家族亦總作出捐獻，例如因應港英政府推動創立香港大學，新舊沙遜洋行於 1909 年 10 月宣佈各捐一萬元支持（*South China Morning Post*, 26 October 1909）。由於新沙遜洋行的捐款隨著身家財富日高而同步提升，雅各布．沙遜於 1909 年獲大英皇室頒贈爵士頭銜，令其社會地位與堂兄弟愛德華．沙遜相

比肩，此點亦可作為兩房暗中較勁的一項有趣註腳。

　　不難發現，在舊沙遜洋行中，自阿爾伯特·沙遜去世後，一來家族的權力結構有大轉變，二來是生活發展方向、社交活動與人脈網絡的連結點等，亦與以前不同，因此很自然會牽動其接著的發展。在華人社會，當家業已傳到第三代時，必會出現各種「富不過三代」的論斷或推測，發展上亦會顯露出問題；那時的沙遜家族或者亦會引來類似評論，惟這種局面待其第四代嶄露頭角時，即迅速煙消雲散，原因何在，且留待下一章探討。

結語

　　1850 年代中，大衛·沙遜據說學習當地富有巴斯人，同樣派遣兒子亞瑟·沙遜到英國留學，學習英國文化、發展英國關係，逐步增加對英國的投資，不斷購入物業地產，並設立分公司和投資英國上市企業等等，令家族與英國的聯結不斷強化，為子孫後代日後扎根英國創造重要條件。到阿爾伯特·沙遜繼承家族生意後，又進一步深耕英國，最突出的是透過婚姻聯盟，強化與其他巨富世家「一榮俱榮」的連結，可見沙遜家族在英國雖是新移民，卻因為擁有巨大財富而迅速融入，暢通無阻地遊走於上流社會，結交權貴，與皇室貴族為伍。

　　當然，由於沙遜家族來自巴格達上層社會，祖輩乃猶太族群的「納西」，他們與英國上流社會其實在價值觀念、生活習慣和品味上具有一定的同質性，容易展開交往。更不用說他們擁有巨大財富，能夠創造更多有利結交的條件，來去自如地遊走於皇室貴族之間，既為本身贏來名望與地位，某些生意投資相信亦能水到渠成。不過，他們長期浸淫在多彩多姿又充滿優越感的生活中，自然不願意返回東方，落手落腳參與紡織工廠、鴉片貿易或是棉花買賣等生意，是舊沙遜洋行發展出現呆滯的根源。

註釋

1 當然，沙遜家族本身亦喜好飼養名種馬，加上養馬是上流社會的「專利」，故他們可能只是單純地與權貴們「志趣相投」。而在這一點上，還有另一則例子可作補充：威爾斯王子有抽雪茄的習慣，而抽雪茄是上流社會的時尚，魯賓‧沙遜亦好抽雪茄，更是名貴雪茄的「收藏家」，據說在他家中收藏了超過 3,000 種古巴夏灣拿（Havana）雪茄（Jackson, 1968: 127），並經常與威爾斯王子在豪宅中「吞雲吐霧」，談天說地。威爾斯王子即位後不久便去世，有指其中一個原因便是抽煙過多引致肺癌。

2 可惜，作為長子的約瑟夫‧沙遜於 1884 年去世，享年 31 歲（Fischel, 2007: 69），令本來只是次子的愛德華‧沙遜成為首要繼承人。還要補充的是，在沙遜家族的第三代中，有三人的名字都叫約瑟夫（Joseph），為了避免混亂，年輕早逝的阿爾伯特‧沙遜長子譯為約瑟夫‧沙遜，艾理亞‧沙遜之子稱為 JE‧沙遜（Joseph Elias Sassoon），沙遜‧沙遜之長子則為祖克‧沙遜。

3 二人所生一女 Mozelle Gubbay，日後嫁艾理亞‧沙遜之子米耶‧沙遜。

4 夫婦育有五子二女，乃家族第三代中兒女數目最多者，在日後成為家族延續的主軸。

5 賀拉的名字和家族不少人相同，例如所羅門‧沙遜的妻子。

6 其祖父為占士‧羅富齊（James Mayer Rothschild），亦是家族的核心成員。

7 另一說法指約「有 4,000 人」出席（*The Washington Post*, 20 October 1887）。儘管這數字與 12,000 人甚有出入，但亦已不少，故說婚禮場面盛大並不誇張。

8 弗特烈‧沙遜駐守香港期間，除了打理舊沙遜洋行本身的業務，還曾出任滙豐銀行董事及立法局議員，與渣甸洋行大班凱瑟克家族和香港置地的遮打（Paul C. Chater）等有交往，在社會上甚有名氣。

9 雅各布‧沙遜其實是沙遜家族第三代男孫中年紀最長的，在大衛‧沙遜在生時已投身家族企業，到父親自立門戶後又成為其得力助手。

10 正如前文提及，沙遜家族有不少成員名字重疊，由於同樣取名 Edward 的阿爾伯特‧沙遜之子已譯為愛德華，艾理亞‧沙遜的三子 Edward 乃採用 EE‧沙遜稱之。

11 猶太社會的近親婚姻十分常見，另一例子是艾理亞‧沙遜三子米耶‧沙遜，迎娶外表甥女 Mozelle Gubbay，她亦即是阿爾伯特‧沙遜的外孫女（Jackson, 1968）。

第六章

一戰衝擊

烽火連天的家族和企業遭遇

沙遜家族成員移居英國後，過著奢華的生活，遊走於皇室貴族的上流社會之間，除了抽出部份時間打理投資或業務外，其餘都花在賽馬、打獵、看戲和舞會等社交娛樂上，生活優哉游哉，好不寫意；而東方生意則完全交到所羅門・沙遜的寡妻賀拉手中，由她主力打理，其他成員不再落手落腳參與。或許在一般人想像中，家族成員既然勤奮不再，每天過著近似「二世祖」的生活，很快便會掉進「富不過三代」的窠臼。不過現實卻恰好相反，沙遜家族一方面仍能維持發展動力，另一方面又在更高層面——政治參與、入朝為官、學術貢獻等——取得更大突破，令家族實力、名聲和地位更上層樓。

雖說沙遜家族在傳承接班時似乎舉重若輕，未如其他家族般出現大問題，但若然細心分析，仍可看到他們有一些共通的特點，影響家族長遠發展的進程。當中較明顯的，是各房之間的關係日見疏離，失去了過去兄弟同心、其利斷金的力量。無論如何，作為一個富過多代的猶太移民家族，總會遇上各種各樣的問題和挑戰，而家族能否成功克服困難，令富貴延續，則影響到下一階段的發展際遇和路線。

二代離場的轉變

　　無論是宏觀看人類社會，或是聚焦個別家族，由於人類壽命有限，要歷久不衰地延續，便需要血脈繼承、代代相傳的自然機制。在沙遜家族，自奠基人大衛・沙遜於 1864 年去世，並把領導大權交到長子阿爾伯特・沙遜手上後，企業有不少發展，家族名聲亦穩步上升，成員亦不斷增加。不過，歲月不饒人，無論如何富貴，第二代仍相繼走到人生盡頭，只能鞠躬退下舞台。

　　除上章提及早逝的沙遜・沙遜，和離隊另創事業、並病逝於異鄉的艾理亞・沙遜外，進入二十世紀，第二代的其他家族成員亦因年紀漸老，身體健康大不如前而先後離開人世，從第二到第三代的代際傳承過程亦逐漸完成。從資料上看，1896 年阿爾伯特・沙遜去世後，魯賓・沙遜的健康亦常常出現問題，主要是抽煙過多引致的胸肺病，[1] 他大幅減少出席社交活動，專注於調理養生，只會在皇室或英國政府有重大慶典活動時才盡量參加，爭取曝光。到了 1905年，魯賓・沙遜去世，享年 70 歲，遺產約有 50 萬英鎊，主要傳給兒子大維・沙遜，[2] 小部份則留給小賀拉和路易絲兩名女兒。

　　魯賓・沙遜去世兩年後的 1907 年，一向低調的亞倫・沙遜去世，享年 66歲。由於他甚少出現於社交圈，沒有甚麼知名度，報章對其死訊報導不多。亞倫・沙遜一生保持單身，沒有子女，名下財產相信按傳統由侄兒愛德華・沙遜繼承。在亞倫・沙遜去世五年後，亞瑟・沙遜於 1912 年 3 月 12 日在連襟利奧溥・羅富齊位於倫敦的大宅去世，享年 72 歲（*South China Morning Post*, 15 March 1912）。由於亞瑟・沙遜亦沒有血脈，其 56 萬英鎊遺產（*South China Morning Post*, 11 May 1912），除了部份捐作慈善外，大部份同樣是留給侄兒愛德華・沙遜，令其名下的財富大幅提升。[3]

　　再過五年後的 1917 年 5 月，大衛・沙遜最小的兒子弗特烈・沙遜在英國去世，享年 64 歲。他和太太珍尼特・拉斐爾育有一子朗奴（Ronald）和一女

妙麗（Muriel），他的遺產主要由獨子繼承。報紙報導他的死訊時，提及其子朗奴・沙遜（生於 1895 年）在一次世界大戰期間曾被派上戰場，不幸受重傷（*South China Morning Post*, 8 May 1917）。[4] 可以這樣說，在進入二十世紀的最初十數年間，沙遜家族第二代的多位成員先後離世，部份更沒有留下男性血脈，繼後無人。

當沙遜家族第二代成員逐一退下人生舞台時，世界局勢出現不少重大轉變，加上新生代成員減少，人力資源不斷萎縮，生意投資的方向亦有更動，影響家族各方面的發展。首先，是英國或國際局勢的轉變。正如上一章提及，維多利亞女皇於 1901 年去世，愛德華七世繼位，這時大英帝國的綜合國力依舊強盛。由於沙遜家族與新國王關係深厚，新國王登基對他們自然是百利而無一害，而魯賓・沙遜和亞瑟・沙遜作為國王「密友」的身份，雖未致令他們隻手遮天，但無可否認，必然有助家族社會地位的鞏固、舊沙遜洋行在英國的投資，以及銀行保險等金融生意的發展。

然而，愛德華七世在位只有九年，扣除登基之初的摸索期和晚年重病，真正主理朝政的時間其實更短。當他於 1910 年 5 月去世後，因其長子染疫早逝，皇位由曾在海軍服役多年的次子喬治・法雷迪・厄內斯特・阿爾伯特（George Frederick Ernest Albert）繼立，是為喬治五世（King George V）。儘管他與沙遜家族亦維持著不錯的關係，例如在 1911 年秋季，喬治五世曾在「都瓊雅舍」度假打獵兩星期，但報章對沙遜家族的關注已大不如前，也少了篇幅報導他們與皇室交往的軼聞，可見新皇與沙遜諸兄弟的關係應不再緊密。

接著，自從魯賓・沙遜兄弟先後去世，沙遜家族第三代與英國皇室的關係就進一步疏離了。加上當時英國和歐洲局勢正急遽變化：在國內，英國與愛爾蘭的矛盾和衝突長期未能解決，且愈演愈烈，處理稍有不慎便會激化為戰爭，引起分裂；在國外局勢上，作為當時全球核心的歐洲，各國為了自保或尋求更

大的發展空間（例如海外殖民地），不斷加強軍隊實力、積極尋求聯盟，相互攻伐較勁，形成惡性循環，最後出現了兩個旗鼓相當，又互不相讓的政治與軍事陣營，政局因此變得更加波譎雲詭。喬治五世必須大花精力去處理這些糾纏複雜的問題，自然無心社交遊玩，與沙遜家族乃日漸疏遠。

至於家族內部，隨著魯賓·沙遜和弗特烈·沙遜等人離世，第三代成為家族領導中堅，主導大局。東方市場方面，賀拉亦早在 1901 年正式退任孟買總部領軍人之職，將大權交到阿爾伯特·沙遜的外孫 DM·格貝（David Gabbay）手中（參考另一節討論）。[5] 新領導基本上蕭規曹隨，維持過去的運作機制與模式，因舊沙遜洋行在多項生意上具有半壟斷的市場地位，所以仍能保持發展，有不錯的利潤（Jackson, 1968）。

另一左右家族發展的因素，是成員人數的縮減，以及對下一代的培訓等，這裡先扼要介紹各房子孫數目及其教育的一些資料。阿爾伯特·沙遜育有二子三女，其中長子早逝，沒有子女；次子愛德華·沙遜育有一子菲臘（Phillip）和一女西貝爾（Sybil），身為長房第四代的菲臘·沙遜在二十世紀初接受教育時，先是進入伊頓公學，後來升讀牛津大學，基本上是沿著上層社會和貴族階級後代的求學之路。

艾理亞·沙遜育有五子，但一子早逝，兩子沒有留下血脈，只有 EE·沙遜和米耶·沙遜兩兄弟有子女，前者育有二子域陀（Victor）、赫陀（Hector）及二女莉地亞（Lydia）、伊莎貝（Isabelle）；後者育有一子雷金納（Reginald）和一女維奧特（Violet）。其中域陀·沙遜、赫陀·沙遜及雷金納·沙遜等在進入二十世紀後同樣被送到英國求學，但讀的是哈羅學校，然後主要考入劍橋大學，生活圈子和舊沙遜洋行諸房的第四代沒有太多重疊。

較早去世的沙遜·沙遜遺下三子一女，由寡妻撫養成人，幸好有大衛·沙遜留下的遺產及舊沙遜洋行的股份，令他們生活無缺。這一房的子女生育明顯

刊於 1905 年 *Twentieth Century Impression of Hong Kong* 上的
沙遜洋行介紹

較多，但早逝的亦多，例如沙遜・沙遜三子弗雷特・沙遜，從牛津大學畢業不
久，就於 1889 年 10 月突然病逝，享年只有 29 歲（*Manchester Times,* 12 October
1889）。次子艾弗特・沙遜亦在未滿 34 歲時突然去世，留下寡妻及三名仍然
年幼的兒子（Jackson, 1968: 92），情況就如沙遜・沙遜當年那般（參考下一章
討論）。

　　沙遜・沙遜三子中生育最多的，是長子祖克・沙遜，他一共育有五子二

女，名字依次為 SJ‧沙遜（Sassoon Joseph Sassoon）、達維德‧沙遜（David Sassoon）、AM‧沙遜（Arthur Meyer Sassoon）、雙生子法迪（Frederick，暱稱 Freddie）和泰迪（Edward Sassoon，暱稱 Teddie）、[6] 女兒漢娜（Hannah）及慕絲（Moselle）（Fischel, 2007: 69）。無論是祖克‧沙遜或是艾弗特‧沙遜，他們的孩子們都如菲臘‧沙遜等堂兄弟般，自小進入伊頓公學就讀，之後考入牛津或劍橋大學，成為同窗，因此應有不少接觸（參考下一章討論）。

生意發展與財富增減不論，單從人丁數目和壽命而言，大衛‧沙遜八名兒子除沙遜‧沙遜早逝外，其餘各人都活過 50 歲，整體上較大衛‧沙遜長壽，當中以阿爾伯特‧沙遜享壽最長。子嗣方面，各人的子女數目都遠少於大衛‧沙遜。單以兒子數目計，最多的艾理亞‧沙遜有四子（包括一名年幼早逝），其他的只有一至三名，亞瑟‧沙遜和亞倫‧沙遜更沒有留下血脈。這種子女數目減少，甚至有人「無後」的情況，在第三代同樣明顯，多數人只生育一兩名子女，像祖克‧沙遜般育有五子二女者甚少，艾弗特‧沙遜育有三子，也算是較多了。雖說子孫數目不多有助減少家族內部爭拗，但同時亦會減低發展動力，令家業無法延續。有關這方面的問題，在本書最後一章再作討論。

三四代交接時期的變局

回到家族二代在進入二十世紀初相繼去世的問題上。就在亞瑟‧沙遜去世大約兩個月後，身為第三代領軍人的愛德華‧沙遜亦走到了人生盡頭，於 1912 年 5 月 24 日溘然長逝，享年 55 歲（*South China Morning Post*, 20-23 August 1912）。而在他去世前三年的 1909 年，其妻愛蓮‧羅富齊早已因癌症去世，享年 45 歲，留下遺產 24 萬英鎊給一子一女均分（Jackson, 1968: 132）。

愛妻去世後，據說愛德華‧沙遜十分傷心失落，1911 年冬天，他為了重溫昔日與妻子同遊的歲月，到法國南部康城（Cannes）一個名叫克魯瓦塞特

（Croisette）的地方度假，卻不幸遇上交通意外，受了重傷，雖然最終救回一命，但健康從此轉差（Jackson, 1968: 142），並於 1912 年去世。由於他年紀不算大，過去身體亦不差，突然去世，難免令不少親友感到錯愕和意外（Jackson, 1968）。從資料看，愛德華‧沙遜去世後的資產，單是英國國內就估計高達 1,013,096 英鎊，後來的估算更倍增至 2,013,096 英鎊（*South China Morning Post*, 24 July 1912），相信是將亞瑟‧沙遜的遺產及海外財產亦計算其中。

值得一提的，是愛德華‧沙遜在遺囑作出多項安排，當中甚至批評了政府，引人注視。遺囑中，愛德華‧沙遜嚴詞反對英國政府徵收遺產稅，覺得並不合理，因那些財產或收入其實早已繳了稅，他因此表示不會再撥出財產用於慈善。其次，他要求治喪從簡，不作無謂花費。其三，他指示遺囑執行人將其遺體火化，再把骨灰入甕，置於家族墓塚中，與其亡父作伴。其四，他要求兒子繼承其志，參與國會議員選舉，替補其缺。其五，除了子女，他亦撥出大筆遺產贈予眾親友。其六，他規定其名下於舊沙遜洋行的股份不能出售。其七，他勸告子孫後代不能奢侈，或是參與賭博。其八，他將遺產均分予兩名子女，並非全數留給兒子（*South China Morning Post*, 20-23 August 1912）。

愛德華‧沙遜去世後，由於其獨子菲臘‧沙遜與亡父一樣，對參與政治甚具興趣，對生意經營卻熱情有限、動力不足，所以開始時只居次席，由叔叔弗特烈‧沙遜出任舊沙遜洋行主席，到叔叔去世後，他應曾短暫出任主席之職，標誌著第四代正式走上領導前台，但他始終對商業缺乏興趣，最後還是交到表兄弟 DM‧格貝身上，自己寧可把精力投入政治之中（參考另一節討論）。

在愛德華‧沙遜去世不久，菲臘‧沙遜便遵從亡父遺志，於 1912 年 8 月參與海特（Hythe）選區國會議席補選，並成功取得議席，成為當時英國最年輕的國會議員，那時他尚未滿 24 歲（*The Washington Post*, 15 August 1912）。接著，家族又傳出喜訊，愛德華‧沙遜去世翌年，其承繼了巨額遺產並於上流社

會以美貌聞名的女兒西貝爾・沙遜，[7] 於 1913 年 8 月嫁給同樣有英俊美男子稱號的洛克撒維奇伯爵（Earl of Rocksavage，小名為 George Charles）——即霍蒙德利侯爵（Marquis of Cholmondeley）之子。洛克撒維奇伯爵喜好馬球，青年時曾從軍，隸屬皇家薩克撒斯兵團（Royal Sussex Regiment），並上過沙場，參與南非第二次波爾戰爭（The Second Boer War），又擔任過印度總督閔圖勳爵（Lord Minto）的近身幕僚，算是有一定表現的軍人（Jackson, 1968: 147）。

這宗婚事較特別之處，是二人來自兩個財力與權位雄厚的家族，按常理應該大事鋪張、廣告親友，但這對新人並沒有大張旗鼓，只在雙方親屬到場見證下，於倫敦婚姻登記處辦理手續，所以有報紙形容他們是「幾乎秘密地結婚」（were married almost secretly），情況甚為特殊（*The Washington Post*, 7-8 August 1913）。[8] 由於洛克撒維奇伯爵於 1923 年承襲父位，成為侯爵，西貝爾・沙遜亦成為「霍蒙德利侯爵夫人」（Marchioness of Cholmondeley），在社會公益參與漸多，這是後話。

無論是菲臘・沙遜年紀輕輕成為家族企業領軍人，或成功當選國會議員，甚至是西貝爾・沙遜嫁作伯爵夫人，相信都吸引到一定注目。然而，當時社會最熱切關心並牽動各方神經的，始終是歐洲政局。正如前文提及，歐洲不同民族國家之間，為了擴張勢力，不但不斷增強軍事力量，亦積極尋求與利益一致的國家結盟，期望更有效保障國家安全，不被敵對者欺凌侵略。可惜事與願違，互相結盟的做法，反令歐洲形成兩股旗鼓相當的力量，大家互相恫嚇，進行軍事競賽，又互不相讓，最後擦槍走火，觸發第一次世界大戰，給人類社會帶來巨大災難，沙遜家族亦如無數大小家族般被捲入其中，受到衝擊。

一次大戰的衝擊

從某層面上說，自喬治五世登位後，歐洲政局日趨緊張，軍事競賽、軍

事結盟、爭奪海外殖民地與資源等情況有增無減，嚴重影響歐洲政局穩定。各國政要只顧自身利益，不肯妥協與退讓，最終因矛盾深重、積仇難消，在1914 年 6 月 28 日因奧匈帝國（Austria-Hungary Empire）皇儲斐迪南（Franz Ferdinand）大公爵夫婦被刺殺的事件，觸發了漫天戰火，德國、奧匈帝國及鄂圖曼帝國（土耳其）等同盟國，與英國、法國、俄國、意大利、美國、日本和中國等協約國先後加入戰團，迅速演變成第一次世界大戰。

單就經商而言，儘管不少生意會蒙受戰火影響，但不表示所有生意都是如此，最突出的例子，自然是軍火商與為戰爭融資的商人，他們反而在戰火不斷擴張時，因「風險愈大，利潤愈大」而大「發戰爭財」，部份手上掌握重要戰爭物資——例如糧食衣服等日常必需品，鋼鐵、煤礦等重要軍需品，甚至藥物醫療用品——的商人，更能囤積居奇，謀取暴利。

從經營層面上說，無論是新舊沙遜洋行，戰時的生意均受到一定影響。不過，由於第一次世界大戰的戰火集中於歐洲，而新舊沙遜洋行的主要業務均在東方，這部份生意因掌握了物資生產與貿易網絡，反而更能在市場波動、物資吃緊的情況下獲利。當然，他們在歐洲的生意便受到相當衝擊，加上槍炮無眼，家族及兩家集團的物業與財產亦曾受到波及而破毀，造成損失。但整體而言，新舊沙遜洋行的生意算是有得有失，並不是一面倒的節節失利，掉進虧損困局。

其中一點值得補充的是，第一次世界大戰期間，在上海的舊沙遜洋行因為和德國公司有生意往來，曾於 1915 年被指通敵，遭上海租界法庭連審多天。此事甚受矚目，牽動不少人的政治神經，多少亦揭示了商業往來的糾纏關係，實難單憑表象作評論。沙遜家族最後雖然脫罪，但事件亦可為戰時生意交往的複雜性和糾纏性作一個重要註腳（*South China Morning Post,* 5 February 1916; Kauffman, 2020）。

沙遜家族的生意在第一次世界大戰期間到底是得是失，由於資料嚴重不足，實在無法準確論斷。不過，可以肯定，戰爭的確令家族企業出現個別或短期的損失，但整體或長期的影響其實不大。戰後，兩家洋行仍能在市場上保持領先地位，為家族及股東創造利潤，沙遜家族仍是世界超級巨富，在英國以至世界政商舞台上擁有巨大的影響力。

　　雖然，從經濟角度看，沙遜家族所受的衝擊並不嚴重，但對個別成員而言，戰爭卻是他們人生中極難磨滅的一章。特別是較年輕的男丁，由於必須向國家表示忠誠，以及背負身為貴族的責任，他們不少都響應政府徵召，加入軍隊，親上前線殺敵。在槍林彈雨中來來往往，生命難免受到威脅，有人身心受創，更有人不幸戰死。當然亦有幸運兒能挺過戰爭的考驗，不但全身而還，更因此提升了應對逆境的能力，將戰時經歷轉化為「資本」，成為日後人生事業更上層樓的助力。

　　戰爭爆發時，家族第三代大多已屆古稀，第四代則多值青壯年，所以不少人都投入了戰爭之中。從資料上看，英國對德國宣戰後，年約 33 歲，尚屬單身且熱愛飛行的域陀・沙遜，率先於 1914 年 11 月加入「皇家海空服務」（Royal Naval Air Service），成為空軍一員，大有穿上戰衣，保家衛國，視死如歸之氣魄（Jackson, 1968: 137）。

　　據說，域陀・沙遜雖然生於大富之家，但家教甚為嚴格，金錢上限制甚多。在英國就學期間，父母為了令他嚴守紀律，心無旁騖地讀書，對他的吃穿用度管束甚緊。然而，腦筋靈活且性格反叛的域陀・沙遜，還是輕易突破父親的財政「封鎖」，在親叔叔魯奇・沙遜的財政支援下，自由自在地過著喜歡的日子，除像一般年輕人愛好參加舞會、追求女性外，他還有兩項極昂貴、只有少數人負擔得起的興趣：一是賽車，二是駕駛飛機。

　　對放蕩不羈、年少輕狂的域陀・沙遜而言，賽車及飛行不單是普通的興

趣，相信他的技術亦有相當程度，因為他曾參加格蘭披治賽車（Grand Prix），與專業車手同場較量，風馳電掣。在駕駛飛機方面，為了與同好交流切磋，他加入了「皇家飛行會」（Royal Aero Club），會員編號是 52，由於飛機在 1903 年才面世，相信他是最早能邀翔天際的機師。當然，這兩種嗜好不但「燒錢」，還十分危險，故其母親很是擔心，多次作出勸阻，卻無法改變性格叛逆的兒子。

1914 年 8 月，英國正式對德國宣戰。域陀·沙遜身為皇家飛行會成員，是少數擁有一定飛行經驗的人，他在開戰兩個多月後，即報名英國皇家空軍並獲得取錄。他之所以作出這個決定，相信一方面是響應國家徵召，也明白自己有義務參軍，那就索性選擇熱愛的飛行；另一方面，他性格本就喜好冒險，加入空軍可能是一個在較符合制度及道德的情況下，能讓他宣泄「叛逆」性格的機會。

無論域陀·沙遜抱著什麼心態參軍，他都成了戰場上一名新丁。不過，他還未有機會上陣殺敵，便在 1915 年 2 月 6 日執行任務時，因駕駛的飛機出現故障，機件失靈導致意外，這時距離他加入空軍還不到四個月。他雖然撿回一命，雙腳卻嚴重受傷，在醫院接受了長達八個月的治療，此後終身要依靠枴杖行走（Jackson, 1968: 151-153）。[9] 1917 年，他獲擢升為「飛行指揮官」（Flight-Commander），算是對其從軍身份給予肯定，惟他已再也不能駕駛飛機，遑論上陣殺敵了。

相對於域陀·沙遜的出師不利，來自長房的長孫菲臘·沙遜卻在那個戰火連天的時刻，找到一個相對安全又能發揮一己所長的位置——才 27 歲的他獲委任為當時英國戰場元帥（Field Marshall）杜格拉斯·黑格（Douglas Haig）的私人秘書，負責處理機要，角色吃重之餘，又不用上前線以命相搏。年紀輕輕的他之所以能獲得如此破格重任，自然有賴其父母輩及家族的人脈關係網絡。

菲臘・沙遜的父親與不少英國高官甚有交情，如時任外交大臣格雷（Edward Grey）及海軍高級將領貝爾福（Arthur Balfour）等，均是他的老朋友；菲臘・沙遜亡母生前亦是首相阿斯奎斯（Herbert Asquith）太太的閨密，雙方交好多年。毫不誇張地說，當時的權貴都是看著菲臘・沙遜長大的，自然會對他多加關照。不過據分析，他獲得此職的關鍵助力，是來自外祖父羅富齊家族。羅富齊較沙遜家族更加顯赫（Ferguson, 1998），菲臘・沙遜的堂舅父里奧普・羅富齊當時更在金融投資和政治界呼風喚雨，自然會為他安排一個最理想又安全的位置發揮（Jackson, 1968: 166）。

當然，贏在起跑線不一定就能取得成功，最終很大程度仍要看選手的才能及表現。而菲臘・沙遜可說不負眾望，由於他年紀輕輕已當選國會議員，具參政經驗，且做事「注重細節，有條不紊」，能穩當地完成黑格交托的工作。此外，他自幼跟隨母親及外家親屬學習法文，法語流利，故能遊走於英法之間，成為這兩個結盟國的中間人及傳訊員（Jackson, 1968: 166-167）。

因此，出任黑格私人秘書期間，菲臘・沙遜確曾憑其才學、語言能力及社會人脈關係，為黑格疏通不同政治與軍事門路，協助這位性格固執、不輕言妥協的軍隊最高指揮官，在那場曠日持久的戰爭中最終取得勝利，影響了英國，甚至是世界歷史。對於菲臘・沙遜本人的角色或貢獻，歷史學家 Blake（1952）在關於黑格的日記和私人信件一書中，有如下一段值得注視的評價：

> （菲臘・沙遜）是唯美者、政治家、百萬富翁，擁有半東方的身形，
> 如具異國情調的小鳥，來往飛翔於天堂與枯燥乏味的政府總部之間，
> 他並不受到黑格其他隨從們的喜歡，但他總是給黑格帶來喜悅，並憑
> 本身關係協調給予政治世界的助力。（引自 Jackson, 1968: 169）

菲臘‧沙遜雖然沒有參與前線刀來劍往、槍炮隆隆的戰鬥，但他於作戰後方的大本營，奔走於黑格等高級指揮官之間，同樣貢獻自己所長，協助國家取得最後勝利。

戰爭爆發時，同樣被徵召上前線的，還有早逝的艾弗特‧沙遜的兩名兒子：薛弗德‧沙遜（Siegfried Sassoon）和漢莫‧沙遜（Hamo Sassoon）。先說薛弗德‧沙遜，他是近代著名的反戰詩人及小說家，自小喜好閱讀，手不釋卷，中學時期開始寫詩作詞，經常贏得校內外詩詞創作比賽的獎項，顯露出過人的才華；到大學時他仍創作不斷，是家族及書友眼中的詩人。然而，當戰爭爆發時，這位文弱詩人卻自願參軍，希望保家衛國。他之後被派往前方戰場，數度與死神擦身而過，經歷死裡逃生的險境。

在與敵人作戰期間，薛弗德‧沙遜曾遭敵軍槍擊，「子彈在他頸項擦過」，幸好沒穿過喉嚨，只是皮外傷。撿回一命後，他被送往醫院接受治療，又確診染上了「戰壕熱」（trench fever），要休養一段時間才能重返戰場（Jackson, 1968: 163）。傷癒後，他再被派往前方，在某場戰役上，又一次給敵人的子彈打中頭部，幸好這次有頭盔保護（Jackson, 1968: 172），再次避過一劫。這兩次生死一線的遭遇，沒有令薛弗德‧沙遜退縮，他仍一直堅守崗位，至戰爭結束後，因表現英勇而獲頒「軍事十字星章」（Military Cross）。

薛弗德‧沙遜當初雖然是滿腔熱血地加入軍隊，但戰爭的殘酷深深撼動了詩人的敏感心靈，故他在戰場期間仍創作不絕，詳細描述了他在前線的所見所聞、所思所想。他的筆觸深入描繪出戰士們勇者無懼的英雄氣魄、對同袍喪命的不捨與悲哀，以及對戰火無情的厭惡。由於感情真摯，他的作品感動了不少讀者，深受歡迎，並吸引了時任「軍火大臣」（Minister of Munitions）邱吉爾的注意。邱氏曾因此約見薛弗德‧沙遜，了解他在部隊中的情況並給予鼓勵，令他名聲更為響亮（Jackson, 1968: 163）。

薛弗德‧沙遜的胞弟漢莫‧沙遜,同樣參加了第一次世界大戰,惟卻未得幸運之神眷顧,命喪沙場。資料顯示,戰爭爆發前,漢莫‧沙遜和胞兄米高‧沙遜(Michael Sassoon)先後轉到美洲發展事業,已有家庭的米高‧沙遜選擇落腳加拿大,仍是單身的漢莫‧沙遜則到了阿根廷。戰爭爆發後,米高‧沙遜一家繼續留在加拿大生活,漢莫‧沙遜則於 1915 年返英,旋即應召入伍。由於他在大學時修讀工程,因此加入了皇家工程隊,卻不幸於土耳其的加利波里(Gallipoli)遭敵軍狙擊手射殺,時年僅 28 歲(Jackson, 1968: 160; Egremont, 2005: 72-73)。

其他曾上戰場的第四代成員,還包括域陀‧沙遜胞弟赫陀‧沙遜,米耶‧沙遜獨子雷金納‧沙遜,祖克‧沙遜諸子如 SJ‧沙遜、AM‧沙遜、法迪‧沙遜、泰迪‧沙遜(參考另一章討論),以及弗特烈‧沙遜之子朗奴‧沙遜等。赫陀‧沙遜被安排作擲彈兵(Grenadier Guard),多次在前線與敵人對陣;

馬背上的朗奴‧沙遜

雷金納‧沙遜是一名陸軍中尉,曾在「盧斯戰役」(Battle of Loos)中受傷,幸好傷勢沒域陀‧沙遜般嚴重,亦沒造成殘障,日後更因表現英勇,如薛弗德‧沙遜般獲得「軍事十字星章」表揚;朗奴‧沙遜擁有大尉軍銜,同樣在戰場上受了重傷,如域陀‧沙遜般成了跛子,再沒法如過去般參加他喜好的棒球等體育活動。受資料所限,家族中其他年輕成員——例如魯賓‧沙遜及所羅門‧沙遜的子孫等——有否上

過戰場，又是否曾遇驚險，雖不得而知，但以當年英國嚴格的徵兵制度而言，相信沒法倖免。

對生於大富之家、一直衣食無憂的沙遜家族第四代而言，若非大規模戰爭突然爆發，他們的人生、家族和生意，應不會受到太多超乎尋常的衝擊，不用吃上甚麼苦頭，威脅生命安危，導致受傷甚至終生殘廢。軍隊生涯當然一點也不好過，起居飲食完全不能與他們和平安逸時的紙醉金迷相比，既要接受嚴格訓練，服從紀律，又要在槍林彈雨中生裡來、死裡去，痛苦情況不難想像。儘管如此，他們被徵召入伍後，亦表現出視死如歸的精神，願意為了保家衛國而捐軀，這既證明了他們對國家的忠誠，亦奠定了家族在社會上的地位。

一戰結束的重整

1918 年 11 月 11 日，作為同盟國領導的德國，向法國代表福煦（Ferdinand Foch）元帥及魏剛（Maxime Weygand）將軍承認戰敗，並於法國東北部貢比涅（Compiegne）的一個火車車廂內簽下協定，同意在各個戰場退兵，交出武器投降，長達四年的第一次世界大戰正式劃上句號（Gibbons, 1965; Kennedy, 1989; Simmonds, 2012）。

消息傳遍歐洲乃至全世界，無數人民歡欣鼓舞。沙遜家族自然亦欣喜若狂，不但戰場上的第四代舒了一口氣，不用再冒著生命危險面對炮火，他們的親人同樣感到高興，因為他們終於可以一家團聚，重過昔日和平安逸的生活。更重要的，是可以恢復新舊沙遜洋行在全球的業務，謀取更多生意和投資回報。

作為戰爭沉重教訓的總結，自然必須點算巨大的人命傷亡和經濟破壞。據粗略統計，在人命傷亡方面，「在實際戰鬥中死亡人數約 800 萬人，另外還造成 700 萬人殘廢，1,500 萬人輕重傷。傷亡者之中，絕大多數都處於盛年」

（Kennedy, 1989: 365）。至於物質損失，歷史學家 Kennedy 如下一段描述，可謂至為深刻：

> 如果你親眼看到法國北部、波蘭和塞爾維亞慘遭踐躪的景象，會發現那裡的破壞更令人觸目驚心。無數幢房屋被摧毀，田野一片荒蕪，公路、鐵路和電報線路被炸斷，牲畜遭屠殺，森林被徹底毀滅，大片田地因埋有大量未爆炸的炸彈和地雷而無法耕種。這些損失，再加上航運耗費、動員所需的直接和間接費用以及為打仗而募集的款項，可謂達到令人不可思議的數字——2,600 億美元左右。有人估算，這個數字「相當於從十八世紀末到第一次世界大戰前夕世界上所有國家債務總和的 6.5 倍」。（**Kennedy, 1989: 366**）

第一次世界大戰對各國帶來的傷害是極為巨大和沉重的，哪怕戰火平息、社會重見和平，也不代表各種經濟活動可以馬上展開。要走出頹垣敗瓦，恢復民生、重建經濟，實在千頭萬緒，一點亦不容易。雪上加霜的是，戰爭結束之時，一場前所未見的瘟疫——西班牙流感早已悄悄爆發，給整個歐洲的公共衛生和醫療系統帶來巨大衝擊，藥物吃緊，數以千萬計平民百性死於非命，大大打擊了社會的生產力，令戰後經濟重建更加舉步維艱，加速了英國綜合國力的滑落。

在這樣一個多重不利的環境下，新舊沙遜洋行為恢復旗下各項生意與投資，亦展開了各種努力。正如前文提及，在第一次世界大戰期間，兩間洋行的最高領導均相繼去世，難免給傳承接班帶來不少衝擊，惟正值戰爭時期，第四代大多數成員均在前線，加上多數業務處於靜止狀態，因此沒有如和平時代般滋生甚麼內部矛盾和爭拗。

具體地說，在舊沙遜洋行，愛德華·沙遜於 1912 年去世後，弗特烈·沙遜成為掛名的領軍人，實務由阿爾伯特·沙遜的外孫 DM·格貝負責，因為菲臘·沙遜對經商缺乏興趣，到他出任黑格元帥的私人秘書之後，更加無暇參與到家族生意之中。弗特烈·沙遜在 1917 年去世後，主席一職落到 DM·貝格身上，領導擔子更重；至於早已退隱英國的賀拉，當然仍會為了維護所羅門·沙遜一房的利益，監督生意發展。

　　即是說，舊沙遜洋行恢復戰後業務的大任，由 DM·格貝一人承擔。其他第四代成員，似乎尚未走出戰爭的陰霾，創傷尚未恢復，亦可能是經歷生關死劫、變成殘障後，對世情已看開、看淡了，所以大多沒有意欲參與領導家族企業，在商場上與對手「廝殺」。龐大而分枝眾多的企業單靠 DM·格貝撐持，獨力難支，這亦可以作為舊沙遜洋行發展動力逐漸減弱的原因。

　　至於新沙遜洋行方面，雅各布·沙遜於 1916 年去世後，領導大權按猶太人傳統交到大弟 EE·沙遜手中，這種安排與中國古代社會「兄終弟及」的繼承方式並無二致，亦說明其「兄弟班」的企業組織未有轉變。新沙遜洋行當時只有三名第四代的子嗣，兩人為 EE·沙遜之子，一人為米耶·沙遜之子，而 EE·沙遜之幼弟魯奇·沙遜又是花花公子一名，既無意結婚，亦無意參與家族生意管理，因此不會對兄長的生意決定指手劃腳，揭示新沙遜洋行的組織較為簡單，亦明顯較上下一心，因此仍能保持決策快、效率高、行動一致的特點，與舊沙遜洋行各房子孫寧可不直接參與公司管理的情況甚為不同。

　　新沙遜洋行在戰後保持發展動力的另一個關鍵，是域陀·沙遜經歷戰火洗禮，變得成熟穩重，雖然不良於行，卻不再如過去般吊兒郎當，只顧追逐刺激而不務正業，從此洗心革面、收心養性，專注協助父親打理業務，發揮出「父子兵」經營的效果。之後，新沙遜洋行由 EE·沙遜作為領軍人，域陀·沙遜主持實務，很快便開始重建工作，恢復正常業務，不久後更有餘力向外開拓。

由於歐洲被戰火嚴重摧殘，加上流感瘟疫不斷擴散的衝擊，生產力和經濟發展動力大降，市場大幅萎縮，在歐洲經營生意自然難獲厚利。相對而言，東方社會不但較少受到戰爭衝擊，瘟疫的影響亦沒歐洲嚴重，經濟在和平下逐步走向復元。EE・沙遜領導下的新沙遜洋行，無疑看出當中機遇，一如既往地把發展焦點集中到東方市場，並隨著當地經濟逐漸復甦而同步興旺起來。

從某個角度說，第一次世界大戰顯然給了沙遜家族一記當頭棒喝，令一直沉醉於大英帝國保護之下的他們，察覺繁華盛世實非永無止境。大戰爆發後，哪怕是巨富世家，或與皇室貴族關係緊密，亦必須應徵入伍，不能例外。在沙場上與敵人拚個你死我活，經歷死的死、傷的傷後，當重見和平時，沙遜家族的不同子孫在恢復業務、再上征途方面，乃有了截然不同的看法和選擇，影響了家族及企業下一階段的發展。

結語

任何富過多代的家族或企業，都必然經歷過戰亂和天災等巨大衝擊，且能成功克服，生存下來，否則便會遭到淘汰，在滾滾向前的歷史大潮中被吞噬。對於沙遜家族而言，當二代先後離世，三代登上領導大位，而第四代家族成員又開始進入「實質接班階段」──即已經加入家族企業，參與經營管理之時，10一場前所未見的世界大戰突然爆發。第三代因大多已老邁，沒上戰場，第四代則正值壯年，所以被徵召入伍，不少更走上前線，有了與別不同的人生經歷。

戰爭的突然爆發，儘管窒礙了不少既定的商業運作、經營管理和接班安排，卻無阻領導能力與事業鬥志的培養。第四代被徵召入伍，在前線後方的不同崗位上參與對抗敵人，克服各種困難，這些嚴峻的挑戰無疑能「苦其心志、勞其筋骨、餓其體膚」，讓他們可在千鈞一髮之間更好地辨識局勢，「曾益其所不能」，這對生活在富裕環境下的第四代而言，未嘗不是有效的磨煉，避免他

們掉進腐敗與不思進取的泥沼。當他們成功通過這些考驗後，其掌控大局和應對危機的能力定必增強，在登上大位後可以創出更好成績。

註釋

1　在那個年代，吸煙被視為上流社會的一種時尚，吞雲吐霧乃重要的社交活動。

2　1929 年，大維・沙遜去世，享年 62 歲。由於他沒有結婚，亦沒子女，其財產由菲臘・沙遜繼承（Jackson, 1968: 127）。

3　日後經詳細點算，亞瑟・沙遜的遺產數字是 650,864 萬鎊，當中據說不包括在英國以外的物業與投資（*South China Morning Post*, 20 April 1912）。

4　1924 年，朗奴・沙遜去世。由於他沒有子女，名下財產相信由菲臘・沙遜等堂兄弟繼承。

5　這個格貝（Gabbay, Gubbay 或 Gabbai）家族，與沙遜家族關係甚深。大衛・沙遜母親（即父親塞利・沙臣之妻）為亞蔓・格貝（Amam Gabbai）。大衛・沙遜次子艾理亞・沙遜，他的妻子為莉亞・格貝（Leah Gabbay）。至於大衛・沙遜長子阿爾伯特・沙遜，他的其中一個女婿為 AM・格貝（A.M. Gabbay），這位 AM・格貝，即是 DM・格貝之父親。日後，不少姓氏為格貝的人士，曾加入新舊沙遜洋行，成為管理層，例如 D・格貝（D. Gubbay）及 AS・格貝（A.S. Gubbay）等等（參考其他各章），此點可作為猶太人奉行族內婚的其中一個註腳。

6　祖克・沙遜的多名兒子，名字都和家族成員一樣，因此採用暱稱或英文字縮寫簡稱的方法，以資識別。

7　據當時報紙所說，女兒獲得父親遺產約值 500 萬美元（*The Washington Post*, 7 August 1913）。

8　兩家沒有高調的原因，可能與以下兩點有關係：其一是愛德華・沙遜去世只有一年，仍未過哀悼期；其二是猶太傳統強調同種族和宗教通婚，但那段婚姻卻不是。退任舊沙遜洋行孟買總部領軍人的賀拉，那時已長居英國，據說她亦反對這段婚姻，認為西貝爾・沙遜嫁給非猶太族裔，會令家族積累多代的財產落入「外人」之手（Jackson, 1968: 147-148）。

9　域陀・沙遜未上沙場便受傷而回，或者已屬「幸運」。英國在這場戰爭中死去近 90 萬人，空軍陣亡者亦為數不少，他若時常要駕駛飛機上前線，能夠全身而退的機會無疑並不樂觀。

10　這裡把家族傳承接班按四個階段：醞釀階段、實質接班階段、主力管理階段和接班完成階段劃分（鄭宏泰、高皓，2017）。

第七章

多途並進

政商與文學的各展所長

綜觀而言，經歷第一次世界大戰之後，不少企業因敵不過經濟蕭條而倒閉，但沙遜家族仍屹立不倒，保持輾轉上揚的格局。就以棉紡織生產為例，據粗略統計，1903 年時新舊沙遜洋行在印度合共開設六間紡織工廠，擁有 300 萬枚紗錠，年產量高達 650 萬磅紗線（Jackson, 1968: 136-137）。一戰期間，生產雖然一度遭到打擊，但戰後迅速恢復，更不斷擴張，令廠房愈開愈多，到 1930 年代初達至 14 間，成為業界龍頭（Jackson, 1968: 251）。當然，一戰之後，日本國力愈來愈強，其企業在亞洲進行更進取的擴張，成為市場一股競爭力量，難免給新舊沙遜帶來巨大壓力與挑戰，不得不作出更多節省成本、提升效率及強化產品質量的應對，惟印度的棉花和土地供應充裕、材料與人工價格便宜，令其佔有不少競爭優勢。

中國有句老話：「龍生龍，鳳生鳳，老鼠的兒子會打洞」，意味著父母及家庭對孩子的影響是至關重要的。沿著這一角度看，沙遜家族是商人世家，後代在耳濡目染下，應該多數已學得了營商的本領，對做生意有興趣，在萬事俱備下走上從商的道路。不過，沙遜家族由第四代開始，子孫的事業取向變得更加多元化：有些積極參與政治，在政府為官；有些走上學術或藝術之路；當然亦有一些堅守本業，仍然為商，接手家族企業。他們的經歷和遭遇各有不同，彼此間的事業差異亦不斷擴大。在第四代諸成員中，名氣最大、最受矚目，人生與事業道路最為傳奇的，非域陀・沙遜、菲臘・沙遜和薛弗德・沙遜三人莫屬。本章主要集中在他們身上，粗略談談其個性特點和人生際遇，藉以揭示某些值得深思的發展問題。

域陀‧沙遜的商途

這裡先談談 1881 年出生的域陀‧沙遜。1915 年初，他在戰爭中因飛機失事以致雙腿殘廢，不但影響日常生活，更難以再參與向來熱愛的駕飛機、開跑車和騎馬等運動，相信令他十分失落。[1] 事實上，他雙腿還留下後遺症，每當舊患復發時，都會痛不欲生，據說曾突然因忍不住疼痛而尖叫，聽者亦能感受到那種撕心之痛（Kaufman, 2020: 108）。

到域陀‧沙遜逐漸康復時，伯父雅各布‧沙遜突然於 1916 年去世，令新沙遜洋行的管理大權落入域陀‧沙遜的父親 EE‧沙遜身上，他繼承了雅各布‧沙遜的主席之職和爵位，[2] 情況與愛德華‧沙遜在其父阿爾伯特‧沙遜去世後一樣（惟這一安排極為特殊，背後原因未能確實）。可惜，EE‧沙遜踏入新世紀不久，便因輕微中風而健康欠佳，之後又患上腦退化症（即俗稱老人癡呆症），令他更難肩負領導之職（Kaufman, 2020: 112）。這讓身為 EE‧沙遜長子的域陀‧沙遜成為下一任繼承人之首，促使他必須收斂過去的浪蕩脾性，認真思考將來的路向，因為他肩負的不但是自己的人生，更有家族企業的未來。

域陀‧沙遜經過一番思考，相信亦與父親再三商討過後，選擇投身商業，開始按父親所要求和安排的接班道路，把精力投入到新沙遜洋行的生意中（Jackson, 1968），擔任董事總經理之職，打理日常運作，踏上接班前台。其弟赫陀‧沙遜亦於一戰結束後開始參與家族生意，曾被派駐守上海及香港，擔任包括新沙遜洋行、香港置地、山頂纜車及九龍貨倉碼頭等不同企業的董事。至於米耶‧沙遜和魯奇‧沙遜兩位叔叔，雖依舊擔任洋行董事，卻較少參與實務管理，其中米耶‧沙遜育有一子一女，兒子雷金納‧沙遜喜好騎馬運動，無心商業；魯奇‧沙遜則一直保持單身，沒有子女。

即是說，新沙遜洋行的領導仍保持簡單直接的模式，在「兄終弟及」後，呈現了父傳子的格局。由於域陀‧沙遜一代只有三名男丁，比上一代人數更

1934 年 7 月，域陀‧沙遜（胸口掛著相機者）在倫敦郊外與友人聚首。
（圖片來源：Southern Methodist University）

少，令權力更集中，大家的權責也更為直接清晰。而且，公司由父子二人獨攬大權，雖有不少風險，但「一言堂」亦有決策迅速的好處，令領導者更勇於擔當和開拓，而非鼓勵更多「搭便車者」，假手他人坐享其成，自己不直接參與家族企業管理。

　　當然，更為重要的是，作為新領軍人的域陀‧沙遜，承襲家族高智商又精於商業的基因，對經濟和商業運作有敏銳的洞悉力，所以他自伯父去世，但第一次世界大戰尚未結束前，已開始策劃如何發展新沙遜洋行的業務，令公司在戰後能早得先機。從日後發展可見，域陀‧沙遜確實具有過人的商業才華，令艾理亞‧沙遜一房的表現更勝其他各房，吐氣揚眉。

　　域陀‧沙遜接手新沙遜洋行的領導後，因應世界局勢的巨大變化，逆轉了公司在英國、印度、中國三地的投資取態。先說英國方面，當時大戰接近終結，同盟國勝利在望，但想不到當戰爭結束後，人民迎來的不是凱旋的歡

欣,反而是一場造成超過 4,000 萬人死亡的瘟疫——西班牙流感的大爆發。[3]
流感病毒隨軍人退役後帶回家鄉,令疫情散播更廣,一發不可收拾(Spinney,
2017),給公共衛生和醫療帶來極大的衝擊,亦令戰後重建舉步維艱,世界經
濟長期陷入低迷。其中尤以深受戰火蹂躪的歐洲情況最嚴重,大批企業倒閉,
市面一片蕭條,退役軍人回鄉後難以找到工作,進一步推高失業率,但政府
卻因戰爭虛耗過度,無法有效應對財困而束手無策。新沙遜洋行雖然已謹慎應
對,但面對市場環境惡劣,生意難復舊觀,加上戰爭造成的損失甚巨,令洋行
在歐洲市場虧損不少。

與此同時,千里之外的印度亦受到流感大流行的打擊,因為不少印度人
在戰時被徵召入伍,戰爭結束後亦把疫情帶回印度,但殖民地政府未能迅速應
對,醫療應變差強人意,死亡人數不斷上升,而印度人死亡率遠高於英國人
的情況,尤其引起印度民眾的強烈不滿。爭取印度獨立的民族主義者如甘地
(Mahatma Gandhi)等,便曾對政府作出嚴厲抨擊,事件加速了印度獨立運動
的進程(Weber and Dalton, 2020)。受疫情及社會不穩的影響,新沙遜洋行在
印度的業務表現亦欠理想。

相對於歐洲和印度局面的嚴峻,新沙遜洋行在中國的表現卻一枝獨秀,因
為中國雖參與了第一次世界大戰,但遠離主要戰場,而且沒有太受流感疫情波
及,故公司很快就能重整中國業務,且獲得不錯的利潤。簡言之,儘管洋行在
歐洲虧損不少,但仍能維持亞洲的業務,其中印度的業務雖不及中國,還是遠
比歐洲好。域陀・沙遜看清局勢,決定把戰後投資的重點放在中國,其次是印
度,最後才是歐洲。

哪怕戰後恢復業務的過程並不容易,但域陀・沙遜集中精力應對,還是令
整個企業逐步走上軌道。進入 1920 年代,域陀・沙遜成為孟買政府招手的對
象,於 1921 年獲委任為孟買立法議會議員。他對此任命亦感新鮮,想作一些

貢獻，因此樂於接受，踏進了孟買議事殿堂。期間，他在穩定貨幣、維持稅率及維持市場秩序等問題上，貢獻了一己識見和才能。

不過，當時印度獨立運動的火苗不斷升溫，抗議示威連連出現，影響生產，令營商環境更形惡劣，域陀・沙遜作為大商家，自然對抗爭行動甚為不滿，多次在議會上力促政府加大打壓力度，保護自由市場，由此與不少政府官員及其他議會代表針鋒相對，爭議不絕。最後，他可能覺得政治問題實在令人困擾，亦花費時間，故在意興闌珊下，於 1923 年辭職，專心打理家族生意（Jackson, 1968: 204-206）。

但域陀・沙遜之後發覺，若缺乏足夠的政治影響力，便更難改變遊戲規則，局勢會朝他更不樂見的方向發展，故決定回到建制中，於 1926 年再次加入孟買立法議會。在任期間，他仍保持一貫的政治取態，希望透過議會，制約甘地領導的獨立運動，以免罷工影響經濟，推高生產成本。同時，他亦向政府反映印度稅率過高，令商業經營日見困難，不利經濟發展（Jackson, 1968: 215）。不過，他的意見仍未完全獲得政府充份重視，令他感到就算身處議事堂之內，力量亦極有限，根本無法力挽狂瀾，所以在 1929 年再次選擇掛冠，並因對印度局勢意興闌珊，覺得營商環境大不如前，乾脆把集團總部由孟買搬到上海，從此不再染指政治了。

對域陀・沙遜而言，祖輩於孟買起家，家族企業的總部亦一直設於孟買，在當地擁有不少物業地皮，若非極不得已，他也不想背離祖業的根源。但一方面印度政治氣氛緊張，獨立運動的浪潮不絕，公司的印度業務長期處於低迷，當地官員卻不願採納他的意見，令他覺得有心無力。另一方面，他在中華大地的生意投資，則不斷取得突破，業績及規模早已超越印度，他評估中國市場發展潛質無限，故最後決定放棄家族立根多代的孟買，轉投更有發展前景的上海（詳見下一章）。

接著補充一些艾理亞‧沙遜一房其他人的發展。在新沙遜洋行逐步走出戰後陰霾的 1921 年，EE‧沙遜次子赫陀‧沙遜結婚，妻子為朱莉亞‧芬奇（Giulia Vici）。這無疑乃一大喜事，因為父母一直催促域陀‧沙遜兩兄弟早日結婚，為人丁單薄的家族增添新成員，卻總遭他們拒絕，到赫陀‧沙遜年過 30 之後，愛情路才終於結果。由於這是艾理亞‧沙遜一房男丁的首宗婚事，相信不單 EE‧沙遜夫婦，近親們也十分興奮，並大張旗鼓地慶祝一番。可惜，婚後不到兩年的 1923 年，赫陀‧沙遜一次急病入院進行手術，不幸因手術失敗去世，享年只有 34 歲（Jackson, 1968: 203）。[4]

不幸之事接二連三，在赫陀‧沙遜過身後一年多，1924 年，這房再有兩名長輩先後離世。先是 11 月時的米耶‧沙遜，享年 70 歲（*South China Morning Post*, 8 November 1924）；[5] 不足一個月則到 EE‧沙遜，享年 71 歲（*South China Morning Post*, 5 December 1924）。雖然 EE‧沙遜一早放手，讓域陀‧沙遜接手大部份新沙遜洋行的工作，米耶‧沙遜在晚年時亦甚少管事，但名義上始終 EE‧沙遜才是這房之長，也是企業的最高領導人，他們的離世除令家族無限悲痛，亦為公司未來的發展路向帶來變數。

艾理亞‧沙遜一房，當時只剩下域陀‧沙遜、魯奇‧沙遜和雷金納‧沙遜三名男丁，論輩份當然以魯奇‧沙遜為尊，不過這位叔叔沒興趣打理家族企業，只愛享受花花世界，過著隨興適意的生活；雷金納‧沙遜亦與其父米耶‧沙遜一樣，無意爭權，故域陀‧沙遜成為家族企業的「唯一」領導者，既擁有最大權力，亦承擔最大責任，是盛是衰，全由一人承擔，不能推搪塞責。到了 1930 年代，最後一位叔叔去世後，域陀‧沙遜變成了真正的「孤皇帝」，領導企業時自然更加責無旁貸，全力以赴，令企業有了一股截然不同的氣象。

域陀‧沙遜帶領家族企業不斷向前之時，這房的子孫人數卻愈來愈少，令他的婚事成為家人最大的關注點。域陀‧沙遜雖是世界級的「鑽石王老五」，

感情生活卻幾乎空白一片，母親多次催婚，渴望他早日生兒育女，但得到的回應是「我相信我要不生個天才（兒子），要不便生個白癡，我沒準備冒這個險」，令母親十分失望（Jackson, 1968: 136）。

在三、四十年代，域陀‧沙遜成為新沙遜洋行「唯一」領導者並轉戰上海之時，傳媒報導過不少以他為焦點的「感情」新聞，圖文並茂地披露在他身邊不乏名媛美女長期圍繞，其中最備受注視的，是據說他曾與美國記者作家項美麗（Emily Hahn）相戀。惟這段甚囂塵上的愛情，卻是「只聞樓梯響」，並沒有開花結果（Grescoe, 2016; Kelly, 2020）。到底這位居於上海的猶太巨富長期單身，是因太投入工作而無法抽空談戀愛，還是有其他不為外人知的原因？由於缺乏資料，本研究無法深入探討。

菲臘‧沙遜的官途

從企業結構上說，舊沙遜洋行較新沙遜洋行複雜，因前者由七房人組成，後者只是脫離出去的一房人而已。所謂人多口雜，俗語有云「三個和尚沒水喝」，人多雖然力量大，但亦可能出現思慮各異、意見不一、政出多門、權責不清晰等情形，影響由構思、決定再到行動的過程，令企業經營出現環環緊扣的微妙轉變，阻礙發展。

正如之前的篇章談及，自阿爾伯特‧沙遜等兄弟們選擇定居英國，把東方主要業務交給所羅門‧沙遜打理時，公司的整個管理或領導模式已出現深層次轉變。到所羅門‧沙遜去世，其兄弟們寧願以股東身份分享股息，沒有興趣接手。這反映他們已不願再如往日開疆闢土時般親上前線，形成了「搭便車」心態，才會選擇假手「他人」，由所羅門‧沙遜的寡妻賀拉代夫出征，披甲上陣。

到賀拉被迫退任後，[6] 初期弗特烈‧沙遜仍會兼顧東方生意，但不是全力投入。到第四代掌舵人愛德華‧沙遜，他亦缺乏接手興趣，實質管理工作乃由

DM．格貝和龍考夫（Cecil Longcroft）負責，前者是阿爾伯特‧沙遜外孫，算是半個家族成員，後者則是非家族、非猶太裔的專業人士，他在舊沙遜洋行由低做起，因表現突出和忠心而深得重用。即是說，舊沙遜洋行的組織及領導模式，由「兄弟班」日漸變為類似「假手他人」的專業管理模式——哪怕獲授權或重用者與家族有親屬關係，或屬深得信任的老臣子，惟企業發展自擘劃、拍板到付諸行動的各個過程，不少都需要先向遠在倫敦的總公司上報。比較之下，新沙遜洋行的架構簡單直接，二者差異明顯，至於發展動力之強弱，亦可謂不辯自明。

洋行的「兄弟班」模式逐漸出現變化，大家都覺得參與家族生意易招紛爭，吃力不討好，於是紛紛退下前線管理，交由他人代勞，自己只收取股息便可悠閒度日，或投身其他事業與興趣，例如愛德華‧沙遜專注參與政治，擔任國會議員，反而提升了個人威望、名聲與地位，因此更加無意把精力集中到錙銖必較的生意上。在這種心態下，自父親愛德華‧沙遜去世後，第四代的菲臘‧沙遜雖成為家族企業的領軍人，卻仍缺乏營商意欲，寧可心無旁騖地投身政壇（Jackson, 1968）。

無論是基於「商而優則仕」的思想，或是沙遜家族本身的背景，發財致富後，子孫積極參與政治，其實甚為自然。畢竟他們以大衛王的後代自居，又曾是巴格達的「納西」，負責管理稅收與商業，深得地方行政首長倚重，對他們而言，家族經商掌政、兩途並進的傳統，由來已久。故當大衛‧沙遜致富後，阿爾伯特‧沙遜曾加入孟買立法議會，開始參與政治，早年被派駐香港的弗特烈‧沙遜，亦曾進入港英殖民地政府的立法議會。到移居英國後，他們雖沒直接參政，卻積極結交皇室、貴族及政壇巨頭，建立深厚私交，可說是間接參與了政治。到第三代愛德華‧沙遜參選國會議員，並成功當選，家族正式走進英國政壇，菲臘‧沙遜更是一心入朝為官，都是一脈相承，有跡可尋。

具體地說，第一次世界大戰結束後，長房（阿爾伯特·沙遜）嫡傳的菲臘·沙遜如父親一樣，沒有投身商界，接手家族生意，而是延續戰時和戰前參與政治的事業。正如上一章談及，在一戰期間，菲臘·沙遜乃黑格元帥的私人秘書，不過到戰事結束，黑格全面退下在軍隊和政府中的要職後，一朝天子一朝臣，身為其私人秘書的菲臘·沙遜亦隨之而失勢，被打入「冷宮」，難在新政府中獲得重用。

　　然而，菲臘·沙遜卻巧妙地「華麗轉身」，於 1919 年蟬過別枝，轉任當時英國首相勞萊·喬治（Lloyd George）的私人秘書，那時他只有 31 歲，年輕有為的形象極為突出，更不要說其巨富的身份。他之所以能夠搭上另一事業快車，並「順利過渡」，關鍵是他成功化解了黑格與勞萊·喬治之間外弛內張的矛盾，令黑格體面而退，反映了菲臘·沙遜的辦事能力及既有優勢，令他獲新政府青睞。

　　原來在一戰之時，勞萊·喬治出任英國聯合內閣總理（首相），黑格則是西方戰線指揮大局的元帥，兩人曾在戰略上有不同看法，發生爭拗，勞萊·喬治甚至一度打算撤換他。最後英國雖贏得戰爭，但也傷亡慘重，他認為黑格需負上不少責任。不過，黑格始終是帶領國家打勝仗之人，自然要論功行賞，故他打算只給黑格一些口惠而實不至的頭銜，明褒實抑。

　　具體地說，勞萊·喬治原初建議封黑格為侯爵，但對方提出異議，指出若沒實質的金錢資助，必然不會接受。當然，黑格不會直接提出金錢要求，勞萊·喬治亦清楚戰後英國經濟嚴重蕭條，無數退役軍人失業，傷殘士兵的生活尤其困頓。黑格乃指示親信菲臘·沙遜作中間人，向勞萊·喬治進行遊說。菲臘·沙遜提出一個簡單方法，即由政府向「傷殘軍官基金」（Disabled Officers' Fund）增撥資源，這樣做，一來可令黑格及其出生入死的部下們獲得實質資助，消除黑格怨氣，同時亦有助紓緩社會矛盾。最後，菲臘·沙遜成功說服勞

萊‧喬治向「傷殘軍官基金」批出 10 萬英鎊資助，讓黑格獲得侯爵頭銜之外的實質利益，可說是兼顧了黑格的「面子」與「裡子」，令他可以體面地退隱（Jackson, 1968: 181-182），避免英國政府出現公開的鬧劇，予人鳥盡弓藏、兔死狗烹之感。

　　菲臘‧沙遜優越的家族背景及人脈關係，在英國政壇早已相當耀眼，加上他在這次遊說工作上表現出色，思慮周詳又技巧純熟，不但令上司黑格十分滿意，還引起了勞萊‧喬治的興趣。故當黑格退隱後，勞萊‧喬治即向他招手，任命他為首相私人秘書，成為英國最高領導人的左右手。菲臘‧沙遜高升後甚受倚重，常伴著首相出入重要場合，協助處理國家機要。

一身戎裝的菲臘‧沙遜

　　由於菲臘‧沙遜具有十分突出的個人和家族條件，加上一直廣結善緣，他在政經界結交的顯赫人物，成了他最大的社會與政治資本。當勞萊‧喬治退任，首相一職先由羅爾（Bonar Law）接替，一年後再轉由鮑德溫（Stanley Baldwin）出任時，菲臘‧沙遜的仕途亦沒走向終結。由於與他私交甚篤的賀爾（Samuel Hoare）獲任命為航空事務部大臣（Secretary of State for Air，後改為 Air Ministry），相信是在賀爾推薦下，他於 1923 年底獲鮑德溫委任為航空事務部次長（Under Secretary for the Air），仕途轉到了另一台階（Jackson, 1968: 197）。

　　菲臘‧沙遜出任航空事務部次長後，曾有不少表現，如協助航空事務部大臣賀爾爭取了總值 8,250 萬英鎊的航空開支，大大強化了英國的航空力量，對英國航空業發展有重大影響。另一方面，菲臘‧沙遜曾展開多次長途飛行，名

義上是檢視大英帝國在全球殖民地的航空發展，實質上則配合自己對翱翔天際的熱愛，穿梭於雲海之間。

任職次長期間，菲臘‧沙遜最受注目的行動，是於 1928 年 10 月由英國西南部普利茅斯（Plymouth）起航，飛往地中海，轉到希臘，再穿越敘利亞沙漠，到伊拉克，取道波斯灣，進入印度，沿途巡視英國皇家空軍在海外各個軍事據點，當時英國恐怕只有極少數人能夠踏上這一段「旅程」。而且菲臘‧沙遜乘坐的是航空事務部大臣賀爾的專機，它「擁有三個勞斯萊斯和諧型引擎，每個引擎具 700 匹馬力，全機總重量達 12 噸，機上更有兩名機師」（*South China Morning Post,* 1 October 1928），相信是當時世界上最先進、最強馬力的飛機之一。

無論從哪個角度看，菲臘‧沙遜都是超級「人生勝利組」，不但擁有巨大財富，還滿腹經綸，才華過人，同時極有品味，懂得生活情趣與享受。首先是財力方面，他是巨富之家的長房獨子，單憑祖先父母的遺產已富甲一方，銀行帳戶內的金額如天文數字。而且，他擁有多個農莊式大宅，例如繼承自父母及叔父的「柏寧大宅」（Park Lane Mansion）、「川柏大屋」（Trent Park House）及「星姬大屋」（Sandgate House），以及位於蘇格蘭的都瓊雅舍及孟買的聖蘇斯和普拿大宅等等。

更受注目的，是他於 1920 年代初買入位於肯特（Kent）與蘇塞克斯（Sussex）交界，可以遠眺羅姆尼濕地（Romney Marshes）一個名叫「林普尼」（Lympne）的超級豪宅。大宅佔地達 1,000 畝，除有大量房間、花園及游泳池等基本配置外，還有果樹叢林、私人飛機場，以及一個九洞的高爾夫球場等，極盡豪華，令人咋舌。由於他在不同地方均擁有豪華大宅，故能經常招呼皇室貴族、政府高官出遊入住，在他的私宅內聯誼聚首，建立私交。如英國王子便曾到他的林普尼大宅度假、騎馬及打高爾夫球（Jackson, 1968: 145 and 185）。

說菲臘・沙遜有過人才華，是因他自小聰敏，無論在伊頓公學時或是進入牛津大學後，學業成績均非常突出。他另一過人長處是語言天份，精通英文、法文、阿拉伯文等九種語言，如上一章提及，其法文的流利程度與法國人沒有兩樣。此外，他的記憶力強，亦是出色的演說家，演講時「很少要看他的筆記」（seldom had to refer to his notes）。他處理事情，能理清問題的脈絡肌理，如上述處理黑格退隱一事時面面俱圓，亦說明其能力出眾（*South China Morning Post,* 27 December 1939）。

　　生於大富之家，在耳濡目染下，菲臘・沙遜培養了優質的生活格調與品味，喜讀書、好社交，亦精於藝術鑑賞。由於有錢也有眼光，他的藏品大多是難得一見的精品，他亦是當時著名的藝術收藏家。由於他對文化藝術有興趣，閱歷豐富，水平遠勝同儕，故年紀輕輕便獲任為英國國家美術館董事局委員，以及其他相關的公職及頭銜，可見其藝術修養了得。

　　雖然菲臘・沙遜擁有很多無人能及的優越條件，卻一直保持單身，因此曾引來不少流言蜚語，表面說法是他對一般女性看不上眼（Stansky, 2003: 106），他自己亦表示，要找到一個像他妹妹般聰明美麗的女子才會結婚，算是不失幽默而婉轉地回應了不少人的「催婚」或「追求」。但有一廣為流傳的說法，指他是同性戀者，並在擔任航空事務部次長時與男性飛行人員有秘密戀情（Bloch, 2015）。不過，由於他私生活的保密功夫一流，戀情從未於公眾曝光，加上他對這些流言蜚語沒有回應，在沒有實質證據下，相關說法只能作參考。

　　當然，菲臘・沙遜亦有一些異性戀情的傳聞。如他擔任勞萊・喬治私人秘書期間，因經常出入首相家中，他本人亦時常招待勞萊・喬治及其家人到大宅聚首，當時有傳聞說他與勞萊・喬治的幼女相戀，並已達談婚論嫁的階段。1921 年 6 月，據《南華早報》引述 *The American Israelite* 報導，菲臘・沙遜與首相的女兒梅根・喬治（Megan Lloyd George）訂婚，那時菲臘・沙遜已經年過

33 歲，未婚妻梅根則只有 19 歲（*South China Morning Post*, 27 June 1921）。[7] 報紙還補上一筆，指出以菲臘‧沙遜的個人才華、家族財富與政治資歷，他「可能成為帝國的首相」（a possible Premier of the Empire），可謂前途無限（*South China Morning Post*, 27 June 1921）。即是說，傳媒及社會已經察覺菲臘‧沙遜在仕途上冉冉上升的趨勢，若再與首相之女結婚，必然如虎添翼。

不過，那所謂「訂婚」的消息，最後看來只屬流言而已。Stansky（2003: 106）在其所著有關菲臘‧沙遜和西貝爾兩兄妹生平的專書中，並沒提及菲臘‧沙遜和梅根訂婚的資料。相反，書中指菲臘‧沙遜曾婉拒邀請梅根到他大宅作客，因他覺得這可能是一個「有機巧的舉措」（tactful step）。至勞萊‧喬治在 1922 年 10 月退任首相後，菲臘‧沙遜和梅根之間便再沒太多私交上的接觸了。而同樣一生未婚的梅根，日後踏上政途，出任國會議員，與同屬國會議員的菲臘‧沙遜應只有公事上的合作。

當菲臘‧沙遜個人事業不斷高升之際，舊沙遜洋行的其他家族成員則連遭挫折。先是沙遜‧沙遜一房。其長子祖克‧沙遜於 1918 年去世，享年 63 歲，接著祖克的長子 SJ‧沙遜又在 1922 年去世，享年只有 37 歲。由於 SJ‧沙遜離世時只有一名兩歲的女兒 Penelope（The Peerage, no year），按傳統無法繼承這一房的領導重責，故由祖克‧沙遜的另一名兒子 AM‧沙遜（1889 年出生）成為主要繼承人。

另一傳承接班上的打擊，則與弗特烈‧沙遜一房有關。曾短暫擔任舊沙遜洋行主席的弗特烈‧沙遜，其子朗奴‧沙遜亦對做生意有興趣，是少數有意接手企業的家族中人。正如上一章提及，一戰時被軍隊徵召的朗奴‧沙遜，曾在戰場上受重創，雖性命無虞，但康復後亦如域陀‧沙遜一樣不良於行。但他亦與域陀‧沙遜一樣，並沒因此被擊潰，很快便投入家族生意，成為重點培養對象。DM‧格貝據說傾囊相授，一心想把他訓練為下任接班人。

可是，到了 1924 年時，朗奴‧沙遜到上海考察業務，回程時停留孟買期間，碰上當地持續高溫天氣，懷疑因中暑引致心臟病發，搶救無效去世，享年只有 29 歲。[8] 舊沙遜洋行本來籌劃由家族中人接班，卻遭遇意外，目標人選突然去世，結果只好繼續由 DM‧格貝擔起領導大旗。事實上，DM‧格貝不但要管理舊沙遜洋行，菲臘‧沙遜還授權他打理其名下龐大的個人投資，可見他能力過人，也深得信任（Jackson, 1968: 182 and 198）。

第一次世界大戰結束後，新沙遜洋行有域陀‧沙遜親身上陣，專心一意投入業務經營，故生意逐步走出低迷期，不久便取得突出發展。相較之下，舊沙遜洋行則碰到不少阻礙，傳承接班問題尤其明顯。首先，最主要的繼承人菲臘‧沙遜沒興趣營商，選擇進入政府為官參政，雖然他的仕途節節上揚，相信為家族生意帶來一定助力，但實際營運卻還是要假手於表兄 DM‧格貝。哪怕 DM‧格貝甚有才幹，但始終只是專業代理人，未必能如域陀‧沙遜般享有絕對權力，故舊沙遜洋行沒法快速地重回正軌。而朗奴‧沙遜這位有意接班的家族中人，卻又在培訓期間意外去世，令接棒過程戛然而終，新舊沙遜洋行的差距亦逐步擴大。

至 1928 年 1 月 19 日，DM‧格貝在倫敦去世（*The North China Herald*, 21 January 1928），[9] 他一直是舊沙遜洋行的實際執行者，與老臣子龍考夫一起承擔管理責任（Jackson, 1968）。由於英國及世界經濟在一戰後疲不能興，二人採取保守經營策略，雖令舊沙遜洋行力保不失，但漸被新沙遜洋行大幅拋離。到 DM‧格貝去世後，由於菲臘‧沙遜仕途上不斷取得突破，更加無心家族生意，舊沙遜洋行的領導大權乃由龍考夫頂上。本來，家族曾寄望由魯賓‧沙遜的獨子大維‧沙遜接手，但他卻在 1929 年去世，享年 62 歲，[10] 因此只能由龍考夫以專業管理人的身份獨領大軍。

作為老臣子的龍考夫，憑著過人才幹在舊沙遜洋行工作多年，深得家族信

賴。他的經營特點是作風保守，事事謹小慎微，所以甚少犯錯，亦不敢冒險，一見到勢色不對或碰到麻煩，便立即後退，另圖他計，因此令他避免犯下大過錯，乃「小心駛得萬年船」的最佳示範，在風高浪急的商海中長期力保不失。

順作補充的是，DM·格貝去世後，龍考夫因應菲臘·沙遜生活開支巨大，[11] 且急需資金裝修大宅，故把舊沙遜洋行位於香港雪廠街一塊用作倉庫的地皮，在 1929 年美國世紀大股災之前，出售予香港證券交易所（Jackson, 1968: 219）。本來，為了支持個人花費而出售黃金地皮的做法，乃家族講求世代相傳、長期發展的大忌，但因這次碰上出售的好時機，賣得了一個好價錢，因此被認為甚有投資目光，亦淡化了出售具價值祖業，會削弱家族企業長遠發展動力的問題。

薛弗德·沙遜的文途

在沙遜家族第四代成員中，有憑靈活的經營手腕點石成金，叱咤商界者；亦有無心商途，選擇進入政府當官，馳騁政壇者。同樣引人注目的，還有非商非政，而是走文人路線，以詩詞文字觸動人心、享譽文壇者，揭示家族人才輩出，志趣抱負多元，並非只有經商賺錢一途，是家族人才與事業多樣化的典範。至於那位享譽文壇的家族代表，便是被視為具反叛性格的薛弗德·沙遜。[12]

沙遜家族成員性格各異，原因當然並非家族的預先安排或設計，而是各房子孫各有際遇，用佛家的話，是他們「自身修為」種下的因果。單就薛弗德·沙遜走上文壇一事而論，應與其祖父沙遜·沙遜及父親艾弗特·沙遜雙雙早逝有關。其父選擇了與非猶太裔女子結婚，更令他們這一脈走上了與其他親戚截然不同的人生道路。

毫無疑問，薛弗德·沙遜的早年絕不如其他堂兄弟般「順風順水」。其祖父英年早逝，遺下四名年幼子女（祖克、弗雷特、艾弗特和瑞秋），由年輕守

寡的祖母撫養成長，一家依靠祖父遺產（主要是舊沙遜洋行的股份）過日子。當這四名孩子逐漸長大，為一房注入重新振作的力量時，卻又發生連串事件，既影響家人關係，也左右了薛弗德・沙遜的成長。

一身戎裝的薛弗德・沙遜

在 1884 年，年方 22 歲的艾弗特・沙遜決意迎娶英國女子杜麗莎・鋒尼哥夫（Theresa Thornycroft，下文簡稱杜麗莎）為妻，[13] 杜麗沙不但較他年長七歲，更不是猶太裔，因此招來祖母及其他家族成員激烈反對。但他固執己見，堅持婚姻選擇，甚至不惜與家族斷絕關係。二人婚禮以基督教儀式進行，婚後搬到肯特郡的鄉郊墨菲特（Matfield）的「韋爾禮」（Weirleigh）大屋生活，與家族其他成員甚少往來。薛弗德・沙遜生於 1886 年，其上有一位兄長米高・沙遜（Michael Sassoon），下有一名弟弟小漢莫・沙遜（Hamo Sassoon，與在戰場上犧牲的叔叔同名）（Jackson, 1968: 75; Egremont, 2005: 4-5）。

至 1889 年，薛弗德・沙遜的伯父弗雷特・沙遜突然去世，享年 29 歲，那時剛從牛津大學畢業不久，本是重振這房的希望所在，其死訊自然令家人傷心不已。更意想不到的是，在 1896 年，艾弗特・沙遜同樣英年早逝，享年只有 34 歲，遺下妻子及薛弗德・沙遜三兄弟。雖說祖父留下的遺產仍能支撐生活，不至於捱窮吃苦，但由於其母非猶太裔也不信猶太教，與本家的關係又繃緊，自然甚少獲得家族支援，三兄弟的成長過程難免會吃到不少苦頭，甚至遭人白眼（Jackson, 1968: 74-80）。

薛弗德‧沙遜便是在這樣的矛盾環境中成長，表面上生活富庶、吃喝無虞，但祖父和父親都在青壯年去世，令他童年失去了強大的庇護，也沒有合適的男性模範（role model）。加上其母親不為家族所接納，寡母稚子，相信壓力甚大。在這種氛圍下，他們感到怨憤或不公平亦是人之常情，再加上成長階段的經歷，很容易對世事人情份外敏感，甚至變得憤世嫉俗。

另一方面，或者是遺傳了沙遜家族的優良基因，薛弗德‧沙遜天生聰敏，記憶力強，懂多國語言。正如上一章粗略提到，他文靜內向，喜歡閱讀，青年時便展現文學天份，喜歡吟詩作詞，並曾在比賽中獲獎，相信因此立下了當作家的目標，開始創作及出版詩詞，名聲漸起。第一次世界大戰突然爆發，他受到感召，上前線抗敵，雖然暫停了當作家的事業道路，但戰場上那些困苦與險象橫生的經歷，卻又豐富了他對世事和人生的體味，令其對事物的觀察更深入，作品更能觸動人心。

戰爭結束，薛弗德‧沙遜進入英國《先驅報》（Daily Herald），成為一名編輯，賺取每週 5 英鎊的工資，工餘時則進行創作，並在不同報章雜誌發表，相關作品日後結集成書，出版了《反擊者》（Counter-Attack）、《英雄》（The Hero）及《戰場詩文》（War Poems）等。薛弗德‧沙遜的作品流露出對戰爭的厭惡、呼籲和平的信息，亦染有反建制、去約束和左傾的社會主義色彩，還有諷刺與隱喻的筆墨。顯然在他眼中，戰爭、威權和國家意志只會帶來破壞，塗炭生靈，令人失去主體與自由。

當然，令薛弗德‧沙遜更受關注和談論的，是他與眾不同的性取向。綜合各方分析顯示，薛弗德‧沙遜的同性戀傾向或舉動，早在進入成年時已顯露出來，令他甚為困擾，感到巨大壓力，因為同性戀在當時仍不容於法律，乃刑事行為，亦不容於宗教信仰。他曾把心事告訴弟弟小漢莫‧沙遜，弟弟的回覆則是「自己亦是同性戀者」（Egremont, 2005: 37）。此答案雖令他釋懷，[14] 但同性

戀始終還是不能公開的隱秘。到他投身軍旅時，據說曾喜歡上部隊中一些青年軍人，惟因那些軍人都來自平民百姓，行為舉止粗鄙，不合他挑剔的品味，所以應該沒發展深入關係（Egremont, 2005: 313）。

戰後，薛弗德‧沙遜與一位名叫易堅（Gabriel Atkin）的男子相戀。易堅較他年輕 11 歲，具藝術才華，亦參與過第一次世界大戰，但這段戀情只維持了一段時間，最後分手收場。[15] 薛弗德‧沙遜甚為失落，低調生活了好一陣子，不願見人，只埋首創作，一心著書（Wilson, 2014: 341-343）。後來，薛弗德‧沙遜再與同樣來自貴族階層，年紀較他小 20 歲的美男子譚蘭特（Stephen Tennant）相戀。據說，譚蘭特自小已渴望成為「大美人」（great beauty），長大後常作女性打扮，喜好化妝，二人的戀情在英國上層社會引起很大迴響。

譚蘭特在當時英國甚為出名，乃一個名叫「耀目青年」（Bright Young People）的組織的成員。這組織由上流社會的年輕人組成，成員大都具藝術喜好或資質，不理世俗，也不願隨波逐流，一心追求自身的靈性與獨特，享受自我生活，被視為「布希米亞者」（Bohemian）。譚蘭特則因其樣貌出眾和行為特出，吸引了薛弗德‧沙遜的目光，並在「耀目青年」成員薛維爾（Osbert Sitwell）的介紹下相識相戀（Taylor, 2007）。

要知道英國是 1957 年在沃爾芬登委員會（Wolfenden Committee）的建議下，才將成年人私下的同性戀行為非刑事化，故薛弗德‧沙遜與譚蘭特的戀情自然要小心翼翼，避免被人抓到痛處。雖說二人都是不理世俗眼光，我行我素之人，亦難免有不少壓力。據薛弗德‧沙遜兒子的回憶，父親性格多愁善感，當面對挫折，遭到別人批評或非議時，總是「退回自己的殼中」（he retreated into his shell），寧可逃避現實，不去面對（Hoare, 2006）。

到了 1920 年代末，薛弗德‧沙遜先後出版了《獵狐者回憶錄》（*Memories of a Fox Hunting Man*）、《心路歷程》（*The Heart's Journey*）及《步兵軍回憶錄》

（*Memoirs of an Infantry Officer*）等著作，深刻傳遞出反對戰爭、追求和平的信息，特別觸動人心，引起無數人的共鳴，深受歡迎，出版後流行一時，洛陽紙貴（Egremont, 2005）。

之後，薛弗德‧沙遜更贏得多個詩詞與文學界的獎項，受各界稱頌。例如，他贏得「侯封登獎」（Hawthornden Prize），又獲美國著名歷史學家兼詩人桑德堡（Carl Sandburg）高度稱譽，指他為「在世英國詩人中的首相」（Prime Minister of living English poets）（Jackson, 1968; Egremont, 2005）。還有著名學校或文學組織邀請他作主題演講與分享活動，揭示他在文壇上享有尊崇地位。相對於菲臘‧沙遜和域陀‧沙遜兩人叱咤政商界，選擇從文的薛弗德‧沙遜亦憑自身才華蜚聲國際，成為家族中耀目的一員。

或許是藝術家性格使然，薛弗德‧沙遜的個性特立獨行、我自行我道。隨著名聲日響，他與譚蘭特的戀愛亦變得較為公開。愛情路上雖說有情飲水飽，但生活仍然需要物質的支撐，上流社會的愛情更是如此。但無論稿費、版稅、股息或家族供給的固定生活費等，顯然未能讓他們當一對遠離俗世的神仙眷侶——雖然相較當時社會，他們的生活已相當舒適。因為戰後英國經濟困窘，失業率飆升，人民生活朝不保夕，採礦及運輸工人更因為高失業與僱主削減工資等問題，於 1926 年發起一場席捲全英的大罷工，牽動社會政治神經。[16] 但譚蘭特身為「耀目青年」的一員，標榜唯美主義，沉迷逸樂，相信對生活質素要求極高，為薛弗德‧沙遜帶來一定的經濟壓力。

在 1927 年，與薛弗德‧沙遜感情甚好的姑母瑞秋‧沙遜去世。她乃艾弗特‧沙遜的姐姐，嫁給猶太貴族弗特烈‧比雅（Frederick Beer）。值得補充的是，天生聰敏、才華卓越的瑞秋，曾想做一名獨身者，後來遇上弗特烈‧比雅，受對方才華吸引，才答允結為夫婦。弗特烈‧比雅雖是猶太人，卻改信天主教，瑞秋後來亦隨丈夫改宗，與胞弟艾弗特‧沙遜一樣，成為猶太信仰的

「反叛者」。二人的婚姻與信仰改變，在沙遜家族內引起軒然大波，亦導致她與家族斷絕往來（Kaufman, 2020: 102-103）。

弗特烈·比雅家族經營報紙生意，持有《觀察者》（*The Observer*）、《電工》（*The Electrician*）及後來收購的《星期日時報》（*The Sunday Times*）三份報紙，在英國社會具有一定影響力。瑞秋嫁入比雅家族後，由於丈夫身體一直欠佳，她在照料丈夫之餘，亦代替他成為報社的管理者，同時撰寫專欄，可謂身兼數職，頗有當年賀拉在丈夫所羅門·沙遜去世後成為女當家的影子。然而，婚後不久，弗特烈·比雅便因病於1903年去世，享年未滿50歲，此一變故令瑞秋大受打擊，患上抑鬱症，不能主持業務。亦有指她與丈夫家人因財產起爭拗，被對方以患病須接受治療為由一直「禁錮」起來，直至1927年去世（Jackson, 1968: 115）。

瑞秋去世後，由於沒有子女，其32萬英鎊遺產大部份遺贈予薛弗德·沙遜和米高·沙遜兩名在世的侄甥（Jackson, 1968: 242）。由於有了這筆「意外之財」，薛弗德·沙遜在沃敏斯特（Warminster）買了大屋，閒時還與戀人到國外旅行，生活質素大幅提升（Jackson, 1968: 240）。不過，物質生活的改善沒有令他們牽手偕老，最後這段不容於世俗的愛情還是以分手告終。

由於父母的關係，薛弗德·沙遜與家族成員的往來本已不多，自他踏上文學之途後，大家人生目標不同，志趣相異，交流應該更少；到他不避諱自己同性戀的身份後，與信奉猶太教的親屬距離更遠。由此可見，就算是同一血脈的親人，一旦有了信仰或立場等分歧，或各自投入不同事業，結交了新的朋友圈子，那大家剩下來的唯一聯繫便只是共同的祖先及姓氏。彼此在重要日子與場合或許仍會見面，相遇時仍會互相問好，維持禮儀，但日常就如活在平行世界，走在各自的人生軌道上，鮮會碰撞或交流了。

順作補充的是，薛弗德·沙遜的兄長米高·沙遜自一戰前與妻子移居加拿

大後，[17] 一直在當地生活，至姑母去世並獲分遺產後，才於 1920 年代末返回英國肯特郡墨菲特的韋爾禮舊居，與母親杜麗莎一起過寧靜的生活。而他們定居英國後，亦沒甚麼消息，貫徹低調作風。

結語

沙遜家族第四代成員，如域陀‧沙遜、菲臘‧沙遜和薛弗德‧沙遜等，均屬天生聰穎、才華出眾之輩，並在不同範疇做出了亮麗成績，名噪一時。他們在二、三十年代那個風雲色變的背景下，專注發揮所長，不但令自己活得精彩，家族發展亦變得更多元，不是獨沽一味只有經商，而是為官從文均有突出表現，這樣出色的成員，相信令其他貴冑家族艷羨不已。不過，他們在感情投寄與歸宿上，卻不願按傳統期望而行，不在意娶妻生子和延續血脈，這種行徑，在家族其他成員或同時代人的眼中，難免過於自我，惹人非議。

毫無疑問，家族企業的延續，必然需要兩大層面的相互配合：其一是子孫後代不絕，最理想是江山代有人才出，一代新人勝舊人；其二是發展動力和競爭優勢維持不減，若能在不同領域上有新開拓，取得突破者尤佳。沙遜家族第四代雖能不停開拓，在不同領域插上家族的旗幟，但他們多數年過 50 歲仍不婚不育，影響到血脈延續，若放在可持續發展的角度檢視，他們的選擇顯然窒礙家族的長遠發展。

註釋

1　不過域陀‧沙遜對飛行的愛好一直不變，更在 1927 年牽頭創立「印度飛行會」（Aero Club of India），擔任主席，藉該組織聚集一些飛行愛好者（*South China Morning Post*, 7 April 1927）。

2　弟弟可以繼承兄長爵位此點十分特殊，相信是大英皇室在頒贈爵位前已作出「讓步」承諾之故。

3　那次大流感雖被稱為「西班牙大流感」，但一般相信早於 1918 年已在歐洲戰場爆發，尤其是在擠逼的軍營，只是軍隊資訊受封鎖管制，所以沒引起社會注意，反而在非戰場的西班牙因資訊流通，較早引起注視，於是被貼上了大流感爆發地的標籤。據世界衛生組織和美國疾病控制和預防中心數據，在 1918 到 1920 年兩年間，這次流感造成全球 4,000 萬至 5,000 萬人死亡，約 18 億人曾受感染（費爾南多‧杜阿特，2020）。

4　赫陀‧沙遜留下遺產不少，尚未計算英國和孟買的部份，單是在大中華（包括香港），便達 8,133,800 港元。由於他工作年資不長，可以推斷，他的大部份財產都是從繼承而來（*South China Morning Post*, 17 December 1924）。

5　米耶‧沙遜在大中華地區的遺產，經點算後，據報約值 27,900,000 港元，英國方面有 48.8 萬英鎊，當中不包括在中國大陸和印度的物業地產（*South China Morning Post*, 25 July 1925; Jackson, 1968: 206）。

6　據說，賀拉退下領導前線並非完全自願（Jackson, 1968），揭示家族內部其實有不少內部矛盾。順作補充的是，退任「女當家」的賀拉，有一次攜同子女到訪巴格達，帶有「回鄉」尋根的濃厚意味。事實上，由於對猶太教的忠誠，她一直支持猶太復國主義，這點影響了她子孫後代的事業發展（Sassoon, 2018; Breger, no year）。

7　梅根‧喬治自小聰穎，有主見，性格獨立反叛，曾是一位自由主義者，後來轉為加入工黨，一直表現得抗拒傳統。她於 1920 年代投身政治，乃英國歷史上第一位女性國會議員，到 1966 年去世，享年 64 歲（*South China Morning Post*, 16 May 1966）。

8　朗奴‧沙遜去世前一年多的 1922 年，祖克‧沙遜之子 SI‧沙遜亦英年早逝，享年只有 37 歲，惟因他似乎沒參與到家族企業中，所以沒給舊沙遜洋行的生意帶來甚麼衝擊。

9　DM‧格貝一生無所出，其遺產由妻子 Hannah Ezra 承繼，到妻子去世後，則部份撥作慈善，部份由西貝爾‧沙遜承繼，因為那時菲臘‧沙遜已去世，見另文分析。

10　大維‧沙遜去世後，由於沒有血脈，名下財產便由菲臘‧沙遜及小弗特烈‧沙遜等侄兒繼承，亦有部份撥捐慈善（Jackson, 1968: 219）。

11　菲臘‧沙遜一直過著極為奢華的生活，如擁有五部勞斯萊斯汽車，收藏不少價值連城的名畫、珠寶與古玩等藝術品，更擁有多個面積龐大、設備豪華的大宅或莊園，據說因此被批評對民眾的苦難視若無睹，影響他的名聲（Jackson, 1968: 243）。

12　由於薛弗德的英文名 Siegfried 太複雜，有人簡稱為 Sig，亦有人稱之為 Jack，並曾有 Mad Jack——即「瘋狂傑克」的外號，他自己則自稱為獵狐者（Fox Hunting Man），並憑同名回憶錄獲得 Hawthornden Prize 及 James Tait Black Memorial Prize。這眾多名多多的情況，或者隱約折射了其性格多變的一面（Egremont, 2005; Wilson, 2014）。

13　據說，艾弗特‧沙遜堅持一意孤行，是因他查看過父親生前遺囑，確認亡父給他們諸兄弟留下的生活費，可以不受母親管控（Egremont, 2005: 5），亦不愁生活，他才能我行我素。至於杜麗莎‧鋒尼哥夫來自藝術世家，其父及兄弟乃著名雕塑家，她本人亦具繪畫及雕塑天賦，二十出頭已創作出著名作品，更是英國皇家藝術學院成員。她與艾弗特‧沙遜「少夫老妻」的婚姻，在當時社會甚為少見（Jackson, 1968; Egremont, 2005; Wilson, 2014）。

14　此點十分值得注意，除了公開表明或承認同性戀傾向者外，其他不少沙遜家族成員，如第二代的亞倫‧沙遜、第三代的魯奇‧沙遜、第四代的域陀‧沙遜和菲臘‧沙遜等，均

或濃或淡地染上同性戀色彩，揭示家族似乎有這方面的遺傳基因。

15　易堅在 1920 年代中轉到法國，後來與一位名叫 Mary Butts 的女子結婚。可惜他們婚後生活不如意，開始酗酒吸毒，一同於 1937 年去世。

16　從其他資料上看，有社會主義思想的薛弗德・沙遜，曾對大罷工表示同情，亦給予支持，更在詩文中對無視貧民百姓困苦的資本家、礦主、商人大肆鞭撻，揭示他對社會問題有深刻透徹的了解（Jackson, 1968: 240）。當然，他雖與譚蘭特相戀，但嚴格上卻非「耀目青年」一員，且他已年過 40 歲，並非青年了。

17　米高・沙遜的妻子是維奧莉・史操德（Violet Stroud），夫婦有三子，是為利奧・沙遜（Leo Sassoon）、帕崔克・沙遜（Patrick Sassoon）及小漢莫・沙遜（Hamo Sassoon），後者與薛弗德・沙遜有較多往來（Egremont, 2005）。

第八章

戰前變局

風雲色變前夕的各有際遇

1929 年美國華爾街股票市場泡沫爆破後，世界經濟衰退，歐洲各國受到巨大衝擊，企業倒閉成風，失業率持續攀升，民生無以為繼，激發更多社會矛盾，進而加劇各國之間爭奪市場、經濟、資源及利益，彼此關係進一步惡化。儘管一戰的沉痛教訓仍歷歷在目，某些政治領袖亦曾為調解而四出斡旋，呼籲和平，或願意作出妥協，但始終沒法走出陰霾，擺脫戰爭危機。

在環球經濟低迷的環境下，作為跨國綜合企業的新舊沙遜洋行，自然面對不同層面的機會與挑戰，領軍人如何判斷和應對，成為企業盛衰的關鍵。若能看清發展形勢，哪怕政局複雜多變，亦能趨吉避凶、揚長避短，在發展道路上前進。新沙遜洋行在 1929 至 1939 年這十年間的突出應變，尤其將集團總部由孟買轉到上海，並在上海大力發展房地產，便是很好的說明。反觀舊沙遜洋行，在相同時段內，因家族成員沒興趣接手家族企業，或是接班過程遭遇挫折，加上領導者缺乏開拓雄心，因此呈現收縮頹勢，在國際商場上的影響力日弱。至於不同家族成員在不同事業道路上的際遇，又書寫了各自的傳奇，令沙遜家族的一舉一動，均吸引了國際注視。

新沙遜洋行的孟買轉滬

正如上兩章談及，自進入二十世紀，沙遜家族第三代相繼退休或離世，第四代逐步接班，走上前台，成為家族領導核心，當中又以域陀‧沙遜、菲臘‧沙遜和薛弗德‧沙遜三人最為突出，在商界、政界及文化界風頭甚勁，吸引英國及世界各地注視。他們在第二次世界大戰前的事業發展及人生際遇，一如所料成為媒體與大眾談論的話題，這裡先介紹域陀‧沙遜如何壯大商業王國，並崛起成為亞洲首富的故事。

說域陀‧沙遜如父祖輩般精通多種語言，商業觸角敏銳，有點石成金的能耐，相信不會有太多人反對。自雅各布‧沙遜去世後，域陀‧沙遜逐步掌控新沙遜洋行的權力核心，他雖然因腿傷而要依靠拐杖行動，但在帶領家族企業發展方面，卻能邁出急速步伐，並不斷取得突破。當然，二、三十年代風起雲湧，尤其在碰到甘地領導的印度獨立運動時，他仍面對了不少衝擊。

如上一章所言，雖然域陀‧沙遜曾多番爭取，要求取消或是不要制訂各種不利營商的政策，但印度政府卻置若罔聞加上獨立運動愈趨激烈，工人罷工頻頻，[1] 雖然沙遜家族在孟買生活已歷三、四代，但在日漸政治化的氣氛下，他們還是被指為「外來的剝削者」（foreign exploiters），令域陀‧沙遜既氣餒又不滿（Jackson, 1968: 215），於是在 1930 年代決定把新沙遜洋行的總部由孟買搬到上海，令集團發展走向另一階段。

當然，像新沙遜洋行這樣財雄勢大的企業，不能說搬便搬，而是需要多方準備和安排，域陀‧沙遜之所以很容易便在上海站穩陣腳，與他雄厚的人脈背景有關。由於上海租界的工務局由英資巨頭如渣甸洋行等把持，沙遜家族過去一直與之交好，因此域陀‧沙遜要在上海商圈分一杯羹時，沒有招來太多阻撓。此外，他與國民黨或中華民國政府亦關係匪淺，例如與時任工商部長孔祥熙及財政部長宋子文交往頻密，他們二人分別是蔣介石的襟兄弟及小舅，深受

蔣氏重用，故新沙遜洋行亦能獲得國民黨的保護及支援（Kauffman, 2020）。

而且，域陀‧沙遜的祖父艾理亞‧沙遜是家族開拓中國市場的先行者，早在1844年左右已抵達廣州，開展業務。在《南京條約》簽訂後，他即轉到開埠不久的上海，那時當地的外國人口還只有約50人而已，到1845年時增至120人，1851年時再升至265人（金滿樓，2007：45）。能夠快人一步搶佔先機，艾理亞‧沙遜的投資目光自是精準，據說他曾以低價購入當時人跡罕至的黃浦灘頭地皮，成為域陀‧沙遜在1920年代末點石成金的基礎。

相對於香港，上海面積遼闊，又位處華中地帶，扼長江口，背靠江蘇、浙江等地，極具發展優勢，所以自開埠後急速發展。而且，上海核心地區被劃為租界，由外國人按其國家的律例管理，稅率低廉，因此不但吸引外商前來投資，亦有大批南方沿岸的鄉民湧至，加上周邊如江蘇、浙江一帶的民眾，形成龐大的勞動力，令上海發展一日千里。哪怕中國經歷了滿清覆亡、軍閥割據等混亂，上海仍能維持發展動力，在波譎雲詭的政局中不斷向前，成為亞洲最繁盛的都會。

從資料上看，新沙遜洋行過去一直把總部設於孟買，主要的考慮除了那裡是英國屬土外，還因當地適合種植鴉片與棉花，落腳印度，便於採購及進行加工。而鴉片與棉製品的主要市場則在中華大地，以上海為重要的集散地，家族亦長期派員駐守，負責營運當地業務。不過，在上世紀二、三十年代，由於局勢轉變，新沙遜洋行發現這種印度生產、出口中國的經營模式效率日降，利潤亦不及一些新興行業，促使域陀‧沙遜決定將集團總部由孟買轉到上海。

這些局勢轉變，包括前文所述孟買的生意環境愈趨困難，上海則日見吸引，尤其是蔣介石在1928年終結軍閥割據，統一中國後，政局漸見穩定。與此同時，上海房地產市場日趨熾烈，投資者獲利豐厚，其中最為突出的例子，是新沙遜洋行的原僱員哈同，自離開公司自立門戶後，在炒賣和經營地產方面

風生水起，成為巨富。商業觸角敏銳的域陀・沙遜亦看到地產生意風光無限，加上他手上持有祖輩數十年前購入的廉價地皮（Jackson, 1968: 217），成為他在1930 年代大舉進軍上海房地產的基石，集團的投資重心因此丕變，他亦一躍成為上海的地產大王。域陀・沙遜本人的講法是：「我感受到中國正在從她（過去的）麻煩中崛起了，反而印度則開始掉進麻煩之中。此刻，我不喜歡印度」（*South China Morning Post*, 5 June 1931），顯然他認為中國的營商環境和潛力，更有助生意發展。

為了配合這次企業發展策略的變動，心思縝密的域陀・沙遜做了多項安排，逐步把印度的資金和生產線轉到中國（*South China Morning Post*, 4 October 1930）。例如，他創立「遠東發展公司」（Far Eastern Development Co），並以這家公司作為開拓上海物業地產市場的主體（Niderost, 2006: 44）。與此同時，他又於 1920 年代收購了德籍猶太裔資本的安利洋行（Arnhold & Co），作為開拓中國內地市場的旗艦公司（*South China Morning Post*, 18 July 1931）。

這裡簡略補充安利洋行的一些背景資料。它原名瑞記洋行，由德籍猶太人安樂特（Jacob Arnhold）與卡伯格（Peter Karberg）等人於 1866 年在香港創立，後來在廣州及上海等地設據點（另一說法指創立於廣州，後在香港及上海設據點），主要經營華洋貿易，出口中國的絲綢、茶葉、皮革及土特產，入口外國的棉花、燃油等，後來業務擴展至五金、機械設備、重型機械，甚至軍火入口等，分行遍佈上海、漢口、天津、福州等地（Smith, 1995; Tsui, 2018）。但由於創辦人擁有德國國籍，洋行在第一次世界大戰期間被英國政府視為「敵產」，雖然他們反覆提出抗辯，指他們同時擁有英國國籍，資本亦來自英國，但不獲接納（Kauffman, 2020）。

一戰結束後，洋行易名安利洋行，並著手向英國取回部份戰時被沒收的財產，然後轉為以英商身份註冊，重整業務，籌劃在戰後重建的環境下大展拳

腳。至於一心打算把商業重心轉移到華的域陀‧沙遜，看中了這間業務多元且具有一定壟斷地位的公司，於是斥巨資將之收購，使之成為新沙遜洋行一員，藉此進軍當地公共事業，逐步壟斷上海市內的公共交通、貨運、駁運、倉庫業務，以及更為重要的地產業。

上海沙遜大廈

綜合各方資料分折，域陀‧沙遜有意進軍上海地產業的想法，明顯早於轉移集團總部之前，估計準備工作早在 1920 年代中已開始了，故於 1927 年左右，集團已動工興建位於上海南京路與仁記路的沙遜大廈（Sassoon House），該大廈於 1930 年落成，被譽為「東方第一樓」（Niderost, 2006: 44），是當時東方世界最摩登、最有氣派的大廈，不但有酒樓餐館、酒店及商用辦公室，新沙遜洋行及其附屬公司安利洋行的辦公室均設於此；大廈更設有天台花園（Roof Garden），可以鳥瞰黃浦江景色，乃全球第二座採用這種建築的大廈，在東方世界則屬第一座（*South China Morning Post*, 29 November 1927）。

沙遜大廈落成後，集團還先後斥巨資發展多個大型地產項目，例如河濱大廈、都城飯店、漢彌爾登大廈、華懋公寓、格林公寓等等，為上海灘頭增添不少地標式的現代化大廈，亦令新沙遜洋行扎根上海的形象更為突出，聲名更為響亮（Niderost, 2006: 44）。至 1930 年代，上海的房地產市場持續攀升，集團資產大漲，據非正式估算，新沙遜洋行當時持有之「六幢大廈的帳面價值為 3,604 萬元……佔（新）沙遜集團 1941 年上海房地產總值 8,689 萬元的 41.48%」（張仲禮、陳曾年，1985：50），可見其在地產投資的佔比甚為巨大，域陀‧沙遜一躍而成上海的大地主，將早前風頭一時無兩的哈同比了下去，連

另一猶太巨商艾利・嘉道理（Elly Kadoorie）也拋在後頭，傲視上海外灘。

此外，為了配合集團業務的新發展，新沙遜洋行在 1930 年斥巨資創立了「新沙遜銀行」（E.D. Sassoon Banking Co Ltd），作為融資集資的重要工具。銀行主席一職由域陀・沙遜擔任，董事包括叔父魯奇・沙遜、堂弟雷金納・沙遜及堂妹夫菲茨杰拉德（Derek Fitzgerald）（*South China Morning Post*, 4 July 1931）。擁有銀行後的新沙遜洋行，與地產業產生相輔相成的效益，業務如虎添翼地發展起來，[2] 難怪有媒體指「他擁有金手指，由他處理的生意幾乎都能點石成金」（He had the Midas touch and nearly everything that he handled commercially had turned to gold），賺錢能力令人讚嘆（*South China Morning Post*, 14 August 1961）。

特別的是，銀行原本在香港註冊，相信總部亦設於此，分行則遍及英國曼徹斯特、倫敦，以及孟買和上海等地（*South China Morning Post*, 4 October 1930）；但後來總部改設於孟買，註冊地則轉到上海（*South China Morning Post*, 30 June and 18 July 1931），這樣的安排，相信是經過域陀・沙遜的精心計算，亦是與孟買或印度政府「討價還價」的結果。雖然洋行已遷移到上海，按道理將銀行總部亦設於上海，才能便於管理，但在深層次的利益考慮下，他決定保留對孟買的投資，以減輕「撤資」的感覺，同時形成「多方押注」，投資不會全部側向一邊，避免得罪孟買政府（有關這方面討論，可參考第十章）。

毫無疑問，一戰後全心投入家族企業的域陀・沙遜，不但有敏銳的商業觸角與經營才能，又走在商場最前線，親駐孟買和上海，準確掌握兩地的政經脈搏，包括印度獨立運動對印度經濟帶來的負面影響、中國在國民黨完成統一後的新發展格局。加上印度各項稅率較高，上海租界則較低，房地產業又方興未艾（Jackson, 1968: 215），因此他決定遷移集團總部，大舉進軍上海。結果證明他看法精準，同時執行效率劍及履及，令洋行在環球經濟低沉時仍一枝獨秀地發展起來。

域陀・沙遜的叱咤亞洲

　　自從新沙遜洋行把總部轉到上海後，業務不斷擴張，作為集團領軍人的域陀・沙遜的一舉一動，無疑更受中外社會關注。由於他的投資策略準確，洞悉時局與點石成金的能耐份外突出，令洋行及家族名下資產持續攀升，與世界經濟的頹勢呈現強烈對比，故大小傳媒都渴望能與他做訪問，邀約此起彼落，長久不退，一時間成為炙手可熱的人物。

　　雖然一心扎根上海，但域陀・沙遜並沒置業建屋，只是長期租住華懋酒店的總統套房，相信一方面是為了生活便利，亦因他一直保持單身，沒兒沒女，母親又居於英國，故沒有興建大宅以安置家人的實際需要。雖則如此，他在遠離鬧市的虹橋地區興建了一所大屋，取名「伊娃」（Eve，另譯「伊甸園別墅」），[3] 別墅對著偌大的高爾夫球場，環境清幽，可讓他遠離繁囂，在需要時度假散心。屋內除客飯廳等基本設施外，只有三個平實的房間，顯然沒有大宴親朋的打算，據悉是他「不想鼓勵太多人入侵他的私人空間」（Jackson, 1968:

建於上海虹橋郊區的「伊娃」大宅。（圖片來源：Southern Methodist University）

235）。此外，他還特別從挪威打造了一艘遊艇，同樣取名「伊娃」，有空時便與友人出海，這樣既能確保私隱，也可自由自在地做自己喜歡的事。

1920年代末至1930年代初，上海經濟甚為暢旺，新沙遜洋行的地產、金融、公共事業、交通運輸和倉庫等生意均表現突出，域陀‧沙遜自然忙得不亦樂乎。到了1932年，他已年近50歲，雖然未至於年邁，身體亦相當健康，但也要為傳承接班作好安排，而堂弟雷金納‧沙遜則成為主要人選。雷金納‧沙遜較他年輕12歲，大家性格相近，尤其同樣喜好賽馬，兩人感情要好，關係緊密。雖然雷金納‧沙遜一直對經營生意興趣不大，但當時家族男丁稀少，若他不願接手，龐大的生意便只能交予專業管理人。故域陀‧沙遜多番勸說，希望堂弟隨著年齡增長，會願意承擔起責任，回心轉意接掌家族企業。

不幸的是，就在域陀‧沙遜慶祝50大壽後不久，雷金納‧沙遜卻於1933年1月在倫敦「靈曉德公園」（Lingfield Park）的一場騎馬跳欄比賽中遭遇嚴重意外，他策騎的馬匹給欄杆絆住，連人帶馬跌倒，更被馬匹踩過，導致脾臟等內臟破裂，全身多處受傷，包括其妹夫菲茨杰拉德等多位醫生雖積極救治，但因傷勢過重，最終拯救無效去世，享年未滿40歲（*South China Morning Post*, 18 January and 16 February 1933）。由於雷金納‧沙遜未婚，沒有子女，米耶‧沙遜一房宣告血脈斷絕。

雷金納‧沙遜去世後，有一點較引人注意的，是他留下的遺產數目極少，據報導竟然只有8,307英鎊而已，當時報紙以「財富之謎」為標題，探討為何他的身家與其他沙遜成員有天壤之別（*South China Morning Post*, 27 February 1933）。這一點相信與他早已將名下財產作出系統性轉移，設立了信託基金，以迴避龐大的遺產稅有關。

雷金納‧沙遜去世兩年後，艾理亞‧沙遜一房再有男丁離世，那就是域陀‧沙遜的叔父魯奇‧沙遜。年過70歲的他健康一向不錯，每天過著逍遙愜

意的生活，也喜愛四處遊走。1935 年 7 月，他乘坐女皇號由日本到溫哥華旅遊時，突然心臟病發，情況相當危急，幸好當時輪船已靠岸，他及時送院救治，拾回一命。之後，他繼續行程，直至到達英國，才在當地休養（*South China Morning Post,* 24 July 1935）。到後來，他返回上海生活，最終於 1938 年 5 月 22 日不敵病魔去世，享年 73 歲。魯奇・沙遜的喪禮在上海舉行，新舊沙遜洋行均暫停業務及下半旗以示哀悼（*South China Morning Post,* 23 May 1938）。[4] 由於一生單身，沒有結婚亦沒有子女，魯奇・沙遜一房亦無後而終。

即是說，艾理亞・沙遜雖育有五子，但 JE・沙遜於 12 歲時早夭，雅各布和魯奇・沙遜一生保持單身，沒有子女；EE・沙遜和米耶・沙遜雖成家立室，但合共只有三名兒子，其中赫陀及雷金納・沙遜不幸早逝，且同樣沒有留下血脈，故到了 1938 年時，這房便只剩下域陀・沙遜一名男丁，但他已年過半百，尚未成家立室，血脈已接近絕斷的邊緣。域陀・沙遜的母親雖十分著緊，惟他本人始終愛理不理，更以各種理由拒絕成家生育後代。他曾經這樣說：「如果我生下了健康及有吸引力的孩子，我會忍不住妒忌他們」（If I had healthy and attractive children I could not help becoming horribly jealous of them），拒婚的原因令人費解（Sergeant, 1991: 130）。

雖說域陀・沙遜一直單身，但也並非「百花叢裡過，片葉不沾身」，他曾有不少緋聞傳出，只是全屬「只聞樓梯響」（Grescoe, 2016）。由於他與叔叔魯奇・沙遜一樣，性格給人「花花公子、任性不羈」的印象，加上坐擁滔天財富，他在上海社交場合的舉手投足，均吸引傳媒視線，相信曾有不少女士向他表達傾慕，可惜都沒能開花結果（Kelly, 2020a）。存放在美國德克薩斯州達拉斯市南方衛理會大學（Southern Methodist University, Dallas）圖書館的域陀・沙遜私人日記中，便留有一批舊照片，當中不少是他與上流社會華洋女士的合照，又或是他為她們拍攝的獨照。其中最著名的，是他為猶太裔美籍作家項美

據說由域陀‧沙遜拍攝的項美
麗照片（圖片出處：Southern
Methodist University）

麗（Emily Hahn）拍攝的裸體照片，[5] 域陀‧沙遜更盛讚她有天生完美的線條。從這輯照片可見，二人作風前衛，關係匪淺（項美麗，2014，Cuthertson, 2016; Kelly, 2020b）。

域陀‧沙遜除專注生意，社交生活亦多姿多彩，並非只顧埋頭工作的「宅男」。他遊走社交場所多年，家族血脈的延續更全仗他一人，他卻始終拒婚，原因很大可能是他在心理或生理上，對傳宗接代有一些疑慮。到底是他因戰事受傷影響生殖能力？是先天生理問題？是性取向不愛女生，還是尚未遇到真正心儀對象？由於資料不足，實在無從稽考。但可以想見，當富貴多金的他穿梭於社交場合，吸引全場目光，卻始終孑然一身時，感受就像他熱愛賽馬，且育有眾多世界頂級純種名馬（參考第十一章討論），卻因腿傷而不能策馬奔馳，猶如珍饈百味在前卻無福消受，那份失落與無力感，就算有潑天富貴亦難以減輕分毫。

除了家族及企業繼承問題迫在眉睫，在 1930 年代，新沙遜洋行在中國還有一些緊急的危機，需要域陀‧沙遜小心應對，那就是日本對中國的侵略野心。1931 年 9 月，中國東北部遭日軍入侵，東北三省失陷；1932 年 1 月 28 日，中日在上海郊外又爆發了「淞滬戰爭」，揭示日軍有吞併中國之意。雖然當時上海租界內的中國人反日情緒高漲，但市況尚算平靜，日常生活未有受到太大影響。面對嚴峻局勢，域陀‧沙遜要保持高度警惕，一方面密切關注日軍的軍事行動，同時又要提防日本憑武力威脅，擴張商業勢力，衝擊新沙遜洋行

的生意。不過，一介商人始終無力左右世界大局，故他只能專注業務，以免在與日本企業的競爭中失去優勢。

雖然戰爭威脅日近，但上海市仍歌舞昇平，租界內尤其一片繁華，域陀‧沙遜亦乘勢擴展房地產及其他業務。到了 1937 年 5 月，英國舉行英皇喬治六世（George VI）加冕典禮，全國上下大肆慶祝，作為英國忠誠臣民，又與皇室交往深厚的沙遜家族（包括菲臘‧沙遜及域陀‧沙遜等），自然送上大禮，表示祝賀。想不到一個多月後的 1937 年 7 月 7 日，日軍以士兵在盧溝橋失蹤為藉口，發動侵略戰爭，中國對日的抗戰全面爆發。日軍侵華不但影響工商百業發展，更導致數以千萬計的人民喪失性命。

1937 年 8 月 13 日，上海郊區爆發了第二次淞滬戰爭，戰火雖比上一次更激烈，但戰場偏離上海租界，對租界內的生活影響不大。此時域陀‧沙遜看來並不太擔心個人安全，在開戰後仍留在上海經營。雖則如此，由於家族大量財產集中在上海，為防不測及分散風險，他開始將部份資產轉移。不過，他乃國際著名商人，一舉一動吸引無數注視，中日兩國對他的去向更是緊盯不放，所以他採取了秘密安排，「把數百萬元現金轉到香港」（Jackson, 1968: 252），消息在當時並沒有洩露，可見其轉移手法應相當高明及迂迴。

全面抗戰開始後，上海因租界身份成了被日軍包圍的「孤島」。哪怕外面戰火不斷蔓延，但「孤島」內的經濟卻反常地蓬勃，華洋社會仍沉醉於聲色犬馬、夜夜笙歌之中。域陀‧沙遜享受著這樣的生活的同時，卻不肯定日軍會否尊重租界權益，故除了暗中將資金撤出外，還決定暫避其鋒，於 1938 年 2 月離開上海，先轉到香港，獲安排入住「政府總部」的賓館，相信曾與港英政府官員交換對中日戰爭的看法。

域陀‧沙遜在港停留的一個多月期間，除考察集團旗下的業務外，還為猶太教會莉亞堂的長遠發展作了適當安排。這所教堂以其祖母（即艾理亞‧

莉亞堂

沙遜太太）的名字命名，由其父捐資設立，是香港首間猶太教堂（黃紹倫，2019）。由於港英殖民地政府於 1937 年 2 月 18 日修改了「信託條例」第 78 次款第 2 節（78 Sub-section [2]），就信託組織的運作作出更嚴格的規限，影響到沙遜家族早年創立、用於經營及管理莉亞堂及相關慈善活動的信託。雖然該信託已按他的指示在 1937 年更改登記，成為「沙遜信託與執行人有限公司」（The Sassoon Trustee and Executor Corporation Ltd）（*Hong Kong Government Gazette*, 19 February 1937），並按新例規定，修改了財務及會計的安排，但心思縝密的域陀・沙遜希望能確切掌握其具體運作，故趁留港的機會，會見了各管理人，並檢討章規，以完善管理制度（*South China Morning Post*, 19 February 1938）。時至今日，莉亞堂仍屹立於半山羅便臣道，令沙遜家族的名聲深切地刻印在香港的歷史中。

到了 1938 年 3 月底，域陀・沙遜離開香港，開展了美洲旅遊及訪問的行

程。他先飛往中南美洲，到訪墨西哥，再轉往巴拿馬，接著是智利和秘魯，最後抵達紐約（Jackson, 1968: 253）。期間，他積極考察各地業務，又會見了不少國際巨型企業的領導層，可見他除了擁有強大的世界級富豪網絡外，還有不斷尋找新商機的開拓精神。

在旅程中，域陀·沙遜每到一處，均吸引傳媒高度關注，大家除了對他的生意投資及婚事感好奇外，還經常追問他對中日大戰的看法和分析，渴望能獲得來自亞洲的第一手消息。當中有一段有趣的小插曲：當記者詢問他對戰事的看法時，他為免得罪中國或日本任何一方，故守口如瓶，採用官方標準話語「不評論」作回應，豈料記者卻誤以為他對此毫不認識，作出了「域陀·沙遜爵士（對問題）一無所知」（Sir Victor Sassoon knows nothing）的大字報導，令他甚為氣結，啼笑皆非（Jackson, 1968: 253）。

域陀·沙遜這次旅居美洲的日子不短，足足有一年多，直到 1939 年 7 月才打道回府，由三藩市飛到香港，之後返回上海。傳媒曾對他這次漫長旅程的目的作出不少推測，惟結論卻莫衷一是（*South China Morning Post*, 31 July 1939）。不過，若從逃避戰亂與尋找商機的角度，可看出一些端倪。顯然，中日戰爭爆發後，哪怕租界內尚算和平，但他內心應該還有憂慮，故在「君子不立於危牆」的原則下，寧可先避其鋒，跑到安全地方暫避，順道開拓其他商機。到上海形勢穩定，確保安全無虞，他對美洲市場也有相當了解後才回來，做法與他「小心駛得萬年船」的營商作風一致。

自從新沙遜洋行的總部搬到上海後，業務增長更為突出，一方面是因為趕上了房地產熱潮，令資本與財富增幅更快，另一方面是中日戰爭爆發，反而有助新沙遜洋行的多項生意發展，例如洋貨入口更暢旺，孟買的紡織生意有了更多訂單，生產供不應求（詳見下一章）。進入 1930 年代，新沙遜洋行的生意不但更多元化和更急速地發展，域陀·沙遜的名聲亦更響亮，成為亞洲首屈一指的巨富。

一場盛大表演後，三名表演者圍著域陀‧沙遜合照。（圖片出處：Southern Methodist University）

舊沙遜洋行的收縮投資

當新沙遜洋行因應印度與中國的經營環境此消彼長，把集團總部搬到上海，全力投入房地產生意，令公司規模增長急速，家族財富節節上揚之時，舊沙遜洋行卻因家族核心成員缺乏興趣管理，將公司交到外人手中，令投資以穩定為主，缺乏創意及冒險精神，企業發展節節後退，與新沙遜洋行形成強烈對比。

正如上一章提及，龍考夫在 DM‧格貝去世後接掌舊沙遜洋行，由於他一直坐鎮英國，並因應當地經濟長期低迷，經營上採取了更保守的策略，失去開拓活力。當負責管理遠東業務的資深員工相繼離職或退休，如長期駐守上海的沙爾文（E.E. Salmon）於 1931 年 3 月在當地去世後（*South China Morning Post*, 31 March 1931），公司更難以掌握東方市場及業務狀況，加上缺乏可信賴的員工，投資容易出現誤判，影響集團在東方業務的發展。

從資料上看，舊沙遜洋行的家族諸房，自進入 1920 年代起，便開始出售其在東方的資產。例如曾任集團領導的賀拉，於 1923 年以拍賣形式出售其夫所羅門‧沙遜於 1860 年代購入、位於廣州沙面的物業地皮，結果以 63,000 英鎊成交，該物業佔地 50,000 平方呎，由於交易由華人經紀負責，推斷買家應是華人（*South China Morning Post*, 2 April 1923）。之後的 1929 年，則有上一章提及出售香港雪廠街地皮之舉。這兩項交易，均反映家族或企業投資方向的改變：出售有長期及穩定收入的物業，以套取現金。

《工商晚報》1935 年 3 月 28 日，英商沙宣爵士發表救濟我國金融之意見」。

1929 年美國華爾街股市泡沫爆破，衝擊歐美經濟，不少企業出現持續虧損，投資較集中於英國及歐洲的舊沙遜洋行亦面對同樣問題，而他們的應對策略是收縮東方業務，同時退出生產製造業。具體而言，面對歐洲市場低迷，舊沙遜洋行先是減省人手以壓縮開支，後來由於虧蝕持續，為了套回現金，於 1934 年決定停止孟買的紡織業務。隨後更進一步，將集團在上海、加爾各答及卡拉奇等地的紡織生產全數叫停，到最後甚至結束曼徹斯特的紡織生意（Jackson, 1968: 236），全面退出工業生產。眾所周知，工業生產被稱為「搵石仔」生意，須花不少心機深耕細作，產生的利潤則如細水長流，難獲暴利，當

經營環境困乏時，更是難以撐持。由於家族中人對生意管理缺乏興趣，一旦業務倒退甚至虧損，他們選擇乾淨利落地止蝕離場，實在不難理解。

　　事實上，舊沙遜洋行不只結束紡織生意，還進一步出售家族標誌性業務——尤其具重要意義和價值的物業地產。就以上海為例，舊沙遜洋行除了退出某些盈利不甚豐厚的貿易生意外，又逐步出售在上海黃金地段如江西路及九江路的物業連地皮等，部份由新沙遜洋行接手。對於這些地皮轉讓，曾有流傳指是「自己人吃掉自己人」，新沙遜洋行「吞併」了舊沙遜洋行。域陀‧沙遜曾作出澄清，表示他們此舉並非全由投資角度出發，以爭取更高回報，而是純粹從家族感情出發，不想那些對家族具特殊意義的物業落入外人之手。言下之意，似是對舊沙遜洋行出售祖業的舉動不以為然，甚至覺得「有辱家聲」，不想社會對沙遜家族產生正在沒落的不良印象（Jackson, 1968: 236）。

1937 年抗日戰爭爆發後，日軍在上海某檢查站搜查中國平民。（圖片出處：Southern Methodist University）

另有一點必須指出的是，在那個經濟低迷的時期，據說龍考夫曾想過關閉香港業務，但因負責香港業務的甘頓（A.H. Compton）和史鐸克（Robert Stock）反對，力陳香港業務一直甚有表現，盈利穩定，市場亦具發展潛力，不應將之捨棄，影響長遠利益，應在出現虧損後才考慮結業。或許集團應慶幸兩位員工的諫言，令龍考夫回心轉意，保留了香港業務，因為當中一些貿易如食米及食糖生意，在隨後的政策及政局轉變時，果然令洋行獲得了豐厚利潤。

舉例說，1935年，中國政府對食糖徵稅，在政策落實前，舊沙遜洋行曾大舉入貨，到後來糖價大幅上揚時，則大賺一筆；1937年抗日戰爭爆發後，作為主要糧食的食米供應吃緊，價格大幅上升，舊沙遜洋行作為中華大地及香港的主要糧食入口商，在食米供應市場上佔據有利位置，大獲其利（Jackson, 1968: 236-237）。

1936年，曾任舊沙遜洋行領軍人的賀拉病故，享年76歲，把名下財產140,335英鎊留給獨子戴夫·沙遜（David Solomon David Sassoon，因David之名與多人重疊，而他暱稱Dave，這裡譯為「戴夫」）（*South China Morning Post*, 30 March 1936）。過去二、三十年，雖然賀拉「不在其位、不謀其政」，但仍對業務發展及盈利表現等甚為關心，一言一行仍受管理層重視。她的去世，令舊沙遜洋行失去了一股「監察」力量，加速了業務的衰退和收縮。

舊沙遜洋行的由盛而衰，再逐步收縮投資、結束東方業務，甚至出售多項用作長遠投資的物業地皮，見證了時代的不斷變遷和衝擊。作為企業支配力量的沙遜家族，在領導或應對上的策略，影響了企業的發展與前進軌跡，其中最為突出的，自然是家族中人缺乏經營興趣，令企業難有積極進取的發展。究其原因，一方面是他們對事業或人生各有追求，同時亦可能與家族分枝太多，很容易產生「三個和尚沒水喝」的問題有關。至於把管理大權交到非家族人士手中——就算那麼都是能幹、可靠、管理經驗老練之人，但他們欠缺了對家業延

續的使命感、對家族光輝歲月的自豪感，更不會有命運共同體的團結精神，故很多時會短視近利，忽略長遠大計，或只講求穩當安全，放棄勇進開拓，令舊沙遜洋行因日漸失去活力和競爭力，最終被時代淘汰。

菲臘・沙遜的英年早逝

二戰前的英國，經濟持續低迷，失業率不斷飆升，民眾生活朝不保夕，社會矛盾愈趨激烈，政府內閣如走馬燈般不斷更換，菲臘・沙遜雖然身處政壇風暴的核心圈，又因其奢華的生活方式，受到政敵及社會人士嚴厲批評，指摘他不懂民間疾苦，但他卻憑藉其背景及能力，在暴風中屹立不倒，超然物外地繼續遊走於大英皇室、政壇和上流社會之間（Jackson, 1968: 243）。

上一章談及，1920 年代末鮑德溫出任英國首相期間，菲臘・沙遜獲任命為航空事務部次長，參與製訂英國航空政策，管理及監察空中交通安全等工作。後來當鮑德溫落台，麥當奴（Ramsay MacDonald）出任首相時，他曾有一段時間賦閒在家。當時英國政局爭拗頻頻，歐洲的軍事角力又日見熾烈，各種局勢的轉變令他深感困擾，據說他甚至不再看報紙，覺得「那些娛樂消息已經給我足夠新聞資訊，不用再閱讀報紙那麼麻煩了」（Jackson, 1968: 238-239）。

到鮑德溫再次上台，第二次出任首相時（1935 至 1937 年），菲臘・沙遜又獲委任為航空事務部次長，他乘工作之便，駕駛飛機在天空飛翔，享受自由自在，不被人騷擾的感覺。至 1936 年，英皇喬治五世去世，愛德華八世（Edward VIII）繼位，但不足一年，他便因婚姻問題與王室及首相鬧翻，最後於 1936 年 12 月 11 日遜位，成為英國歷史上唯一主動退位的國王，之後其胞弟繼立，是為喬治六世（George VI）。

雖然這兩三年間，國王更替頻密，皇室成員間紛爭不斷，但菲臘・沙遜如父祖輩一樣，依舊與皇室維持極為緊密的關係，經常成為皇室宴會的座上客，

他也會邀請這些尊貴人士一起策騎打獵，或招呼他們到家族的豪華大宅聚會。到了 1937 年，張伯倫（Neville Chamberlain）出任首相，菲臘‧沙遜獲任命為工務局第一專員（First Commissioner of Works，即日後的工務大臣），職位晉升一級，肩負起更大的責任和繁忙的公務，相信壓力亦會更大。

到了 1938 年，即擔任工務局第一專員約一年後，剛滿 50 歲的菲臘‧沙遜主動訂立遺囑。由於他當時仍是單身貴族，可能想到自己會一直維持這種身份，餘生不會有配偶和血脈，若生前不立下遺囑，當自己身故後，名下財產就會按傳統方法由侄甥等人繼承。可能他擔心遺產太龐大，容易引起爭拗，又或是想在安排上多加一些個人想法，所以決定早作擘劃，擬好遺囑。想不到這份預立的遺囑卻一語成讖，翌年便早上法庭作認證了。

當時中日戰爭愈演愈烈，歐洲各國亦劍拔弩張，1939 年，法國總統到訪英國，強化雙方關係，並商討應對之道。本來，作為工務局第一專員的菲臘‧沙遜應該不用處理這些事務，但因他法語流利，在法國的人脈網絡又極為突出，所以被額外交託重任，負責安排法國總統訪英的行程，工作量及壓力亦增加了不少。

菲臘‧沙遜本已十分繁忙，還要處理這項「額外」任務，於 1939 年 3 月經常溝通英法之間，期間還要到伊頓公學考古學會，擔任一個保育講座的演講嘉賓，相信這是一項早已安排的行程，難以更改。由於工作繁重，加上天氣轉變，到了 4 月初，菲臘‧沙遜因抵抗力弱，患上重感冒一段時間。在稍見改善但尚未完全康復的 4 月 21 日，又碰上英皇喬治六世夫婦遠赴加拿大和美國訪問，菲臘‧沙遜一直與英國皇室關係深厚，因此在他們出發前前往覲見，作為餞行。

在送別英皇外訪後，菲臘‧沙遜又馬不停蹄地轉赴法國，繼續與相關部門敲定法國總統的訪英安排。據說，他當時已開始發高燒，持久不退，之後確診

「鏈球菌性咽炎」（streptococcal infection），接受治療和服藥後未見改善，且不斷惡化，只好縮短行程緊急返英，入院接受治療，可惜藥石無靈，最後於 1939 年 6 月 3 日在柏寧大宅（Park Lane）去世，享年 51 歲（*South China Morning Post,* 17 August 1939）。

根據菲臘·沙遜生前的囑託，死後不舉辦任何大型紀念儀式或彌撒，只由他生前投入不少精力與資源創立的「601 飛行隊」編隊飛過上空作為告別式，之後由家人將骨灰撒在川栢大宅（Trent Park）的四周（Jackson, 1968: 246）。據報導，菲臘·沙遜名下遺產總值 1,980,892 英鎊，由於他未婚亦沒有子女，遺產主要留給 DM·格貝的遺孀、妹妹西貝爾及其外甥等人，亦有部份捐贈予不同慈善機構，主要是醫院和英國空軍。至於他珍藏的藝術品，不少則捐贈予大英博物館（*South China Morning Post,* 17 August 1939）。

至此，阿爾伯特·沙遜一房斷絕，他生前幾經辛苦才獲得的爵位亦無以為繼。菲臘·沙遜死後，舊沙遜洋行的掌控大權，相信落到賀拉獨子戴夫·沙遜手中，但他也於三年後不幸去世，其獨子小所羅門·沙遜（Solomon Sassoon）成了領導家族企業的核心人物（參考另一章討論）。

菲臘·沙遜過世後三個月的 1939 年 9 月 3 日，英國對德國宣戰，無數英國人再次被迫走上戰場，或每天提心吊膽地躲避德軍空襲。若非已經去世，身為政府官員的菲臘·沙遜肯定亦要參戰，更說不定會戰死，反而不及在家人圍繞下壽終正寢來得安詳，難怪他的朋友布夫比勳爵（Lord Boothby）曾經說過，菲臘·沙遜「死得及時」（was well timed），因為炮火無情，生靈塗炭，人命一點也不值錢，哪管你是高官巨賈，或是才高八斗、氣質超凡，戰爭時也要過苦日子（Jackson, 1968: 246）。

同年 12 月，英國政府宣佈以 100 萬英鎊的價錢，徵用上一章提及菲臘·沙遜的林普尼大宅（Lympne）作軍人宿舍（*South China Morning Post,* 27

December 1939）。此外，地理及環境優越的川柏大宅亦被軍部徵用，而柏寧大宅則成為美國軍官會所（Jackson, 1968; Stansky, 2003）。本來只由家族獨享的世界級大宅，在克難時期，亦需要貢獻國家。

　　無論是參選國會議員或是加入政府，菲臘‧沙遜均備受注目，其中在第一次世界大戰時，他以廿多歲之齡獲選為黑格將軍的私人秘書，鋒芒大露，隨後又轉投首相勞萊‧喬治麾下，不但被視為英國政壇的明日之星，亦成為家族商而優則仕的代表。按其能力和背景，他大有可能更上層樓，出將入相，亦顯然為此作出過多方努力，運用財富優勢，開拓政治與社會網絡，樹立個人名望，可惜在仕途尚未到達巔峰前，死亡卻早到一步。而由於他一生未婚，沒有骨肉，大衛‧沙遜長房的血脈亦走到終章。

薛弗德‧沙遜的婚戀情變

　　無論是富豪大亨還是乞兒白丁，生活也不可能盡如己意，總會有煩惱的事。就如生於巨富家族，且已在文壇闖出名堂的薛弗德‧沙遜，既不用為三餐奔波，又能從事自己熱愛的創作，但他還是擺脫不了人生的煩惱，備受七情六慾折磨，就如佛家所言的「愛別離，求不得」。

　　上一章談及，自薛弗德‧沙遜與譚蘭特在 1920 年代中開展了戀情後，二人曾有過一段開心時光，但又時有爭拗，憤懣與嫉妒交纏，感情路上走得並不平坦，挫折頻頻。薛弗德‧沙遜覺得譚蘭特仿彿有「雙重性格」（dual personality），有時表現得自負虛榮，有時卻又優雅別致，情緒波動變化巨大，反覆無常，令他無所適從，相當困擾。為此譚蘭特曾多次接受醫生治療，惟情況沒有太大改善。到了 1932 年秋天，譚蘭特被送入「加素爾醫院」（Cassel Hospital），接受「神經功能失調」（Functional Nervous Disorders）的精神治療。住院期間，譚蘭特透過醫生向薛弗德‧沙遜轉達，拒絕他日後的探訪，表示從

此不願再與他相見，六年左右的戀情從此劃上句號（Wilson, 2014: 486-487）。

譚蘭特突然提出分手那年（1933），薛弗德‧沙遜出版了《破毀之路》（*The Road to Ruin*），主調是反對戰爭，帶有一定綏靖主義色彩。這種姑息的觀點，在希特拉不斷擴充軍力、密謀吞併鄰邦的氣氛下，自然未能獲得讀者喜愛，新書反應欠佳。可能是作品滯銷，加上多年戀情突然終止，那時已年過 47 歲的薛弗德‧沙遜因此情緒低落了三個月。之後他突然宣佈婚訊，似乎是選擇以結婚走出困局，令他不少同性戀朋友感到傷感和不滿，甚至提出批評（Wilson, 2014: 490-492; Egremont, 2005: 391）。

有指薛弗德‧沙遜願意踏上婚姻的紅地毯，很大原因是想有自己的孩子（Wilson, 2014: 490），即是以延續血脈為重要考慮。原來早前他的同性戀朋友，如桂夫斯（Robert Graves）、拜恩（Glen Byam）和凱恩斯（Maynard Keynes）等，可能因年紀漸長，承受更大的家庭壓力，又或倦於追求不為世所容的「禁忌之戀」，不少都改弦易轍，紛紛談婚論嫁，生育子女，享受主流認可的家庭生活。薛弗德‧沙遜眼見他們的轉變，也發現年輕時的「荒唐」似乎對組織家庭沒太大影響，受到一定鼓舞，也開始想要結婚生子（Wilson, 2014: 492-493）。

在這背景下，當薛弗德‧沙遜「失戀」的消息傳出，朋友知道他情緒低落，便為他安排了一些社交活動，據說他亦樂意出席，並因此結識了來自書香門第的海斯特‧格帝（Hester Gatty，下稱海斯特）。[6] 海斯特當時 27 歲，是薛弗德‧沙遜的長期書迷，兩人算是一見鍾情，之後開始正式交往。薛弗德‧沙遜擔心自己過去的同性戀情會令海斯特卻步，但和盤托出後海斯特表示並不介懷，令他放下心頭大石。在雙方家長——尤其薛弗德‧沙遜母親——支持下，二人於 1933 年底訂婚，一起組織家庭（Hoare, 2006; Wilson, 2014: 497）。

據說薛弗德‧沙遜曾與「未出櫃」的堂兄弟菲臘‧沙遜有接觸，並獲邀到後者的林普尼大宅作客。兩人年齡相差不遠，亦同樣對文化藝術具濃厚興趣，

理應有不少共同話題，但薛弗德‧沙遜似乎覺得菲臘‧沙遜高不可攀，生活過於奢華，價值觀與自己格格不入，所以之後再沒深入往來。不過，當他決定結束同性戀感情並成家立室時，亦有私下告訴菲臘‧沙遜，並獲對方送上了祝福（Jackson, 1968: 241-242）。

資料顯示，薛弗德‧沙遜和海斯特是在 1933 年 12 月完婚，之後前往西班牙和意大利度蜜月。結婚之初，他們住在肯特郡西部的坦貝里奇威爾斯（Tunbridge Wells），因為薛弗德‧沙遜的母親亦居於附近，便於往來探望和照顧；之後則搬到海特斯布里（Heytesbury）。婚姻初期，二人感情應該不錯，但隨著時日推移，個性及生活習慣的不合便開始浮現出來（Egremont, 2005; Hoare, 2006）。

據悉，薛弗德‧沙遜覺得妻子佔有慾太強，同時太依賴，常常要他給予保護，把時間與精力集中在她身上。而且成家後，多了家庭雜務及開支，柴米油鹽的瑣碎生活時常打斷他的創作思路及自由。另一方面，他進行創作的「工作時間」很不固定，並非一般朝九晚五或周日工作、周末休息，但妻子總想他有固定的寫作及休息時間，如上班族一樣，這亦令他感到困擾（Wilson, 2014: 503）。他覺得妻子不能成為自己的助力，對他思想或靈感上的啟發甚至比不上譚蘭特，夫妻感情由此發生變化。

到了 1935 年，薛弗德‧沙遜出版了《守夜》（Vigils）一書，卷首雖寫上獻給海斯特，但該書的靈感來源，其實是受之前與譚蘭特相處所啟發。可見薛弗德‧沙遜雖與譚蘭特分手多時，但思想及創作上仍擺脫不了他的身影，這無疑進一步影響夫妻間的關係（Wilson, 2014: 503-504）。新書出版那年，希特拉與墨索里尼簽訂同盟協約，又支持西班牙佛朗哥的鐵腕統治；英國則掀起反希特拉運動，一直反戰的薛弗德‧沙遜雖曾出現在大型集會現場，不過拒絕上台演講。事實上，由於那時歐洲的政局壁壘分明，已到了一觸即發的邊緣，反戰運

動根本沒法紓緩緊張氣氛。

1936 年，婚後曾不幸流產的海斯特再次懷孕，薛弗德・沙遜自然十分高興，亦加倍小心照顧妻子，期待嬰兒能健康誕生。同年，一直未能完稿的《沙斯通的進程》（*Sherston's Progress*）終於付梓出版，更一洗前兩本著作的頹風，銷售情況理想，就如一支強心針，令他重拾創作自信。至 10 月底，海斯特誕下一子，取名喬治・沙遜（George Sassoon）。新生命為薛弗德・沙遜帶來巨大喜悅，他甚至表示可「從兒子的眼中看到自己的未來」（Wilson, 2014: 507）。由於他那時已滿 50 歲，老來得子，自然視之如瑰寶。

毫無疑問，兒子出生後，薛弗德・沙遜覺得生命有了新的目標和意義，例如他曾提及「除了喬治，我的生命只是寂寞和刻板的死胡同」（except for George, my life is at a dead end of loneness and monotony），反映兒子對他的重要性（Egremont, 2005: 457）。不過，兒子的誕生表面上令家庭變得更完整，但他與妻子間的裂縫卻更大更深了，一方面是照顧嬰兒令家庭雜務及支出倍增，另一方面是夫妻間的不協調隨著時間而越見明顯。如薛弗德・沙遜希望寧靜獨處進行創作時，海斯特卻想丈夫多加陪伴或協助。當然可能亦有其他方面的問題，如薛弗德・沙遜仍對譚蘭特念念不忘等。

薛弗德・沙遜雖然十分疼愛兒子，但主要照顧者則是海斯特，兩人之間的角色及關係有了一定張力，亦因教養問題起過不少齟齬磨擦。此外，薛弗德・沙遜多次要求海斯特再生孩子，但均遭對方拒絕，因為自誕下喬治後，海斯特的健康一直欠佳，令她不想再生育，而且她亦埋怨丈夫支援不夠。她的反應不但進一步影響夫妻情感，同時亦影響了她與家姑杜麗莎的關係，杜麗莎更批評媳婦「自我中心和自私自利」（Egremont, 2005: 412 and 434）。

兩夫妻的分歧和爭吵不斷升溫，薛弗德・沙遜指海斯特有「神經及過度情緒化」（neurotic and over-emotional）問題，難以相處（Egremont, 2005: 412）。

1938 年，當薛弗德‧沙遜完成《舊世紀》（*The Old Century*）一書後，由於覺得與海斯特的矛盾太大，到了無法忍受的地步，於是有了在大屋裡分房居住的安排，以減少矛盾和衝突。據說他曾萌生永久分離的意圖，但由於與兒子一起的日子讓他獲得無比喜悅和希望，擔心若貿然離婚，年幼的兒子會交由母親撫養，為了能與兒子一起，再不甘願亦只能與妻子有名無實地走下去。

就在這時期，希特拉於 1938 年揮軍入侵捷克，張伯倫繼續綏靖政策，與德國簽訂《慕尼克協議》。當時在英國，主張興兵的聲音大漲，薛弗德‧沙遜雖是反戰分子，但亦認為局勢已不容妥協，於是改為支持一直高呼對德國採取強硬路線的邱吉爾（Kennedy, 1989），並曾給對方寫信，表示如果戰爭爆發，他會「用盡我鋼筆的每一滴墨水以捍衛我們的自由和正義」（give the last drop of ink in my fountain pen to defend our liberties and decencies）（Egremont, 2005: 415）。在戰爭迫在眉睫的時刻，薛弗德‧沙遜亦暫時放下夫妻間的分歧，一家三口平靜地生活在同一屋簷下（Egremont, 2005: 412-415）。

到了 1939 年 9 月 1 日，德國入侵波蘭，那時薛弗德‧沙遜和妻兒正在家中，招呼遠道而來探訪的文化界朋友，談詩論文。當他們獲知消息後，都一致相信英國投入戰爭是無可避免了（Egremont, 2005: 417）。兩日後的 9 月 3 日，英國聯同法國對德宣戰。到了 9 月 17 日，蘇聯呼應德國行動，揮軍入侵波蘭東部，波蘭腹背受敵，無力應對，迅即被瓜分。整個歐洲不久後亦烽火連天，沙遜家族與無數平民百姓一樣，再次面對殘酷的戰爭。

結語

二戰前的世界風起雲湧，歐洲各國的軍事競賽和領土擴張，令左鄰右里都沒法心安，或主動或被迫捲入，在惡性循環中不能自拔，然後在牽一髮動全身下觸發全面大戰。在亞洲，在一戰後急速壯大起來的日本，更是食髓知味，野

心更大，對積弱的鄰國垂涎欲滴，不但在 1931 年侵吞了中國東北三省，又在 1937 年發動大規模戰爭，希望速戰速決，一舉鯨吞中華大地。然而虛弱落後的中國，卻表現了強韌的戰鬥力，令其有如泥牛入海，不能自拔，促使其採取更冒險的行為，擴大戰爭層面。

作為沙遜家族第四代最突出的代表人物，域陀・沙遜、菲臘・沙遜和薛弗德・沙遜三人，在二戰前十年間的際遇亦變化甚多。從商的域陀・沙遜把新沙遜洋行總部由孟買搬到上海，大舉進軍上海房地產，其投資舉動和財富急升令不少人嘖嘖稱奇，驚嘆其點石成金之能；菲臘・沙遜在英國政壇愈爬愈高，同樣吸引不少傳媒目光，惟他卻在人生與事業最耀眼燦爛之時突然隕落，令人意外，家族亦因此失去了攀上政壇高峰的希望；文人薛弗德・沙遜困於多情，與同性戀人分手後即改與女子結婚並誕下兒子，之後卻又幾乎與妻子鬧至離婚，過程猶如峰迴路轉的小說。期間他筆耕不絕，出版多部具份量著作，亦引起英國文壇高度注視。若論事業成就，三人可能不相伯仲，但從家族傳承的角度，薛弗德・沙遜終於肯收心養性，生下繼承人，算是略勝一籌了。

註釋

1   在上世紀二、三十年代，印度政治內耗嚴重，示威抗爭此起彼落。據非正式估計，單是罷工帶來的直接損失，每年就約失去 900 萬個工作日，給經濟發展帶來的打擊可想而知（Jackson, 1968: 247），商人則要承擔那些「虛耗」中的不少比例，增加成本，精明的域陀‧沙遜，在「此地不留人，自有留人處」原則下選擇離去，實在不難理解。

2   1930 年 6 月 30 日，域陀‧沙遜選擇將「新沙遜銀行有限公司」於香港註冊，股東除了域陀‧沙遜本人，還有 H.H. Priestley、A.L. Gubbay、W.E.L. Shenton、F.R. Devey，以及一位相信是華人的 R. Ho 等人。至於選擇香港，自然與其乃英國殖民地有關，揭示他對上海租界的「長期地位」沒有信心（*South China Morning Post*, 4 October 1930）。

3   Eve 的名字，據說是他名字 Ellice Victor Elias 的縮寫（Kauffman, 2020）。

4   魯奇‧沙遜熱愛賽馬，追求無拘無束的生活，所以一直單身，沒有成家立室。他去世後，遺產主要留給域陀‧沙遜，亦有作慈善捐獻。他對喪禮有一個特別的要求，就是要「一個最高貴的水晶黃金棺材」（a most elegant casket of crystal and gold）以安放遺體，顯露他追求豪華的「花花公子」本色（Jackson, 1968: 253）。

5   對於項美麗，在此應作一些補充。無論從哪個角度說，項美麗都是極為傳奇的時代女性。她生於 1905 年，大學時期已表現出寫作才華，畢業後成為記者，為《紐約客》（*New Yorker*）特約撰稿人。後來，她隻身遠赴上海，與不少華洋精英交往，名揚當地，被稱為「壞女孩」。她後來與盛宣懷的外孫、被稱為「海上詩人」的邵洵美結為夫婦（另一指為邵之妾侍）。項美麗與宋慶齡三姐妹有交往，曾和她們做了不少訪問。1940 年，項美麗轉到香港，訪問了那時居於香港的宋慶齡，並於 1941 年出版了《宋氏姐妹》（*The Soong's Sisters*）一書，引起中外社會高度注視。在香港期間，她與軍情六處軍官卜沙（Charles R. Boxer）相戀，二人誕下一女。卜氏於日軍佔港期間被拘禁，項美麗一度被日軍審問，幸獲釋。戰後，年過 40 的項美麗與卜沙結婚，後在美國安頓下來。婚後她仍筆耕不絕，據統計，她一生出版了 50 多本書籍、200 多篇文章與短篇小說。1997 年，項美麗去世，享年 92 歲（Hahn, 1999; Cuthertson, 2016）。

6   海斯特‧格帝的父親乃直布羅陀的總檢察官（Chief Justice of Gibraltar），擁有爵士頭銜，其兄弟及姐姐是著名兒童作家，海斯特本人亦有深厚的文學及藝術根底（Wilson, 2014: 490）。

第九章

二戰烽火
人生與家族的再遭劫難

令人大感意外的是，第一次世界大戰結束不久，旋即爆發第二次世界大戰，人間再成戰火煉獄。雖說原因錯綜複雜，但在和平條約的墨跡尚未乾透時，便再次爆發更大規模的戰爭，赤裸裸反映一戰的善後工作欠妥當，未能真正解決最根本的問題。加上德國、意大利、日本等國侵略野心不息，未能壓下去的貪婪只會以更大力度反撲，結果春風吹又生，國與國之間矛盾不斷激化，進行軍事競賽或互相結盟，最終演變成更大規模、人命傷亡更慘重的世界大戰爭（Kennedy, 1989）。

在戰爭與巨大災難面前，哪怕是富商巨賈或官宦世家，誰都沒法獨善其身，富可敵國、在政商與文化界均具影響力的沙遜家族亦復如是，難以避免捲入其中。就如一戰時的遭遇，有些家族成員被徵召上戰場，有些在不同層面上作支援；家族生意則是有些受到直接衝擊，有些間接損失，亦有些因此得益。相對於上一次大戰，正值青壯年的第四代有不少被徵召上戰場，到了這一次時，他們都已進入暮年，大多不能參軍了，只能由第五代作主力，但沙遜家族第五代人丁單薄，能上陣廝殺的不多。到底第二次世界大戰期間的沙遜家族有何遭遇？在深入探討此問題前，先介紹沙遜家族在戰前的發展狀況。

歐洲烽火連天的各有命數

正如上一章提及，1939 年 9 月 1 日，德國揮軍突襲波蘭，英法兩國發出措詞強硬的共同宣言，要求德國在 48 小時內退兵，並在得不到回應後於 9 月 3 日對德宣戰，隨即調兵遣將，作出進攻姿態，但並沒採取實質軍事行動。到了 9 月 17 日，蘇聯呼應德國侵略出兵，實行兩面夾擊，令波蘭腹背受敵，於同月 28 日被德國吞併，不消一個月光景，波蘭亡國，人民死傷枕藉。

那時，信誓旦旦的英法盟友，卻沒如對德國般對蘇聯宣戰，而只是在德國邊境佈兵，虛張聲勢，一直沒有發動進攻，日後被謔稱為「西線無戰事」，這種情況維持了長達八個月，期間只有口誅筆伐，並沒兵戎相見。至 1940 年 5 月張伯倫辭去首相職位，改由堅持強硬路線的邱吉爾接替，他在法國被德國佔領後，正式與德國展開空戰，而德國則於 9 月底與意大利和日本簽訂協議，組成軸心國，與同盟國對碰之大局已定（Kennedy, 1989）。至於沙遜家族受到的影響和衝擊，相信亦在那時開始顯現出來。

在深入討論戰事對沙遜家族的衝擊前，我們先就新舊沙遜洋行的生意投資，以及家族的人丁狀況作一粗略「點算」。在生意投資方面，正如上一章提及，沒有家族成員親身領導的舊沙遜洋行，把大權交到可信任的專業人士手中，並奉行相對保守的投資方法，洋行在上世紀二、三十年代那個經濟低迷的情況下不斷出售物業、收縮投資，令業務發展呈現今非昔比的疲態。反觀新沙遜洋行，在域陀‧沙遜全力領導下，由於準確掌握區域和國際投資環境轉變所產生的機會和挑戰，並做好應對，因此不斷取得突破，業務和身家財富持續攀升，進佔了全球巨富排行榜的前列位置。即是說，二戰爆發前夕，新舊沙遜洋行的實力和發展動力，已有強弱起落的明顯差別。

在家族人丁方面，狀況更為特別。扼要地說，在大衛‧沙遜的八子中，亞倫‧沙遜和亞瑟‧沙遜在進入二十世紀初去世後，因為沒有兒子而斷了血

脈。魯賓·沙遜和弗特烈·沙遜各有一子，惟各自的兒子在 1920 年代先後去世時，亦沒有男丁後代，因此亦同樣絕繼。到了二戰前夕，菲臘·沙遜去世，他一直單身，沒有子女，阿爾伯特·沙遜一房亦到此劃上句號。即是說，在大衛·沙遜所生的八子中，五人已因無後而沒有延續下去。反而壯年去世的沙遜·沙遜和 1894 年去世的所羅門·沙遜兩房，儘管數目不多，仍有子嗣留下。至於艾理亞·沙遜，則只剩下域陀·沙遜一名孫子而已，他在二戰前夕的 1939 年已年過 58 歲，仍保持單身，無後而終的風險極高。由此可見，本來家大業大、子孫眾多的沙遜家族，傳到第四代時已變得十分單薄了。

有留下子孫的三房中，艾理亞·沙遜只餘域陀·沙遜一人，主力留在上海，開拓當地房地產業務。留在歐洲的則有沙遜·沙遜及所羅門·沙遜之孫，其中又以前者人丁較多，但已不再主力發展生意，而是追求各自的專業。概括地說，沙遜·沙遜長子祖克·沙遜育有五子，當時仍在生的有達維德·沙遜、AM·沙遜、法迪·沙遜和泰迪·沙遜四人；沙遜·沙遜次子艾弗特·沙遜育有三子，當時仍在生的有米高·沙遜和薛弗德·沙遜。而所羅門·沙遜一房則只有小所羅門·沙遜一名孫子（Solomon D. Sassoon，名字和祖父一樣，這裡稱為小所羅門）。

家族成員在二次大戰時亦各有遭遇。先說祖克·沙遜一房，諸子中，年紀最大的是 1888 年出生的達維德·沙遜，他在 1939 年時已年屆 51 歲，相信應沒被派上戰場。他的妻子為維拉·羅臣伯格（Vera de Rosenberg），但夫婦作風十分低調，未能找到有否子女等資料。至於年紀略幼的 AM·沙遜（1889 年出生），1939 年時亦年過半百，他在一戰時上過戰場，獲上校之職，妻子為杜麗絲·米耶（Doris Meyer），二人育有一子，名為曉·沙遜（Hugh Meyer Sassoon），在 1939 年時只有 10 歲，所以相信父子均沒上戰場。

泰迪·沙遜和法迪·沙遜乃一對孖生子，生於 1892 年，都曾參與一次大

戰，法迪·沙遜更獲上校之職。到 1939 年時，他們均已 47 歲，其中泰迪·沙遜娶妻米妮·陳寧（Minnie Channing），惟婚後似乎無所出。法迪·沙遜娶妻瑪嘉烈·范克廉（Margaret Franklin），他們育有三子，是為堪富利·沙遜（Humphrey Sassoon）、理查·沙遜（Richard Sassoon）及約翰·沙遜（John Sassoon），分別生於 1920、1924 及 1925 年。前兩子曾上戰場，第三子在 1943 年前尚未滿 18 歲，可能因此不用入伍。

被徵召上前線的堪富利·沙遜和理查·沙遜遭遇淒慘。據堪富利·沙遜所述，他在剛入伍時，是一名「本地防衛志願軍」（local defence volunteer），接受「看、避、散」（look, duck and vanish）的作戰訓練（Sassoon, 2000: 7），後來則被派上前線，軍階為俗稱「沙展」的中士，曾與德軍對陣。不幸的是，他在一場戰役中被德軍俘虜，他身為猶太人，落入因屠殺猶太人而惡名昭彰的納粹德軍手中，凶險程度可想而知。

不幸中之大幸是，他沒有被殺害，卻被囚長達兩年（按此推斷即 1943 年被擄）。在囚期間，雖不至於受到酷刑虐待，但仍要在飢餓與恐懼中度過，令本來高大的他體重下降至只有 86 磅（39 公斤），嚴重營養不良。至後來德軍投降，他才逃出鬼門關，重見天日（Cornell, 2014）。

至於其弟弟理查·沙遜則更不幸。他與域陀·沙遜一樣，懂得駕駛飛機，相信是因此被派往英國皇家空軍（Royal Air Force）630 中隊（Squadron 630），該中隊成立於 1943 年，主要執行轟炸任務（Coperman, 1997），剛過 18 歲的理查·沙遜應是那時被徵召入伍，曾多次被派上戰場。1945 年 4 月 10 日，他在執行轟炸柏林的任務時壯烈犧牲，享年 21 歲，遺體葬於柏林戰爭墳場（The Jews of the RAF, no year）。

艾弗特·沙遜仍在生的二子中，長子米高·沙遜在一戰時沒上過戰場，到二戰時他已年過 55 歲，育有三子，包括利奧·沙遜（Alfred L. Sassoon, 1909 年

出生，暱稱 Leo，這裡譯為利奧）、柏崔克·沙遜（Norman B. Sassoon，1910 年出生，暱稱 Patrick，這裡譯為柏崔克）及小漢莫·沙遜（Hamo Sassoon）。有關柏崔克·沙遜的資料不多，利奧·沙遜和小漢莫·沙遜二人則有一些，顯示他們在戰爭爆發後不久就被徵召入伍，派往歐洲及非洲戰場，其中小漢莫·沙遜曾在前線受傷，被送到中東醫院接受治理，幸沒生命危險（Egremont, 2005: 424 and 427; Wilson, 2014: 516 and 521，參考另一章討論）。次子薛弗德·沙遜在二戰前夕亦已年過 53 歲，兒子喬治·沙遜（George Sassoon）則只有三歲，父子倆亦沒上戰場。

另一位有後代的是所羅門·沙遜一房，他與妻子賀拉育有獨子戴夫·沙遜（David Sassoon），戴夫·沙遜的獨子小所羅門·沙遜則生於 1915 年。至二戰爆發時，小所羅門剛過 24 歲，正值青年，一般相信會被派上戰場，但卻缺乏他參軍的資料。他較為人熟悉的身份，是日後成為「拉比」，即一名猶太經籍學家，走向宗教與經學之路，在猶太團體中甚有知名度。這樣的事業取向，亦清楚反映他無心染指家族生意。

即是說，相對於第一次世界大戰時不少家族成員因正值壯年，而被徵召入伍，到了第二次世界大戰時，家族則出現了人丁銳減和青黃不接的情況，被徵召上前線者不多，相信只有堪富利、理查、利奧和小漢莫四人。

除了沙遜家族各房核心，其他與家族有關係的人物，不少亦捲入到戰爭之中。先說雷金納·沙遜的妹妹（Violet Sassoon）與丈夫菲茨杰拉德所生之子小菲茨杰拉德（Desmond Fitzgerald），他於二戰期間入伍，隸屬於愛爾蘭衛隊，擁有少尉軍銜，相信參與了不少戰役（*Supplement to the London Gazette*, 18 February 1941 and 2 July 1946; WW2Talk, no year）。戰後，他繼續留在英國後備軍團，職級升至上校，直至 1968 年才因年長而退役（*Supplement to the London Gazette*, 30 April 1968）。

同樣於壯年被徵召的，還有已貴為侯爵夫人的西貝爾·沙遜的兩名兒子，他們曾被派到法國、意大利和中東等戰場，分別獲上校及少尉之職，表現甚為突出。西貝爾本人則加入英國「皇家海軍女子服務隊」（Women's Royal Naval Services，簡稱 WRNS），救助傷兵，初期為服務隊的副監督，後來成為總監督，曾四出邀請其他在社會上有名望的女士加入，壯大抗敵力量。因積極支持國家抗敵，她日後更獲 CBE 勳銜（Stansky, 2003）。

　　西貝爾·沙遜曾力邀堂弟薛弗德·沙遜的妻子海斯特參與 WRNS，因海斯特的兄弟奧利華·格帝（Oliver Gatty）在德軍空襲英國時，被炸彈引發的大火燒死（Egremont, 2005: 421），海斯特理應同仇敵愾，豈料她卻拒絕了。原因除健康理由外，相信亦與海斯特和丈夫感情欠佳有關。據說，當時她與丈夫的朋友韋斯勒（Rex Whistler）相戀，或許是為了示威挑釁，又或是為了吸引注意，她主動把此事告知丈夫，但薛弗德·沙遜不但沒有動怒，還表示不介意。二人的婚外情因韋斯勒於諾曼底陣亡而告終（Egremont, 2005: 430-435），但海斯特與丈夫的感情卻沒有修好，且日趨惡劣。

　　槍炮無眼，戰火無情，無論沙遜家族或是一般民眾，在戰火蔓延之時，只能緊跟國家抗敵大潮前進，別無選擇。起初，英法等同盟處於弱勢，但在邱吉爾視死如歸、毫不退縮的抵抗下漸見曙光。到了 1941 年 6 月，德國向蘇聯開戰，邱吉爾提出了任何對第三帝國作戰的個人或國家，都將得到英國援助；隨著蘇聯加入同盟國，德國掉進兩面受敵的局面，戰況出現重大轉機（Kennedy, 1989）。

日軍擴大戰線的逃出生天

　　在德國宣佈與蘇聯開戰之時，亞洲的形勢亦有重大轉變。由於日軍擁有強大先進的武器，且看輕中國人民的抗戰意志，自以為穩操勝券，卻在入侵中國

後遭遇頑強抵抗，才發現自己陷入苦戰，進退維谷，未如當初預計可以長驅直進，迅速吞併整個中國。所以到了 1941 年底，日軍決定兵行險著，擴大戰爭的侵略面，燃點更多火頭，惟這樣只令其四面樹敵，加速敗亡。在具體探討這些轉變前，且先交代 1939 至 1941 年這段時間內，新沙遜洋行在亞洲市場的發展與挑戰。

正如上一章提及，抗日戰爭爆發初期，新沙遜洋行的主要市場上海和印度等地未受戰火波及，貿易與生產均可維持，故生意和投資反而獲得不錯發展。以上海為例，由於周邊地區受戰火摧殘，大量逃難人口攜資金湧入，令物業地產市道暢旺，租金地價大幅飆升，擁有不少地皮的新沙遜洋行相信亦獲利不少。到 1939 年歐洲戰火擴大，工廠停工，各類物資供應緊張，洋行出產的製成品以及代理的貨品價格大升，利潤只升不跌。以成衣、床單被套等棉紡製品為例，由於歐洲的戰火令生產停頓，印度旋即成為世界最主要的生產基地，新沙遜洋行旗下的紡織廠生意一枝獨秀。[1]

據說，新沙遜洋行在孟買的多家紡織廠，高峰期曾聘多達 40,000 名員工，由於訂單多，價錢好，工廠要分為三班不斷開工，才能勉強應對，所產生的盈利，一年間便「可以付清印度帝國銀行（Imperial Bank of India）超過 200 萬英鎊的銀行透支」（Jackson, 1968: 260），其獲利之深厚，可見一斑。這亦可視為戰爭時期某些企業或生意能夠化危為機，發「戰爭財」的重要個案。

域陀‧沙遜在經營生意之餘，對世界局勢及同胞亦相當關心，曾撥出巨資協助猶太難民，善舉獲猶太群體及世人讚譽。由於德國在第一次世界大戰後受到戰勝國的嚴厲制裁，經濟民生困頓，激發了極端民族主義，產生「消滅猶太人」的情緒（Kennedy, 1989: 374-375）。到希特拉上台後，更加劇對猶太人的壓迫，在戰前已開始將猶太人逐離德國，其中約有 20,000 人逃到上海。他們離開時只准帶走簡單衣物及不多於 10 馬克的路費，到上海後無法維生，域陀‧

域陀・沙遜日記中與女性友人合照，1936 年 7 月 31 日攝於蒙地
卡羅。（圖片出處：Southern Methodist University）

沙遜於是和另一位猶太巨富伊利士・海嚴（Ellis Hayim，相信是姻親）合力，
向每名猶太難民贈送 100 英鎊應急錢，之後再為他們提供其他諸如食物等援
助，亦向部份人提供工作，協助他們渡過難關（Jackson, 1968: 237）。

　　對於中日戰局，域陀・沙遜當然時刻關心，亦用盡各種渠道收集情報，以
便思考對策。由於域陀・沙遜在國際的知名度，名下更有巨大的生意與財產，
故日軍一直想爭取他的支持，或至少確保他能保持中立，不要投向中方，不過
似乎成效不彰（Jackson, 1968: 255-256）。據說日軍曾接觸域陀・沙遜，明示暗
示要確認對方的立場，而域陀・沙遜的回答則清晰反映他的原則：

日軍一直想爭取域陀・沙遜站到他們一方，曾在沙遜大廈為這名巨富
辦了一場盛大的私人舞會，期間除大送高帽外，還刻意暗示域陀・沙

《香港華字日報》1940 年 2 月 25 日，「上海銀行家沙宣爵士對記者談話」，發表對日軍侵華的意見。

遜爵士的商業王國依賴中國白銀為交易貨幣，是一件極為危險的事，因中國必被日本打敗，屆時白銀將崩潰。域陀・沙遜慢條斯理地擦著眼鏡鏡片，然後再戴上，表示他並不擔心，因他在上海有大量銀行透支，亦已把資金轉到其他國家及地區了。日本軍官驚訝地問「為甚麼？沙遜（洋行）有銀行透支？」他回答說：「當然，你應明白，當周邊有賊人虎視，任何有理智的人都不會把錢放在身邊。」日本軍官再追問：「告訴我，域陀爵士，為甚麼你那麼反日？」域陀・沙遜刻意一邊修剪雪茄一邊從容不迫地答：「我不反日，我只是支持沙遜（家族），亦很支持英國。」（Niderost, 2006: 46）

域陀·沙遜口中的「已把資金轉到其他國家或地區」，可能便是上一章提及，在日軍侵華之初即「把數百萬元現金轉到香港」一事（Jackson, 1968: 252），揭示他為了分散風險，曾作出不同部署。

而他以在上海租界的英國商人角度分析中日戰爭，亦透露出他的觀點立場，引起日軍的不滿和不安。最為鮮明的例子，是 1940 年 2 月，域陀·沙遜多番評論中日戰爭，並指「日本人在中國戰爭中感到疲勞」（Japanese people tired of war in China），推測日本民眾「將會反對軍隊」（will turn against the Army）；又指受長期戰爭拖累，日本國內的經濟正在走向崩潰，但為了「保存面子」，日本仍堅持戰爭。另一方面，他覺得日本的敵人其實是俄國，而非中國，暗示日本應該終止侵華戰爭（South China Morning Post, 26 February 1940）。

毫無疑問，域陀·沙遜的評論尖銳辛辣，引起日軍不滿，覺得給當眾羞辱，故作出反擊，指摘其言論「不只是對日本軍隊的嚴重誹謗，亦是反對日本人」（grave slander not only against the Japanese Army but also against the Japanese people），身處上海的日本人亦感到「又驚又惱」（painful surprise），語帶威脅地表示，20,000 名猶太人（也有說是過萬人）之所以能在上海過和平生活，是因為有「日本的防衛」（the Japanese defence）（South China Morning Post, 28 February 1940）。這明顯是強詞奪理，邏輯扭曲，但在戰亂中，強權就是公理，身處弱勢者只能小心應對。

這時有消息傳出，日軍因不滿美國持續援助中國，有意對美國發動戰爭，域陀·沙遜對此的看法則是「美日戰爭必讓俄國獲利」（South China Morning Post, 8 August 1940），要求日軍三思，不要另開戰線。當然，所謂忠言逆耳，加上早前的言論已得罪日軍，域陀·沙遜的意見自然不被日方接納。

或者是察覺到戰況不斷惡化，加上歐洲戰事更趨嚴峻，域陀·沙遜曾於

1940 年底前往中美洲英屬的巴哈馬（Bahamas），在當地成立了兩家公司，並將個人在英國賽馬的權益改由其中一家公司持有。這一舉動，與他在中日戰爭爆發之初「把數百萬元現金轉到香港」如出一轍，可視作為了應對戰局而分散投資風險的重要組成部份，而巴哈馬日後則成為他人生的最終歸宿。

1941 年初，域陀‧沙遜轉到美國，考察當地業務並與政商界人士會晤，洽談生意、討論時局。期間，有記者詢問他對日軍有意向美國開戰的看法時，他再次發表評論，認為「若果她挑起戰事，相信是按希特勒的旨意而行，日本必會失敗」（if she did provoke one it would be at the behest of Hitler and Japan would lose），並一再強調，日本對德國而言很有用，因其舉動能觸動「太平洋的戰爭神經」（the war nerves in the Pacific），言下之意是「日本會為德國所利用」（*South China Morning Post*, 22 March 1941）。

同年初夏，域陀‧沙遜結束美國行程，取道香港返回上海。在香港停留期間，他曾在下榻的酒店接受記者訪問，講述美國之行的目的，「是為了籌款支持英國對德用兵」，出售持有多年的珍藏珠寶，所得款項用以支援英國皇家空軍（he was trying to sell some of his jewels for the R.A.F.）（*South China Morning Post*, 7 July 1941）。此點除反映他如家族其他成員一樣對英國的忠誠，亦顯示他對飛行的濃厚興趣，十分支持皇家空軍的發展。

回到上海不久，域陀‧沙遜又決定離開。原因相信是他已從情報中獲悉，日軍擴大戰線的行動已勢在必行，上海將成攻擊目標，而他曾多次公開批評日軍，日軍對他一定不留情面。域陀‧沙遜的得力助手兼表弟奧華迪亞（Lucien Ovadia）[2] 亦建議他離開上海，以免戰事擴大時影響他的人身安全。域陀‧沙遜於 8 月 7 日動身，同樣取道香港，再經新加坡，然後返回「老家」孟買，其中的說法則是「順道考察新沙遜洋行在當地的業務與投資」（*South China Morning Post*, 6 August 1941）。

域陀‧沙遜這次在香港亦停留了十多天，到 8 月中旬才離開，期間曾在馬尼拉短暫停留。較特別的是，他乘坐的不是飛機而是快速船艇，相信是因為另有事務安排（*South China Morning Post,* 20 August 1941），可惜未見披露。8 月底，域陀‧沙遜回到孟買，並一如既往在接受傳媒訪問時嚴詞批評日軍的行為，一方面估計日軍擴大戰線的機會不高，不會侵佔香港，亦不會攻擊美國，因為日軍若然真的這樣做，必然會引來美國、英國和俄國的圍攻。他這樣說：「這是為甚麼我常常堅持日本不會愚蠢到冒險與兩大民主國家開戰，也不太可能與仍維持著西方軸心的俄國開戰」（*South China Morning Post,* 1 September 1941）。

可惜，域陀‧沙遜估計錯誤，日軍於 1941 年 12 月 8 日偷襲美國珍珠港，隨即入侵上海租界、香港和新加坡等地，把更多無辜民眾捲入戰火之中。經歷短時間的抵抗後，香港總督楊慕琦（Mark Young）在 12 月 24 日平安夜向日軍投降；翌年 2 月 15 日，駐新加坡英軍亦向日軍投降，兩地的英籍人士紛紛被俘，淪為階下囚。不過，在日軍入侵上海租界前夕，域陀‧沙遜早已「聞風先遁」，回到孟買，以自由之身舉辦 60 歲生日的慶祝宴會，邀請了多達 4,000 名賓客及職工等參加，場面盛大（Jackson, 1968: 258），與那些不幸落入日軍鐵蹄統治的人民形成強烈對比。

戰時生活的挫折和困擾

雖然域陀‧沙遜及表弟奧華迪亞早已離開上海，不致成為階下囚，但他在上海、香港及新加坡等地的財產，如上海沙遜大廈、華懋大廈等，卻全數落入日軍之手；而新舊沙遜洋行在當地的洋人員工或合夥人，亦被日軍捉拿，送入集中營囚禁，受盡不人道對待，如身處上海的安樂（Harry Arnhold）、史懷特（E.G. Smith-Wright）、顧里（Gordon Currie）及史鐸克（Robert Stock）等（Jackson, 1968: 257-258）。

1941 年底，日軍不斷向馬來亞及緬甸等地推進，身在孟買的域陀‧沙遜擔心日軍會把槍頭指向印度，故在慶祝完生日後即轉到紐約，與已經身在當地的奧華迪亞會合，之後再轉到倫敦，入住麗絲酒店（Ritz Hotel）。期間，他探望了年老的母親及堂弟妹夫菲茨杰拉德等親友，又察看他早年在英國飼養的多匹名種馬（可參閱另一章的討論），並了解當地政商情況。同時，他獲悉堂叔戴夫‧沙遜——所羅門‧沙遜與賀拉之獨子——去世，享年 62 歲（Jackson, 1968: 260）。

　　或者是察覺到英國的戰局仍未穩定，域陀‧沙遜只在當地停留了一段時間，同年 10 月便返回孟買，此舉既可更好地看管當地業務，亦能免於戰火威脅，可見投資遍及全球確實有利分散風險。事實上，由於英屬印度未受戰火蹂躪，因此成為戰時物資的重要生產基地，新沙遜洋行旗下的工廠和貿易如常展開，域陀‧沙遜繼續賺取巨大利潤，彌補受戰火直接衝擊之地的投資損失，保持實力。

　　至於沙遜家族其他成員在戰時亦各有發展。英國對德國宣戰後，薛弗德‧沙遜生活如舊，既進行文學創作，同時繼續在感情漩渦中掙扎。資料顯示，在戰況激烈的 1942 年，譚蘭特曾兩次到訪薛弗德‧沙遜位於海特斯布里的大宅，亦有與海斯特會面，大家有講有笑，表面相處尚算和睦（Egremont, 2005: 425）。譚蘭特的出現，對兩夫婦早已冷若冰霜的關係沒帶來什麼大影響，按薛弗德‧沙遜的說法，他與妻子之間已再沒性生活，自己有如「過著獨身生活」（Egremont, 2005: 428-430）。而在同年，他出版了《曠野上的青年》（*The Weald of Youth*）一書。

　　進入 1943 年，薛弗德‧沙遜之子喬治‧沙遜已達就讀小學的適齡，據悉夫婦曾為此有不少爭執，令本已處於「冷戰」的關係雪上加霜。結果雙方各讓一步，把兒子送到「格林韋斯學校」（Greenways School）就讀。這是一所半寄

宿學校，在當地甚有口碑。自此，喬治・沙遜上學日時留宿於學校，只有假期才回家（Egremont, 2005: 430）。

或者因為兒子大多數時間留在學校，不再需要海斯特時刻照顧，加上她常「借煙解愁」，健康變得更差，於是選擇搬回娘家與母親生活，令僵持的夫妻關係稍為緩和下來。據悉，兩人曾討論過離婚問題，但當時社會對離婚看法相當負面，故海斯特選擇維持現狀；薛弗德・沙遜亦考慮到若然離婚，自己將有較大機會失去兒子的撫養權，因此亦不想把路走絕。最後，二人維持著這段有名無實的婚姻關係，反正當時烽煙未止，人生無常，情愛婚戀自然顯得蒼白渺小（Egremont, 2005: 417-418）。

自海斯特離去後，薛弗德・沙遜的生活變得平靜一點，能再次投入寫作。他重新作詩，亦開始撰寫自傳（Egremont, 2005: 430-432）。同年，美國援軍踏足英國，給盟軍注入重大戰鬥力。軸心國方面，意大利內部的政治鬥爭日趨激烈，本來大權在握的墨索里尼被解職捉拿，新政府向盟軍投降，並簽訂和議，標誌著盟軍終於扭轉弱勢，逐步控制大局，德國陷於被動捱打；而遠在亞洲的日本同樣是強弩之末，在盟軍多方進攻下已呈敗象（Kennedy, 1989）。

儘管德國和日本仍負隅抵抗，力圖扭轉敗局，但進入 1944 年，盟軍對軸心國的迎頭反擊繼續取得關鍵進展，令戰局的勝敗更趨明顯。在這段時間內，薛弗德・沙遜仍專心書寫個人自傳，但進展緩慢，與妻子的感情困擾亦尚未找到出路，情況有如戰場上兩軍僵持，時間不斷流逝，耐力與資源不斷虛耗，只看誰能撐到最後，難怪會有「情場如戰場」的說法。

沙遜家族中，除如前文所述，部份青年成員應召加入軍隊，親上戰場外，在倫敦等地生活的其他成員，原來也同樣遇過危險，例如薛弗德・沙遜年老的母親杜麗莎，戰爭期間一直住在家族位於肯特郡墨菲特鎮的「韋爾禮」大宅，在德軍轟炸英國期間，大宅差點遭擊中，與炸彈落點只有不足 30 米，生死一

線（Egremont, 2005: 435）。

進入 1945 年，德國和日本連遭同盟國挫折，敗勢更顯，投降已是遲早之事。在歐洲，蘇聯進攻荷蘭的維斯瓦河、包圍奧地利的維也納，以及盟軍在萊茵河順利挺進等，都揭示德軍失去了戰鬥意志，瀕於崩潰。在亞洲，盟軍登陸呂宋島，攻下馬尼拉等地，日軍節節敗退，反映戰鬥力已大不如前。1945 年 4月 30 日，希特拉自殺身亡，全球轟動，更直接挫敗了兩國的士氣。

一如所料，繼希特拉之後出任德國最高統帥的鄧尼茨（Karl Donitz），由於無力回天，於 1945 年 5 月 8 日宣佈無條件投降，歐洲戰火熄滅。亞洲方面，日軍雖想作垂死掙扎，但當美國在 8 月 6 日及 9 日於廣島及長崎投下兩枚原子彈後，明白大勢已去，亦於 8 月 15 日宣佈無條件投降，至此，世界重見和平。沙遜家族亦如全球無數家庭般，終於可以擺脫戰火摧殘，重過和平生活。

結語

第二次世界大戰無疑是人類歷史上規模最大、波及最廣、人命與財產損失最為慘重的戰爭，當時最先進的武器如飛機、坦克、大炮、戰艦，以及極具殺傷力的核彈與生化武器等，均被投入使用，給人類社會帶來極為殘酷的傷害。戰爭亦大幅改變了全球發展格局，大英帝國進一步滑落，美國及蘇聯則躍居新的霸主，主宰了戰後重建的世界秩序。

戰爭中，沙遜家族難免受到巨大衝擊，而新舊沙遜洋行與其所代表的各房——即艾理亞·沙遜一房，與沙遜·沙遜和所羅門·沙遜兩房——所受到的影響，則甚為不同。在人力資源方面，由於成員人數減少，青黃不接，所以家族中被徵召到前線的人數沒有一戰時多，傷亡亦大減。在經濟商貿方面，由於舊沙遜洋行基本上已結束了工業生產與大部份貿易，只保留金融與地產業

務，投資也較集中於英國，在印度、上海及香港的投資大減，所以未能如新沙遜洋行般，可以憑多元投資分散風險，或失之東隅、收之桑榆。至於新沙遜洋行雖然失去了上海、香港及英國等地的不少資產，但印度方面的生產卻在戰時一枝獨秀，因此能在一失一得間得到「對沖」，減少損失，保住元氣，甚至有所獲利，成為二戰期間極少數能在嚴峻環境下乘風破浪、不斷前進的突出例子。

註釋

1. 由於舊沙遜洋行數年前已結束在印度的工廠，因此沒法在那個特殊環境下分一杯羹，享受利潤。

2. 奧華迪亞的母親和域陀‧沙遜的母親乃兩姐妹，他在 1933 年加入新沙遜洋行，成為域陀‧沙遜的左右手，深受倚重，當域陀‧沙遜不在時，由他領導整個集團，並處理大小投資。

第十章

戰後重建

重新上路的再遇巨大挫折

若說第一次世界大戰是對大英帝國綜合國力的巨大衝擊，令她由高峰滑落，風光不再，第二次世界大戰則進一步如落井下石，加速其衰頹。在這次戰爭中，英國的軍力已不足以應付挑戰，需要借助美國及蘇聯等外援；戰後，各殖民地如骨牌般先後獨立，更令她喪失了幅員遼闊的屬土以及附帶的無窮資源與市場潛力。在這個重大的形勢轉變下，依附在大英帝國背後的無數個人、家族及企業等，難免受到巨大影響，發展優勢一去不返。

戰爭結束後，沙遜家族和新舊沙遜洋行亦如其他無數家族及企業般，迎來了新的處境。一方面是內部人力資源不足，家族成員關係趨疏，沒有命運共同體、憂戚相關的團結意識，著重追求自己的人生目標；另一方面是新舊沙遜洋行的生意和業務面對不同挑戰，令家族企業發展道路的差異進一步擴大。而戰後大英帝國風光不再，則令新舊沙遜洋行和沙遜家族失去了昔日的光輝，難以重振雄風。

舊沙遜洋行的進一步收縮

任何個人、家族或企業的發展，均無法擺脫外在環境的影響，特別是國家治亂與實力強弱的轉變。戰爭時期如是，戰後重建亦如是，沙遜家族當然不會倖免，其起落盛衰往往和局勢有關。當然，家族底子的厚薄，同樣會左右其戰後復甦的進程，決定其重新上路時的動力。來自同一根源的新舊沙遜洋行，怎樣應對戰後百廢待舉的局面，展示內外條件變化互動下的發展狀況，值得深思。

這裡先盤點戰後沙遜家族的狀況。正如上一章談及，舊沙遜洋行的七房中，五房因無後而斷絕，只餘沙遜‧沙遜及所羅門‧沙遜兩房仍有子孫。前者人丁較盛，後者則甚為單薄，當中沙遜‧沙遜之孫米高和薛弗德已步入暮年；第五代在二戰期間多正值壯年，所以曾被徵召上前線，例如米高‧沙遜之子利奧和小漢莫，以及法迪‧沙遜之子堪富利等。亦有一些舊沙遜洋行員工例如史鐸克（David Stock）等，曾被日軍捉拿，囚於集中營。到和平後，在戰場的解甲回家，被囚者亦重獲自由，過和平生活。

作為家族其中一位備受注視的成員，薛弗德‧沙遜在二戰結束那年完成了個人自傳《薛弗德的旅程》（*Siegfried's Journey*），翌年又出版了一本詩集。經歷兩次世界大戰，個人情感與思想長期遇到不同事件的衝擊，充滿跌宕，因此兩部作品都是他進入甲子之年的里程碑，或可視為一種慶祝與紀念。

由於與妻子感情長期未見改善，薛弗德‧沙遜最終於 1947 年決定分居，但沒正式申請離婚。同年 7 月 11 日，薛弗德‧沙遜收到兄長米高‧沙遜電話，指母親杜麗莎去世，享年 93 歲。據說，他因擔心在喪禮上自己的情緒會崩潰，結果沒有出席，亦沒讓海斯特出席，做法令人不解。與此同時，他確診患上十二指腸膿腫（duodenal abscess），因此要入院接受治療，幸好情況受控，在康復後仍筆耕不絕，並在 1948 年出版了《梅雷迪斯》（*Meredith*）一書

（Egremont, 2005: 448 and 453; Wilson, 2014: 535-537）。

　　相對於名聲響亮的薛弗德・沙遜，其他同世代的家族成員如兄長米高・沙遜，堂兄弟如法迪・沙遜、AM・沙遜和泰迪・沙遜等人的資料都不多；只餘一名男丁的所羅門・沙遜一房，其孫小所羅門・沙遜（生於1915年）亦沒什麼資料記錄。米高・沙遜一直保持低調，在肯特郡墨菲特鎮的「韋爾禮」大宅終老，其子柏崔克・沙遜、利奧・沙遜和小漢莫・沙遜（獲少尉軍銜）戰後重過和平生活。較多記錄的小漢莫・沙遜日後成為一名考古學者，主要在非洲肯尼亞進行發掘工作。

　　在祖克・沙遜一脈中，由於 SJ・沙遜在1922年已去世，年紀較長的AM・沙遜相信成為這一脈的帶頭人，其兄弟達維德・沙遜則缺乏資料，無從談起。至於其他兄弟，則可憑一些零散記錄勾勒出粗略圖像。正如上一章提及，AM・沙遜、法迪・沙遜和泰迪・沙遜三人在一戰時上過沙場，前兩者更獲上校軍銜，後者表現則未見突出。泰迪・沙遜生活低調，雖有結婚，但似乎無所出，並於1955年去世，享年63歲。AM・沙遜和法迪・沙遜兩人的後代，日後表現較突出，令家族名聲再起，受到注視。有關這方面內容，且留在第十一及十二章中討論。

　　在所羅門・沙遜一房中，受人丁單薄影響，加上人生目標與事業方向的調整，名聲與社會地位沒祖輩響亮。正如早前各章粗略提及，所羅門・沙遜只有一子，是為戴夫・沙遜，生於1880年，相信在一戰時曾上戰場。他的獨子小所羅門・沙遜在二戰爆發時正值壯年，按道理亦應曾被徵召。戴夫・沙遜於烽火連天之時的1942年去世，享年62歲（Jackson, 1968）。

　　二戰結束後，小所羅門・沙遜正式展開個人事業。雖然其祖母賀拉曾是家族女當家，一度在孟買統領整個舊沙遜洋行的大小事務，但他卻沒有興趣經商，而是如薛弗德・沙遜般走上人文學術之路，成為一位「拉比」，乃研

究猶太宗教與經籍的著名學者。小所羅門·沙遜娶妻愛麗絲·本杰文（Alice Benjamin），夫婦育有二子，是為小戴夫·沙遜（David S. Sassoon，由於和祖父同名，這裡稱為小戴夫·沙遜）及艾薩克·沙遜（Isaac Sassoon）（Jackson, 1968: 290）。

小所羅門·沙遜對《塔木德》的考據甚有心得。以色列立國後，他移居那裡，曾獲推舉為「總拉比」這個極重要的位置，但被婉拒，寧可專心研究和著作。他一生留下不少有份量的著作，例如《電擊與猶太方式屠宰的批判研究》（*A critical Study of Electrical Stunning and the Jewish Method of Slaughter*）、《賽法迪猶太的精神傳承》（*The Spiritual Heritage of the Sephardim*），以及有關自身家族歷史的《猶太人在巴格達歷史》（*A History of the Jews in Baghdad*）等等。到 1985 年，小所羅門·沙遜在以色列去世，享年 70 歲。

大約了解過舊沙遜洋行碩果僅存的兩房後代在二戰前後的情況，接下來扼要介紹舊沙遜洋行的經營與發展。戰後，舊沙遜洋行的沙遜·沙遜與所羅門·沙遜兩房的後代，亦如全國上下般投身經濟與社會重建行列。值得注視的是，由於洋行旗下的貿易與工業生產等業務，早在戰爭爆發前已出售或結業，只剩下一些物業地皮及金融投資，且多以信託形式持有，由非家族專業人士管理，家族成員雖屬受益人，卻難以置喙，遑論要改變投資方向，因此他們亦樂得清閒，不用花心力於管理和經營上。

事實上，從家族第五代人在戰後各有事業的情況看，他們應該沒有繼承祖業的打算，因此亦不曾想方設法重建家族商業王國，恢復昔日光輝，而是主力發展個人的興趣、建立個人的事業。而且他們的事業道路，大部份也非經商，而是按各自的興趣和專業選擇，就算創業亦只是一己生意，不再牽涉到大家族之中。

在東方，二戰後的中國及印度均出現了巨大的政經與社會變化，影響了洋行保留下來那些生意與投資的發展。先說印度，她在 1947 年 8 月 15 日正式獨

立，脫離大英帝國殖民統治。正如第三章提及，1857 年，印度爆發了俗稱「印度兵變」的第一波爭取獨立運動，大衛・沙遜率諸子支持英國鎮壓，以示忠誠，並在英軍粉碎兵變後，出錢出力支持英國政府在當地粉飾太平，家族亦緊跟大英帝國，在其不斷擴張的過程中持續壯大起來。走過接近一個世紀，印度成功獨立，印度人民自然歡喜若狂，大肆慶祝，但作為英國資本的舊沙遜洋行則選擇撤資——其實他們的投資早在 1930 年代已近乎全面撤走了，僅餘一些故居大宅等物業地產沒有出售（Jackson, 1968）。

在投資方面，舊沙遜洋行同樣在 1930 年代出售了大部份物業和地產，只有出入口業務因利潤仍然可觀而保留下來，且較集中於香港，經營管理已完全交到非家族專業人士手中。二戰結束後，洋行逐步恢復在港業務，亦獲得相當的利潤。到中華人民共和國成立後一年，舊沙遜洋行改於香港註冊，公司地址設在太子大廈，董事分別為蘇雅士（Henry H. Sawyers）、梅納德（John W. Maynard）、卡米高（Charles A. Carmichael）、皮爾發（Arthur Pether）四人，沒有沙遜家族成員參與公司管理。不過在六年後，即 1956 年，洋行連香港的業務亦結束掉，全面撤出中國市場（David Sassoon & Co. Ltd., various years）。

舊沙遜洋行的商業王國版圖在第一、二次世界大戰後不斷滑落和萎縮，最後不但結束了發跡地（孟買）的生意，亦終止了「發財地」（上海和香港）的投資。不難發現，這種發展歷程與大英帝國綜合實力大不如前，屬土大量流失，「日不落國」成為絕響有關，作為依附者的舊沙遜洋行失去憑藉，自然威風不再。加上家族人力資源大減，又無心直接經營管理，寧可假手非家族專業人士，令企業缺乏創新開拓與冒險拚搏精神，失卻了發展動力，最終走向消亡。

新沙遜洋行的戰後重建

相對於缺乏開拓意志的舊沙遜洋行，新沙遜洋行戰後則努力重建。當時

域陀‧沙遜身體仍然壯健，可以指揮及駕御大局，且洋行在二戰時一直維持活力，尤其印度的生產線為公司帶來極豐厚的利潤，因此重建過程中，雖碰到不少預料之外的巨大挑戰，但均能成功克服，洋行很快便恢復舊觀，甚至取得進一步的成績。可惜的是，表面上風光無限的洋行，正面臨一個重大而迫切的危機，那就是域陀‧沙遜沒有子女，接班工作無法開展，令新沙遜洋行的未來出現極大變數。雖然他亦曾為此作出最後努力，卻為時已晚。本章將先談談二戰後新沙遜洋行的重建與恢復，他們如何應對印度和中國等地政經與社會巨變帶來的挑戰，以及在局勢急變下的安排。

二戰結束後，域陀‧沙遜重新審視新沙遜洋行未來的發展方向。首先是歐美市場，自一戰後當地經濟一直疲弱，未見曙光，再加上二戰及疫症的打擊，復甦遙遙無期，他自然不打算將資金投進這個深不見底的無底洞。美洲由於不

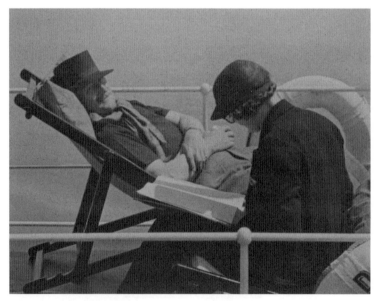

域陀‧沙遜躺在輪船甲板上，旁邊的女士應在向他閱讀故事或匯報。（圖片出處：Southern Methodist University）

是主戰場，經濟沒受到太大的衝擊，特別是美國，生產及金融等行業甚至受惠於戰事而蓬勃發展，擺脫了大衰退，迎來了經濟黃金期。域陀・沙遜在 1946 年 5 月親身飛到紐約，主動約見當地銀行家及投資經紀等，安排財產轉移。他對中美洲的巴哈馬最感興趣，早在當地註冊公司，同時積極研究當地的投資環境，並查詢有關遺產安排及稅收等事項，似有移居當地的打算（Jackson, 1968: 266）。儘管未能找到那次行程後的資金調動情況，但相信他應該有將部份資金轉投當地。

東方市場方面，新沙遜洋行在戰前的主要投資地包括印度及中國。先說印度，她於二戰後成功擺脫英國殖民，宣佈獨立。由於沙遜家族以英國臣民自居，對英國皇室表現出高度忠誠，立場一直反對印度獨立，加上域陀・沙遜早在 1920 年代起就以罷工影響生產等理由，多次建議要強力壓制印度獨立運動，與甘地領導的組織長期「不咬弦」（不友好）。因此如果印度獨立，新沙遜洋行不但會失去過往的多重優勢，甚至成為被打壓的對象，故當域陀・沙遜收到印度獨立在即的情報後，立即全面撤資，包括把銀行業務轉到香港，出售大小工廠和物業，至 1948 年底更將新沙遜洋行清盤，這一房在孟買的生意投資至此劃上句號（Jackson, 1968: 268）。

相對於未受戰火蹂躪的印度，經歷多年抗戰的中華大地，無疑一片頹垣敗瓦，經濟奄奄一息。當前環境雖是滿目瘡痍，但域陀・沙遜過往在上海的投資曾為他帶來龐大收益，他自信熟知此地的遊戲規則，加上百廢待舉的中國市場急需物資重建，代表有巨大的發展潛力。因此，這位「上海首富」（唐培吉，1992：70）在二戰剛結束不久，即指令公司重回上海，為未來發展作部署。

誠然，二戰後中國的社會秩序相當混亂，通脹飆升，日常必需品及能源燃料嚴重短缺，黑市交易取代了正規市場，公路橋樑及火車運輸系統等受到破壞。但隨著人民投入生產，社會秩序逐步恢復，新沙遜洋行的生意亦慢慢復

甦。Jackson 指出，二戰結束之初，新沙遜洋行獲得多份總值數百萬英鎊的貿易合約（Jackson, 1968: 266-267），訂單不絕，生意十分暢旺。可是，和平好景的日子維持不久，就因為國民黨和共產黨之間無法取得共識，談判破裂，[1]最後兵戎相見。

內戰爆發之初，由於主要戰場在東北方，加上國民黨的軍隊數目和武器均較共產黨軍隊（解放軍）強大，不少人尚未意識到戰局會出現戲劇性轉變，國民黨軍隊不堪一擊，解放軍將取得壓倒性勝利，所以華北以外地區的人民生活如常，全力投入戰後重建的工作。但隨著國民黨軍隊節節敗退，民國政府因不斷喪失土地，令財政收入銳減，軍費開支卻居高不下，為支持大規模用兵，只好採取不同手段搜刮民間財富。其中對民生經濟損害最嚴重的，便是大量印發紙幣，令通貨膨脹如脫韁野馬般狂奔，最嚴重時，「一滿袋銀紙不能買一包牛油」（sackful of paper dollars could hardly buy a packet of butter）（Jackson, 1968: 268），可見濫發貨幣這種飲鴆止渴的方法，不但擾亂經濟秩序，亦對民生百業帶來巨大禍害，最終加速了國民黨的敗亡（郭廷以，1979）。

雖然物資缺乏，加上通貨膨脹嚴重，百物騰貴，但由於新沙遜洋行擁有不少物業地產與貿易資源，因此戰後至新中國成立期間，洋行某程度上反而蒙受其利，成為既得益者。但隨著國民黨在戰場上不斷失利，甚至即將失去江山的消息傳來，明顯牽動了域陀‧沙遜的危機意識。他作為大資本家，過去又立場鮮明地反對共產主義，自然擔心若然共產黨取得天下，自己和企業在新中國難有立足之地。正如有論者指出，域陀‧沙遜是「一個常感憂慮的人」（a very worried man），尤其在重大變局之下，必會作出多方綢繆，以規避風險（Niderost, 2006: 43）。

或是為了更好和更準確地了解中國政局的急速轉變，據說域陀‧沙遜在1948 年專程再到上海，當時的局勢令他極為緊張，似是巨變將至。其中最令他

不安的，是洋行與員工之間出現嚴重矛盾。原來，由於員工的薪金追不上嚴重通脹，生活無以為繼，工會組織發起不同形式的工業行動，要求加薪及改善待遇，期間更曾以暴力手段威脅管理層的安全。域陀·沙遜等管理層因此認為政局已危在旦夕，生意亦難以持續（Jackson, 1968: 267-268），因此他並沒在上海停留太久，在處理好重要事務後便立即離開，轉到美國。

域陀·沙遜離開後不久，上海已被解放軍全面包圍。1949 年 5 月，經過多番評估與準備，解放軍終於發動進攻，不出一個月就解放了上海。域陀·沙遜當時身在紐約，在辦公室接到上海員工的通知，得悉上海已落入共產黨手中。繼二戰之後，域陀·沙遜再一次於戰火迫近前先行離開，反映他的情報掌握甚為準確，亦有很高的規避風險意識，深明「君子不立危牆之下」的哲學。

對新沙遜洋行而言，二戰後的發展局面無疑極為複雜多變，挑戰一浪接一浪，出乎域陀·沙遜的意料，令他左支右絀，疲於奔命。印度的獨立，迫使他全面撤出當地投資，而他之所以敢於這麼果決，相信是因看好中國市場，認為她可以取代印度，成為家族企業在東方的新據點。想不到中國政局旋踵發生劇變，走向對他最不利的方向，令他大感意外，急忙再思應對之道，另謀發展舞台，以保生意與投資不失。可以這樣說，在那個變幻莫測的環境下，任何判斷失誤或執行乏力，都會令家族和企業走向敗亡。

撤離中國的多項安排

上一章提及，早在太平洋戰爭爆發前，域陀·沙遜已開始將部份資本撤離中國，以減低戰爭可能帶來的損失。和平後，他先因印度獨立而全面撤出，重回上海，剛站穩陣腳，順利經營後，又再面臨中國政治環境的劇變，促使他作出新一輪分散風險的部署，加速將資金轉到日本、美國及巴哈馬等地，同時亦把部份資金和業務轉到香港。和不斷遷徙一樣，因應投資環境轉變而作出相應

的調適，是沙遜家族生存下來，甚至長期居於人上的重大特點。

　　儘管有關新沙遜洋行業務和資金轉移的資料十分缺乏，亦鮮有白紙黑字記錄，但當時一些新聞報導、公司年報，以及學術研究等，仍留下一鱗半爪，可讓人粗略看到他們的應對痕跡。

　　表10-1是張仲禮、陳曾年在《沙遜集團在舊中國》一書的「沙遜集團」（泛指新舊沙遜洋行）主要企業股權和投資金額的統計資料，可以清楚看到「集團」旗下各主要公司在1936至1941年間的權益變動與企業投資佔比情況，其中最突出的重點是，以1936年的「指數」為100作對比，到了1941年時，只剩下33.5，大幅減少了六成多，可見其大量套現、撤離在華投資的步伐之急速。

　　就表10-1提及的中國公共汽車公司為例，在1936年時，沙遜家族還持有該公司多達115,653股的控股權，抗日戰爭爆發後不斷減少持股量，到了1941年時，已大幅下降至只有17,458股，減持了84.9%，可見其收縮在華投資，把資本撤到他處的情況至為明顯。必須指出的是，在那段期間，中華大地戰火連天，上海成為「孤島」，吸引大量「移民資本」流入，令上海股票市場暢旺，各類股票泡沫膨脹（Kong, 2017），域陀‧沙遜看準時機，大量出售手上大小企業的股份套現離場，反映了他的過人商業觸覺。

　　抗戰勝利後，域陀‧沙遜一度重返上海，但在國民黨敗退之時，他進一步將資本撤出，可以說是「沙遜集團」在華投資的第二次撤退（張仲禮、陳曾年，1985：147-159）。據Jackson記述，自中國爆發內戰後，域陀‧沙遜授權表弟奧華迪亞出售家族和新沙遜洋行的在華投資與物業地產，包括沙遜洋行大廈，以及漢口、天津及廣州等地的物業資產，甚至工廠和生意，基本上到了俗語所謂「要錢不要貨」的地步，[2] 但求盡快將資產脫手，換成能帶走的英鎊、美金或黃金（Jackson, 1968: 267）。

　　當解放軍在1947年底取得突破性優勢時，域陀‧沙遜在1948年初把大

表 10-1：1936 至 1941 年間「沙遜集團」主要企業股權和投資金額 *

企業名稱 **	1936		1939		1940		1941	
	股數	金額	股數	金額	股數	金額	股數	金額
中國公共汽車	115,653	2,231	93,258	1,803	51,258	987	17,458	335
上海電車	16,610	769	1,010	48	6,205	250	2,615	119
利喊機汽車行	17,085	215	9,895	119	9,895	119	9,898	119
祥泰本行	75,151	1,001	64,025	843	59,681	803	26,403	364
瑞鎔船廠	63,961	461	24,501	171	缺	171	5,100	158
中國國際投資信託	57,666	988	23,300	313	1,300	10	5,750	140
揚子銀公司	51,190	672	56,690	694	1,690	20	13,940	167
漢口打包公司	18,600	260	39,000	546	39,000	546	39,000	546
正廣和汽水	1,200	24	1,700	30	1,700	30	1,700	30
上海啤酒	21,850	364	21,950	365	21,950	365	21,950	365
合計		6,985		4,932		3,301		2,343
指數		100		70.6		47.3		33.5
主要企業佔全部企業投資總比		77.9%		81.7%		75.6%		59.1%

* 貨幣：法幣；單位：千元
** 企業名稱來自所引述資料

資料來源：張仲禮、陳曾年，1985：150

量資金轉到日本，並於大阪設立地區總部，同時在當地購入十多項商用物業，主要圍繞火車總站四周。保守估計，單是在大阪，公司已投入超過 1 億日元（*South China Morning Post,* 12 March 1948）。雖然日本在戰時是盟軍的敵人，域陀・沙遜也曾強烈抨擊她的侵略行為，但由於他沒受過日軍直接迫害，故戰後不久，即一笑泯恩仇，重返當地投資。對他而言，日本經濟在戰後增長急速，市場潛力無限，投資有利可圖，才是當前最要緊的事，可見他始終是一個理性商人，較多從商業利益的角度看問題。

除了投入日本的物業地產市場，域陀・沙遜亦把不少比例的資金轉到美

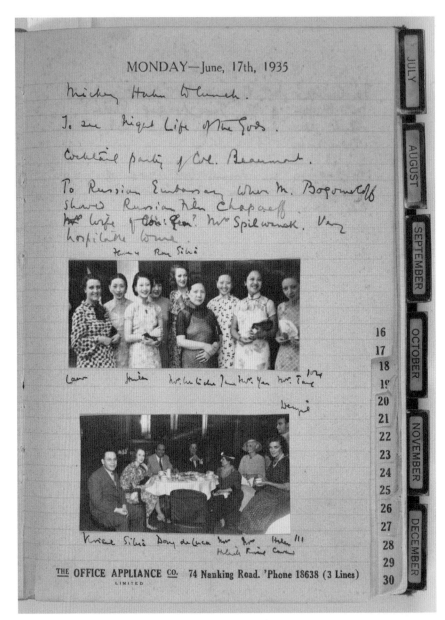

MONDAY—June, 17th, 1935

[handwritten diary entries]

THE OFFICE APPLIANCE CO. 74 Nanking Road. 'Phone 18638 (3 Lines)
LIMITED

域陀·沙遜日記其中一頁,他除了記錄活動,亦會講某些人及事的特點,拍攝亦是他的興趣和喜好。(圖片出處:Southern Methodist University)

國及巴哈馬，並搬到當地定居。他在美國期間曾發生一件軼事，或多或少能反映他的人脈關係。當地報章曾報導洛杉磯一位名叫露西亞‧密特拿（Lucia Stelliana Mittner）的女士去世，留下 25,000 美元遺產，並在遺囑中指明由域陀‧沙遜繼承。域陀‧沙遜則透過代表律師表示，會運用那些資金，扶助密特拿女士在羅馬尼亞的母親及兄弟（*South China Morning Post*, 10 August 1946）。到底這位女士與域陀‧沙遜有什麼關係？為何她要將遺產留給世界級巨富而非家人？由於無法找到更多資料，無法得悉箇中原因。但從密特拿女士將遺產交託給他，而他又公開表示不會據為己有看來，二人應是相識，且密特拿女士對他亦相當信任。

關於域陀‧沙遜在美國的投資，有報紙猜測是為了規避中國政局轉變的風險，並有意逃避遺產稅，報導指他早於 1951 年之前已把東方（主要指中國和印度）約值 15,000,000 萬英鎊的財產調走，投入以巴哈馬為主的美洲市場，在當地購入物業，建造樓房（*South China Morning Post*, 14 August 1961）。正因為他在政局巨變前迅速作出反應，才能將損失盡量減少，保留個人與家族的巨大財富，有學者乃提出如下的觀察：

> **在蔣介石全面潰敗之前，域陀‧沙遜擊倒其對手，向對方出售絕大部份上海財產，然後在巴哈馬開展新生意，因那兒沒有共產黨的威脅，亦不用像社會主義英國般要繳交沉重稅率，他仍能坐在輪椅上在拿騷（Nassau）處理業務。（Niderost, 2006: 47）**

1920 年代末，印度獨立運動日趨熾烈，促使域陀‧沙遜把集團總部和資金轉到上海，大舉進軍當地房地產市場，令身家財富急升；抗日戰爭時，他集中租界生意，輸入大量物資賺取利潤，並將所得利潤撤往他地，與此同時還與

日軍保持接觸，不樹敵，以免給自己製造麻煩，繼續「和氣生財」。到日軍擴大侵略，太平洋戰爭爆發前，他先人一步轉到孟買，坐鎮當地，並全力投入生產戰時重要物資，供應全球。

到二戰結束，印度獨立時，他因看淡印度經濟發展前景，再次撤資他方，爭取其他市場更佳的投資回報。到中國政局出現戲劇性變化，共產黨打敗國民黨時，他又先人一步，出售中國的大部份物業地產與生意，把資產轉到海外，力保不失。就以沙遜家族資本投入最重的上海地產投資公司（Shanghai Land Investment Limited）為例，據分析，自 1941 至 1951 年間，沙遜家族的持股量大幅減少了 97%（Kong, 2017: 239），撤資情況明顯。以上這些舉動，均可清晰看到他對時局準確的洞悉力，以及縝密可靠的情報網，故能一而再地於在危機出現前安然脫身。

撤出中華大地的爭議

共產黨在內戰中勢如破竹之時，看到中國政局巨變將至的域陀・沙遜，雖然不斷出售物業資產套現，但這尚可說是減少房地產在投資組合的佔比，未必代表要全面退出中國業務。但自中華人民共和國成立之後，一方面中國的經營環境確實有了重大逆轉，令民營企業難以生存，另一方面是韓戰爆發，國際形勢再次大變，大英帝國又實力不再，不能如過去般作為洋行的發展後台，給予依靠和重要助力，因此域陀・沙遜只能採取最決絕的做法——全面撤出中國內地市場。

新中國成立後，中國政府推出多項保障僱員的政策，例如不能開除員工、必須提供合理的職業保障和待遇等，這給新沙遜洋行等大僱主帶來巨大壓力，因為當時經營環境惡化，生意無以為繼，卻不能裁員或減薪，再加上那時工人運動頻頻，影響工廠生產，勞資關係變得嚴峻。最為致命的一擊，是政府推

出新政策，向土地及物業擁有人（地主）徵收重稅，並要求在短時期內繳交稅款，如未能依時繳交，每日增加 1% 罰款，並以每日複合計算。

　　新沙遜洋行雖然早前已出售大量物業地皮，但仍持有不少，需繳交的稅額數目龐大。對於這些新稅，洋行卻一直拖延，據其解釋，是手上缺乏現金，要從海外調動滙寄到中國，需時較長，不能一時三刻交齊，惟在每日罰款 1% 的機制下，拖欠稅款不斷增加，問題也愈來愈難解決（Jackson, 1968: 271）。

　　在過去近一個世紀，洋人和洋資在中國享有特權，地位較華人高，其一言一行對中國政府具巨大影響力，像新沙遜洋行這樣的龍頭企業，更能直達天廷，左右大局。可是，新中國成立後推出的重稅，卻沒如過去政府般先向洋人「諮詢」，且稅率極高，他們自然覺得「不公平」，認為是對他們的壓迫。相信他們曾對新稅制提出異議，但反對聲音卻如石沉大海，抵觸的情緒自然更高漲，因此採取拖延手段，不肯依時交稅，[3] 實不難理解。

　　由於新沙遜洋行遲遲未有繳交稅款，積欠金額愈來愈高，國家稅務局認為他們沒有交稅的意願，於是找上門來。據 Jackson 的說法，中國政府一度扣留了負責打理對華業務的奧華迪亞，令雙方關係更為緊張。之後大家透過協商，決定將洋行旗下的華懋飯店租予上海市政府，租金則從欠稅中扣除。不過這方法明顯不能治本，稅款仍不斷積累，故爭議一直持續。1952 年，奧華迪亞辭去新沙遜洋行的職位，中國政府因此指他已不是新沙遜洋行員工，命令他立即離境（Jackson, 1968: 271-274）。

　　有關遲交稅款與罰款等問題的爭論，有學者站在中國政府的立場，作出如下扼要的解釋，或者可以作為新沙遜洋行在華最後階段的發展註腳：

上海解放後，華懋飯店資方代理人採取消極對抗態度，故意欠稅不交，並將客房、餐廳、廚房設備用品加以變賣。由於稅款日積月累地

增加，無法償還，於 1950 年將旅館部份租賃給上海市財政經濟委員會等單位辦公使用，以租金交稅款。1955 年 1 月，經上海市人民委員會決定，籌備恢復飯店業務，作為接待外賓用。1956 年 3 月 8 日正式開張營業，改稱和平飯店。（詹祖杰，1989：40）

在新沙遜洋行與政府關係僵持之時，洋行開始作進一步撤退的部署，包括結束了經營近一個世紀的進出口貿易生意，其他諸如交通運輸、貨倉碼頭，以及電力電話等業務，亦先後脫手，令家族在華基本上只保留物業地產的核心業務（Jackson, 1968: 271-274）。

到了 1958 年 11 月，據《南華早報》報導，持有 60 個物業地產項目的新沙遜洋行，與國營企業「中國企業公司」（China Enterprise Co）在上海簽訂協議，同意「以資產替代欠債」（assets against liabilities' basis）的方式，將洋行納入中國企業公司之內，代表新沙遜洋行簽字的，乃總經理高索斯基（Solomon I. Kosovsky）。自此之後，新沙遜洋行及其 8 家附屬公司變成了國營企業，原來的員工亦成為國家僱員（*South China Morning Post,* 4 November 1958）。新沙遜洋行在這次「公私合營」浪潮中被吞併，沙遜家族在華近一個世紀的經營亦走到終站。

不過，當報導刊出後，新沙遜洋行透過香港代表律師，以「致函編輯」（Letter to editor）的形式表達異議，指相關安排「完全未獲授權」（entirely unauthorized），故「所有財產轉移都是無效的」（wholly invalid）（*South China Morning Post,* 7 November 1958）。此舉明顯是希望為日後「翻盤」留後著，不過，協議中「資產抵消負債」一項，加上按政府的地稅徵收規定及欠稅每日增加 1% 罰款計算，顯然是「翻盤」無望了。據說，當域陀・沙遜接獲上海員工滙報，指新沙遜洋行被接管後，他曾說：「我放棄了印度，而中國則放棄了我」

（Jackson, 1968: 268）。

新沙遜洋行的由滬轉港

　　受研究資料所限，有關新中國成立初期與新沙遜洋行之間的矛盾和爭議，現時已無法作出更深入的分析。在政府的新政策下，洋行或私營企業的在華業務難以為繼，最後被迫黯然離場，新沙遜洋行不過是其中一員。在眾多生意中，洋行將新沙遜銀行（E.D. Sassoon Banking Co Ltd）的註冊地由上海轉到香港，留下一些發展足跡，可以看到公司在香港的粗略發展情況。

　　新沙遜銀行於 1950 年將註冊地轉到香港，並按殖民地政府的法例，提供了基本的註冊文件，如公司董事及每年業績報告等。這些資料雖然十分簡單，仍能大致讓人了解公司的發展狀況。在分析之前，先略述當時的社會及國際環境。1950 年，朝鮮半島爆發內戰，新成立不久的中國見美國插手支援李承晚一方的勢力，故出兵支援另一方的金日成，引來以美國主導的「聯合國」對新中國實施「貿易禁運」，嚴重打擊香港過去賴以為生的進出口和轉口貿易，令經濟大受影響，失業率飆升。不過，剛轉移註冊地到香港的新沙遜銀行，在這樣的局勢下仍表現良好，不但盈利年年上升，累積利潤亦自 1952 年起節節上揚，揭示其經營表現突出，實力不斷凝聚。

　　在第八章曾提及，新沙遜銀行在 1930 年 6 月 30 日創立，一開始在香港註冊，當時的董事除了域陀・沙遜本人擔任主席，還有家族成員：叔父魯奇・沙遜、堂弟雷金納・沙遜及堂妹夫菲茨杰拉德，以及五位非家族人士：皮雅士利（H.H. Priestley）、AL・格貝（A.L. Gubbay）、沈頓（W.E.L. Shenton）、杜悔（F.R. Devey），以及一位相信是華人的 R. Ho 等（*South China Morning Post*, 4 October 1930）。[4] 域陀・沙遜當時之所以選擇香港，相信因香港乃英國殖民地，英國雖然經歷了第一次世界大戰，已不如往昔風光，但瘦死的駱駝比馬

大，其殖民地的香港地位仍有一定保障，揭示他分散投資風險的意識甚高。

後來，可能為了方便管理及政治因素，銀行的註冊地轉到上海，總部則在孟買。然而，到了 1950 年時，洋行已全面撤出上海及印度，銀行的註冊地於是再改回香港，董事局亦有了不少轉變，除域陀・沙遜和菲茨杰拉德——登記身份分別為「金融家」和「銀行家」——仍然保留外，其他成員已全數變更。新成員包括雷蒙德（Albert Raymond，登記身份為「公司董事」）、蘇拉文（Auerey K. Solomon，登記身份為律師）以及貝來登（William B. Bryden，登記身份為註冊會計師）。這五位董事中，只有雷蒙德的登記地址在香港，菲茨杰拉德報稱居於倫敦，餘下三位的地址則在巴哈馬（E.D. Sassoon Banking Co Ltd, various years），可見銀行的「話事人」已轉到了千里之外。

儘管公司負責人並沒有親臨前線指揮，但新沙遜銀行自轉回香港後，業績在逆市卻有不錯的發展，除管理人的能力外，亦因域陀・沙遜具有敏銳的商業觸角及運籌帷幄的才能，才能遙距控制銀行的發展方向。表 10-2 是新沙遜銀行在 1950 至 1960 年這十年間的盈利表現資料，可看到盈利一開始受「貿易禁運」影響，在 1951 至 1952 年間略有回落，1952 年開始有滾存盈利，且節節攀升，揭示銀行已經擺脫業務下滑，有了較堅實的力量，這與香港整體經濟自克服「貿易禁運」後走上工業化的情況基本一致（饒美蛟，1997）。

順作補充的是，新沙遜銀行於 1950 年在香港取得營業牌照時，總部設於「荷蘭大廈」（Holland House），當時負責打理銀行業務的，是域陀・沙遜的親信祈蘭（Henry R. Cleland）（E.D. Sassoon Banking Co. Ltd, various years）。那時的新沙遜銀行，並非一般認識接受公眾存款的銀行，而應該是商人銀行，主要業務在於為企業融資集資，走高檔銀行服務路線，近似現在的「有限制牌照銀行」。

儘管銀行表現不錯，盈利節節上揚，卻在 1961 年時向殖民地政府提出終止牌照申請（*South China Morning Post*, 7 October 1961），但沒有立即結束業務，

表 10-2：1950 至 1960 年間新沙遜銀行盈利表現

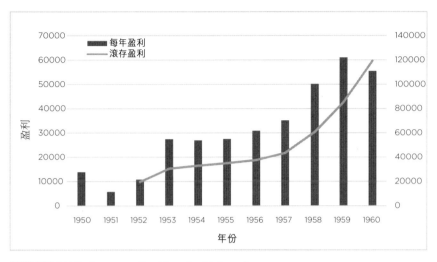

資料來源：E.D. Sassoon Banking Co Ltd, various years

而是轉為以一般公司模式經營，直到五年後的 1966 年為止（*South China Morning Post*, 17 September 1966）。

　　有趣的是，在終止銀行業務後，公司改名為新沙遜遠東有限公司（E.D. Sassoon Far East Ltd），把所有業務納入一家巴哈馬的銀行（Bahamian Bank）之下，[5] 銀行主席之職由小菲茨杰拉德（Desmond Fitzgerald）擔任。小菲茨杰拉德乃菲茨杰拉德與 Violet Sassoon 所生之子，亦即域陀・沙遜的外甥（*South China Morning Post*, 21 September 1967）。種種轉變，源於域陀・沙遜在 1961 年去世（參考下一章討論），其遺產以及新沙遜洋行的生意，全由外甥小菲茨杰拉德繼承，他也是艾理亞・沙遜這一房碩果僅存的第五代成員。

　　曾經在中國和印度叱咤長達一個世紀的新沙遜洋行，到了 1960 年代全面退出中印市場後，轉到中美洲的巴哈馬重新起步。這種戲劇性的跨地域轉移，無疑反映當時亞洲區巨大的政經和社會轉變，而沙遜家族及企業進退去留的考

《工商晚報》1966 年 9 月 16 日，「沙宣銀行宣佈停辦銀行業務」。

量，亦因此成為現代商業一個十分值得研究的個案。

結語

儘管有人會期望「生意歸生意，政治歸政治」，但無論個人、家族和企業，總無可避免會受到政治局勢的影響。二戰結束後，域陀‧沙遜領導下的新沙遜洋行，或者曾希望能夠如二戰時般獨領風騷、悶聲發大財。可是，世事如棋局局新，戰後國際形勢劇變，不但家族「發祥地」孟買因印度獨立而拔營換寨，就算是「發財地」上海也因共產黨取得中國，令他無奈要撤資離開。雖然他已早作綢繆，在大變局發生之前把大部份財產轉到了美國和巴哈馬等地，但失去中國和印度這兩個巨大的市場，畢竟會影響到生意的前景。

哪怕域陀‧沙遜有靈通的情報網，亦能敏銳洞悉巨變帶來的衝擊，但一個人力挽狂瀾、減少損失的能耐畢竟有限，故在中國市場仍無法避免虧損纍纍，實在是「非戰之罪」。而他那時年紀已老，失去了東山再起的機會，雖然香港經濟在進入 1950 年代中葉開始節節上揚，但亦與他無關了。

註釋

1　順作補充的是，在太平洋戰爭中，擔任中國戰區最高指揮官蔣介石總參謀的美國高級將領魏德邁（Albert Wedemeyer）將軍，在中國再次爆發內戰時，被美國總統杜魯門（Harry Truman）委派來華，調查當時中國的政經與社會狀況，撰寫報告，作為美國給中國政府提供援助的參考和依據。魏德邁在上海停留期間，一直住在華懋酒店的套房，相信曾與域陀‧沙遜接觸交往，交換意見和消息（Jackson, 1968: 268）。

2　有分析指出，位於虹橋路的「伊夫司」（即本文指的「伊娃」）產業，以 12 萬美元出售予厲樹雄；南方西路產業，以 20 萬英鎊出售予安樂廠東主鄧仲和；辣斐德路（即現今復興中路）產業則轉手榮毅仁（張仲禮、東曾年，1985：155）。由此可見，他在那段時期確實出售了大量不能帶走的產業，因此相信損失遠沒其他商人巨大。

3　以新沙遜洋行這樣的跨國巨企，旗下有銀行，早前又套現了巨額資金，若有意滙款，按道理不會拖得太久。但他們遲遲不繳交，令罰款累積，一方面反映他們對重稅政策的不滿，亦可能是正尋求英國外交上的協助。當然亦可能是出於「不願再增加損失」的考慮，寧可讓在中國的剩餘資產化為烏有，亦不想再把海外資金滙到上海，以免增加投資損失。

4　這位 R. Ho，可能是集團（新沙遜洋行和安利洋行）買辦何世光。何世光乃何福之子、何東之姪，來自香港買辦巨富家族。他們除了擔任買辦，亦把所得財富購入那些有潛質企業的股份，因此一躍成為股東，扮演了「既僕又主」的角色（鄭宏泰、黃紹倫，2007）。

5　這銀行相信是指「拿騷銀行」（Bank of Nassau）。

第十一章

雁鵬折翼

第四代家族中堅的先後去世

二戰後，沙遜家族面對的挑戰一點不比戰時輕微，尤其是新沙遜洋行的業務和投資，在印度及中國的全新政治形勢下，蒙受巨大衝擊與損失，但基本上仍能因時制宜，事先作好應對，鞏固本身財富，不致於全面消散，故仍能強化他們在商業和社會上的地位與名聲，令沙遜家族仍可如羅富齊等老牌重量級家族般，保持著世界級巨富家族的美譽，備受重視。

然而，到了 1960 年代，自域陀・沙遜和薛弗德・沙遜這兩位家族代表人物先後去世，家族的發展無疑受到巨大影響。其中，域陀・沙遜無後，龐大家業無以為繼，更讓人感覺到家族大勢已去，揭示人力資本的萎縮，實乃家族由盛而衰的轉捩點。回想大衛・沙遜育有八子，哪怕當時物質條件匱乏不足，卻能在父子齊心協力下，東征西討，建立起龐大的商業王國。想不到家族經歷百多年富貴，物質、人脈等資本應有盡有，卻因人力資本不足而走向沒落。可見要維持家族長治久安，任何因素都不能忽略，以免星火燎原。

域陀‧沙遜的晚年結婚

對於結婚與延續血脈等問題，域陀‧沙遜過去一直表現得不關心、沒興趣，多年來遊戲人間，始終保持單身。但到了 1950 年代，他人生進入暮年，身邊的親友逐一離世，他又經歷過多次戰亂、政經的巨大風浪，感受和思想有了不少轉變。而且，迫在眉睫的是，他已年過 60 歲，名下的生意及投資遍佈世界，他一旦去世，這個龐大的商業王國將無以為繼，代表祖父艾理亞‧沙遜一房辛苦開拓和建立的基業，將在他手中斷送，這點相信在死亡愈接近時，愈令他難以釋懷。

隨著時間消逝，域陀‧沙遜膝下猶虛的問題變得更為迫切。母親多年來為此事憂心不已，苦口婆心地不斷催促，特別在他弟弟赫陀‧沙遜無子早逝後，情況更為嚴峻，因為域陀‧沙遜已成為艾理亞‧沙遜一房唯一的男丁，若他亦無後嗣，那麼祖輩香火便會從此斷（Jackson, 1968）。在她不斷勸說期間，卻傳來另一房的薛弗德‧沙遜喜獲麟兒的消息。薛弗德‧沙遜敢作敢為，不避世俗目光，敢於追求心儀的男子，公開承認自己的同性戀傾向，但人到中年，卻在失戀後改弦易轍，火速結婚，最終得償所願，成功延續血脈。

薛弗德‧沙遜從同性戀轉為異性戀，並「追到」兒子的「成功案例」，相信令域陀‧沙遜的母親大感鼓舞，覺得兒子延續血脈的大門沒有被堵死，不過無論她如何勸說，仍不能令頑固的域陀‧沙遜動搖。到了 1955 年，域陀‧沙遜的母親終因年老力弱去世，雖是得享高壽，且一生翠繞珠圍，但相信她對兒子無後一事仍耿耿於懷，故臨終之前再三叮囑，要域陀‧沙遜早日娶妻生子，以免孤獨終老，也令家業得以延綿。

域陀‧沙遜能掌握一間龐大的跨國企業多年，相信必定有過人意志，不會輕易改變決定。但畢竟他已經歷了兩次戰亂，身體殘障，又先後失去印度和中國兩個龐大市場，再加上母親臨終時仍對自己的婚事念念不忘，應該很大程度

動搖了他的想法，令他重新思考婚姻血脈的意義。至 1958 年，他在中國的生意及投資正式全面告終，國際政治環境亦趨向穩定，不再需要他緊盯生意或親上前線，有更多時間靜下來，檢討得失並思考未來。

但在域陀・沙遜作出任何決定前，他的健康卻突然變壞。早年因戰爭受傷落下的病根，在 1950 年代開始發作，雙腿機能大幅退化，由本來能憑枴杖行走變為需要依靠輪椅代步，日常起居亦要依賴他人協助（Jackson, 1968: 273-275）。他的生活自那時開始起了重大變化，先是聘請近身護士照料，同時減少工作時間，且更注重健康的生活模式。

到了 1958 年，域陀・沙遜健康進一步轉差，長期臥病在床，不但藥不離口，醫護不離身，還有種種不能宣之於口的人生脆弱面。這時候，就算家財千萬，也分毫不能減輕病痛，而且患病時身邊沒有親人關心照料，就算再強悍的人也會感到難過。到病情稍為好轉，他終可以脫離病床，坐在輪椅上走動，看看庭園花卉和戶外世界，自然會反思人生的意義，對事情的重要性也會重新排序。由大病走向康復這段時間裡，域陀・沙遜的內心世界應有不少起伏，導致他康復後作出一個轟動社會的決定。

4 月 1 日乃西方社會的「愚人節」，在這天大家可以開些無傷大雅的玩笑，作弄別人搞搞氣氛。就在 1959 年愚人節這一天，大病初癒的域陀・沙遜突然公佈婚訊，新娘子是照顧他近十年的看護伊芙蓮・班士（Evelyn Barnes），她來自美國德薩斯州的達拉斯，那時只有 39 歲，與年過 77 歲的域陀・沙遜相差38 年。婚禮在域陀・沙遜位於巴哈馬拿騷（Nassau）的大宅舉行，豪華但相當低調，只有十分親密的親友才獲邀出席，不過由於他身份特殊，故仍吸引不少傳媒關注，紛紛報導相關消息（*South China Morning Post*, 3 April 1959）。

事實上，域陀・沙遜乃世界級富豪，多年來堅持獨身，大家都想知是什麼原因令他改變主意：是愛情的魔力太大？是想作最後衝刺生下兒女？抑或只

是希望晚年有人作伴，不致孤獨終老？新娘與他無論年齡、身家，或是種族信仰等，各方面的差距甚大，自然亦令人好奇她有什麼吸引域陀·沙遜的地方。因為正式婚姻會影響到遺產繼承問題，令財產分配變得糾纏複雜，增添變數，心思縝密的域陀·沙遜，按道理在婚前已對此想得透徹，也衡量了所有利害得失。

按現存資料分折，這段婚姻結合應有多種原因，其一可能是域陀·沙遜對伊芙蓮由感恩而生愛。一篇報導提及伊芙蓮受僱照料域陀·沙遜已有十年，二人在倫敦已一起相處，域陀·沙遜稱她持續專注的照顧，多次把他從心臟病發中救回（her constant attention saved my life more than once in a heart attack）（*The Evening Independent,* 2 April 1959）。人在病中，精神心理都會變得較柔弱，若有人始終如一地照料關心自己，很容易產生感情，故域陀·沙遜希望給她一個名份，以回報她的陪伴，讓她日後生活無憂，亦相當合理。

另一個合理推測，是域陀·沙遜的投資集中於物業金融這些高端層面，且有穩定回報，生意已不需要他太操心，自然多了時間思考其他問題。他是祖父艾理亞·沙遜一房唯一的男性血脈，如今年老多病，死亡即將來臨，可能生起如薛弗德·沙遜般生育兒女的念頭，渴望在人生終結前留下血脈，亦是人之常情。而且在 1950 年代，解決不育問題的科技出現了一些突破——哪怕真正落實還要等到 1970 年代（Broer and Turnanli, 1996），他因此決定先娶妻作好準備，若生育科技研究成功，那他便有機會老來得子了。

二戰後，雖然行動不便，但在銀柺杖的支撐下，域陀·沙遜仍可東奔西走，為家族的商業王國不斷打拚。經歷種種戰亂與政局巨變，到了 1950 年代，他身體老化，不能自由走動，只能輪椅代步，甚至長期臥床，處於不同的人生階段，自有另一番綢繆，其中又以暮年娶妻一事最受注視，轟動一時，令人議論紛紛。但無論是為了追求晚年的浪漫、渴望生下兒女延續血脈，抑或是

其他原因，答案已無從稽考。但無論如何，相信他早已想清楚婚姻帶來的利害得失，亦作好安排，故待他去世後，傳承上並沒有出現什麼公開爭執，反映他深謀遠慮的思考力至老仍未有減退。

薛弗德・沙遜的信仰轉變

域陀・沙遜在 1950 年代末的晚婚轟動一時，其堂弟薛弗德・沙遜亦不遑多讓，作出了一個令人意外的舉動，那便是公開宣佈脫離原來信奉的英國浸信會，改宗天主教。他出生不久便在母親的安排下受洗為基督徒，是一名資深教友，而且在文壇名聲響亮，故他晚年突然「轉會」，不但在浸信會、天主教及猶太教社群引起紛紛議論，甚至整個英國社會亦相當關注。在深入討論薛弗德・沙遜這次轉變的經過前，且先粗略交代他暮年生活狀況及文學創作等經歷。

正如上一章談到，二戰前後，薛弗德・沙遜已與妻子海斯特長期分居，但沒有辦理正式離婚手續。這種掛著婚姻之名卻各有各活的「含糊」做法，相信是為了免除兒子撫養權的爭執，海斯特可避過「失婚婦人」的標籤，薛弗德・沙遜也不用處理財產或贍養費等問題，大家「再見亦是朋友」，未嘗不是一個減少麻煩的理性安排（Egremont, 2005: 464）。1950 年，他們的獨子喬治・沙遜入讀歷史悠久的「奧爾多學校」（Oundle School），並取得獎學金，令他們大感安慰，減輕了二人因兒子教養而起的矛盾和爭拗。同年 12 月，薛弗德・沙遜獲得 CBE 勳銜，人生增添一項榮譽（Egremont, 2005: 465）。

自進入 1950 年代，不再受家庭生活困擾的薛弗德・沙遜，將更多時間和精力投入文學創作，在 1950 至 1955 年間先後出版了《同弦》（*Common Chords*）、《經驗的標誌》（*Emblems of Experience*）、《任務分配》（*The Tasking*）及《一個調整》（*An Adjustment*）等詩集和散文。1955 年，他獲牛津大學頒贈名譽

博士學位，無疑是對他一個重大的肯定。1957 年，他更獲「女皇詩詞金獎」
（Queen's Gold Medal for Poetry），這個獎項由英皇喬治五世設立，歷史悠久，
每年頒發予一位表現卓越的詩人，是英國文學界一大盛事。薛弗德·沙遜獲此
殊榮，代表他的作品得到官方「認證」，也進一步確立其文壇地位（Egremont,
2005: 479, 481 and 487）。

　　不過，就在薛弗德·沙遜的創作路愈走愈順暢，成就越見耀眼時，1955
年卻發生一件令他十分愕然的事，那就是他一直疼愛如瑰寶的兒子，在沒有
通知父母的情況下，突然與一名在政府登記處工作的平民女子史提芬尼·莫
勞（Stephanie Munro）結婚。那時喬治·沙遜只有 19 歲，剛成年不久且仍在
求學，據說就連女方的父母事前亦毫不知情（Egremont, 2005: 478）。似乎在婚
姻大事上，這一房都有著反叛的「傳統」：父親艾弗特·沙遜違背母命娶了英
籍新教徒、薛弗德·沙遜不理世俗眼光與同性戀人交往多年，最後才「倦鳥知
返」。到了兒子這一代，又出現「先斬後奏」的不告而娶，相信薛弗德·沙遜
定是百般滋味在心頭。

　　自 1950 年代起，薛弗德·沙遜的健康亦開始出現問題。其中最令他困擾
的是腸胃持續不適，而且屢醫無效，甚至影響日常生活。他一直以為只是小
病小痛，想不到這些病徵竟是重病的先兆，最後更奪去他的性命（Egremont,
2005: 516-517）。

　　除了病患及兒子突然的婚事外，還有一事令薛弗德·沙遜深受困擾，那就
是宗教信仰或靈性寄託的問題，有研究者指「他的一生只是在尋找宗教信仰」
（all his life had been a searching for religion），用薛弗德·沙遜本人的話則是「一
種我能接受的信仰」（for a faith that I could accept）。顯然，信仰對他而言是一
個極大的問題，在人生中佔比極重，不能等閒視之（Egremont, 2005: 490）。

　　薛弗德·沙遜尋找信仰之路，事實上一波三折。在第五章曾談到，其父當

年與信仰基督教的母親結婚，遭祖母花拉強烈反對，一家人幾乎反目，之後大家相見如陌路，極少再往來。到薛弗德·沙遜三兄弟出生後，母親安排他們於英國浸信會（Anglo-Catholic）受洗（Egremont, 2005: 8-9），成為基督徒，而非家族信奉的猶太教，親人間的關係和距離更愈走愈遠。薛弗德·沙遜自襁褓時已是基督徒，由信奉基督教的母親撫養，加上與沙遜家族的關係有隔閡，沒有太多機會接觸猶太教，自然較難受感召；但意外的是，原來他對基督教的信仰亦不虔誠，甚至可以說不太認同。

至薛弗德·沙遜長大成人後，先後經歷殘酷的戰爭、不為世俗所容的戀愛、同床異夢的婚姻、早早成家離巢的兒子，到了晚年，雖然事業不斷取得突破，文學成就獲肯定，且身邊總有諸如方頓（Colin Fenton）、賀拔（Nicholas Herbert）和蕭克（Denis Silk）等年輕男子作伴，但他的內心仍常感孤獨，更強烈渴望通往天堂之路。不過，無論是猶太教或基督教，均不能令他感到踏實和安慰，也無法讓他獲得心靈平安。

雖然薛弗德·沙遜對基督教早已失卻信念，但多年來都沒有公開，可能是青壯年時為了生活和事業，或迫於現實考慮，只能壓抑不滿。但當進入暮年，死亡已臨近時，他想到若再拖宕蹉跎，恐怕會影響天國永生之路。故在 1957 年 10 月，年過 71 歲的薛弗德·沙遜，公開宣佈脫離英國浸信會基督教，改為皈依天主教（Egremont, 2005: 486-491）。更改宗教信仰，不單是更改在生時的忠誠對象，更牽涉離世後靈魂的最終歸宿，絕不能簡單視之。加上主角是這位性格獨特、一直新聞多多的文壇巨匠，自然引起社會乃至猶太教、基督新教及天主教等群體的巨大震動（Jackson, 1968; Egremont, 2005; Wilson, 2014）。

在信仰的道路上，薛弗德·沙遜於襁褓時受洗為基督徒，非他個人意志選擇，亦令他們一脈與沙遜主體家族關係疏離，日後未能沐浴於猶太教義之中。到他長大成人，經歷了人生的困苦，覺得基督教的信仰未能滿足他內心需求，

只好另覓信仰，尋找更好慰藉。而他最後皈依天主教的原因，據他自己所言，是「我所最為欣賞的，是教會（天主教）的全面權威。皈依後，我的人生第一次感到完全平安」（*South China Morning Post,* 6 October 1957）。很有趣亦值得深思的是，性格反叛的薛弗德·沙遜，對信仰追求的竟然是「全面權威」，而不是率性而行、我行我素的自由，相信是對自由主義者的一個不小諷刺。

兩堂兄弟的先後去世

二戰結束後，全球經濟在和平中走向復甦，沙遜家族的域陀·沙遜及薛弗德·沙遜兩位傑出成員亦繼續活躍，在商業及文學界創造了非凡成績，在亞洲、歐洲乃至全世界贏得響亮名聲，別具影響力，家族自然引以為傲。不過，在那些心水清或對家族有深入了解的人眼中，這個風光無限的百年家族，由於後代人丁單薄、後繼乏人，其實已呈現衰落色彩。在這一節我們會剖析沙遜家族在這兩位成員去世後出現什麼發展困難，下一章則追蹤新一代如何力求中興振作，試圖重視家族的光榮歲月。

1959年域陀·沙遜轟動一時的婚姻，可能某些人會以為他是「臨老入花叢」，但以他的老謀深算及身家財富，應該不會輕易受情慾驅使，或單純為了晚年有伴侶照料那麼簡單，因為這些追求根本不須採用婚姻這種方式，故他結婚的最主要目的，應是想用法律制度保障自己可能會有的血脈。而且，新婚時他雖然剛病癒，行動不便，要依賴輪椅出入，但身體機能大致良好，精神尤佳。Jackson（1968: 272-273）在有關沙遜家族的著作中，刊登了域陀·沙遜拍攝於1960年的照片，他看來神采飛揚，並不像一名日落西山的老朽。也即是說，哪怕已屆耄耋，域陀·沙遜應該仍對個人健康有信心，結婚後更時常攜同妻子出席社交活動，特別是他喜愛的賽馬。

然而，這樣的日子並不長久，1961年1月初，快將80歲的域陀·沙遜突

《香港工商日報》1961 年 8 月 16 日，報導域陀・沙遜的死訊。

然心臟病發，引起社會人士及商界朋友的注視（*South China Morning Post*, 10 January 1961）。經送院搶救後，他病情略為穩定，但未能脫險，其妻子公開表示，「他雖然仍未過危險分界，但醫生向我報告指（病情）有改善，已讓我感到很受鼓舞」（*South China Morning Post*, 16 January 1961）。在接著的日子裡，域陀・沙遜一直留在深切治療病房，未能越過「危險分界」，妻子及親友陪伴在側，祈禱希望他早日康復，但事與願違，他最終於 1961 年 8 月 13 日因心臟衰竭去世，享年 79 歲（*South China Morning Post*, 14 August 1961）。

域陀・沙遜的死訊獲傳媒大幅報導，內容除聚焦其天文數字般的巨額財富，還回顧了他的傳奇一生：第一次世界大戰時加入海軍和空軍，並在一場空難中受傷，導致終生行動不便，要靠枴杖出入；加入家族企業後運籌帷幄，具有點石成金的能耐。此外，亦提到他一生熱愛賽馬，乃世界級大馬主，曾贏過四次「愛普森打比」（Epsom Derby），又兩次成為英國草地大賽中的「頭馬馬主」（headed winning owners），贏得巨額獎金（參考下一章討論）。儘管域陀・沙遜一生風光，但由於他沒有子女，大家自然好奇他的巨額遺產如何分配，生意又如何繼承延續等。唯一肯定的，就是那個由其伯父傳到父親，再傳到他身上的爵位，因後繼無人而被收回（*South China Morning Post*, 14 August 1961）。

至於薛弗德・沙遜，他到了晚年仍筆耕不絕，曾在 1950 年代末至 1960 年

代初出版了《四旬期的燈彩》（*Lenten Illuminations*）及《和平之路》（*The Path to Peace*）等書。其子喬治・沙遜在 1960 年喜得千金，取名簡杜爾（Kendall），薛弗德・沙遜榮升為祖父。不過，喬治・沙遜首段婚姻在女兒出生後不久即告觸礁，於 1961 年與妻子離婚，並在同年另娶瑪格麗・狄斯（Marguerite Dicks）。無論是離婚或立即再婚，薛弗德・沙遜和海斯特事前都未獲告知，相信一方面是因為那時喬治已大學畢業，踏入社會工作，完全自立自主，同時亦反映家人間的關係似乎並不親密。

此外，喬治・沙遜的事業選擇亦頗為與眾不同。他畢業於劍橋這所老牌名校，又來自名門望族，卻似乎對傳統「力爭上游」的工作興趣不大，曾先後投身耕田、畜牧，以及速遞員等一般人眼中較低層的崗位，若隱若現間流露了非主流的事業追求（Hoare, 2006）。

進入暮年的薛弗德・沙遜，身體出現各種問題，特別是與消化系統及腸胃相關的疾病，經常要延醫問藥（Egremont, 2005: 386-387; Wilson, 2014: 607），至 1964 年病情更趨惡化，出現胃出血等情況。初期他以為只是消化不良和腸胃病等「老毛病」，自行判斷只要休養一段時間便會好轉，故沒有太過掛心，而病情確實又在他服用舊藥和增加休息後紓緩。不過，翌年相同病徵又再出現，並有加劇之勢，他才決定到醫院接受檢查，發現患上胃潰瘍，前列腺亦有問題，初步診斷病情未算嚴重，但必須接受聚焦的治療（Egremont, 2005: 516-517; Wilson, 2014: 566-568）。

或許是人到晚年，經過歲月歷練，薛弗德・沙遜對不少事情都看開看淡，亦放下對分居妻子海斯特的心結，二人多了聯絡，他更邀請海斯特到海特斯布里的大宅探望他，相信是海斯特自 1940 年代末搬到莫爾（Mull）生活後首次重踏故居。兩人重聚，或未至於即時重修舊好，但總算是冰釋前嫌，「再見亦是朋友」。

1966 年 9 月 1 日，一眾親友為薛弗德·沙遜舉行 80 歲大壽的生日會，令他大感高興。但喜慶過後，他的健康情況卻不斷走下坡。到 1967 年，雖然他精神尚可，但身體更見虛弱，骨瘦如柴，再到醫院接受檢查，才確診患上了「腹部癌」（原文 abdominal cancer，相信是指腸癌），要留院接受治療。但因年老體弱加上病情嚴重，治療沒有太大成效，反而令他備受折磨，身體日益衰敗。同年夏天，察覺到時日無多的薛弗德·沙遜選擇離開醫院，回到海特斯布里的大宅寧養，等待善終。他亦開始為自己安排後事，聯絡早前為他舉

薛弗德·沙遜之墓

行皈依天主教儀式的麥花蓮修女（Mother Margaret Mary McFarin），請她主持他的殯葬禮及彌撒等儀式，並獲得修女首肯，了卻他的心願（Egremont, 2005: 516-517）。

薛弗德·沙遜臨終前數天，在莫爾生活的海斯特突然心臟病發，要送院治療，兒子喬治·沙遜在她身邊照顧。薛弗德·沙遜彌留時，海斯特仍在醫院，未能親往送他最後一程，喬治·沙遜則立即動身返回老家，並在床前送別父親。1967 年 9 月 1 日——即距離他 81 歲大壽一個星期之時，薛弗德·沙遜與世長辭（Egremont, 2005: 516-517; Wilson, 2014: 566-568）。[1]

與域陀·沙遜相比，薛弗德·沙遜的財富當然不算多，但他留下的文學著作卻肯定是家族中無人能及的，不少作品深入民心，為人津津樂道，在文壇和社會發揮巨大影響力。而在個人層面上，他的性格相當複雜，被形容為一個

「不易相處的人」（not the easiest person to live with），挑剔尖刻，對家人及朋友要求很高，並在遇到挫折時容易沮喪失落，兒子喬治・沙遜曾指父親每遇到壓力或批評，便會「退回自己的殼中」（he retreated into his shell），只顧自怨自艾，憂鬱難抑（Hoare, 2006）。而且，他雖為文壇巨匠，不少文壇朋友對他推心置腹、高度稱頌，但他卻私底下告誡兒子不要加入文學圈子，「因他們大多是渣滓」（most of them are just shits），揭示他對文壇怨氣不少（Hoare, 2006）。

對於薛弗德・沙遜性格與情感上的多面多變，其友人艾克理（J.R. Ackerley）在日記中的一些私人記述，十分清晰地勾勒出那種特質。他指薛弗德・沙遜雖然有「甜美、仁慈、健談、善忘」（sweet, kind, loquacious, absent-minded）的一面，但同時又有「非常惡劣的自我中心、只顧自己」（dreadfully self-centred and self-absorbed）的另一面，可見其性格詭譎多變，一點也不單純（Wilson, 2014: 538）。

細心回顧薛弗德・沙遜的人生，事實上亦充滿了反叛及多變的色彩。其父親不理家族反對，與非猶太人結婚，一開始已令他走上一條與家族眾人不同的路，他一生潛心文學創作，與祖輩致力於操贏計奇、下海經商的取向迥異。此外，他曾參與世界大戰，卻秉持反戰立場；出身於巨富家族，而偏向同情勞苦階層；先與同性戀人愛得高調轟烈，失戀後即轉為追求異性，迅速結婚生子；在宗教信仰上由基督教改投天主教等等，似乎一生都在追尋，想找一個可以安身立命的地方。再加上他具有文人敏感細膩的觀察力及表現力，難怪會予人善變的感覺。但就如他膾炙人口的詩句：「心有猛虎，細嗅薔薇」（In me the tiger sniffs the rose），剛烈與溫柔亦並存於他的人生中。

從整個家族的發展進程而言，作為沙遜家族第四代最有成就的核心人物，域陀・沙遜和薛弗德・沙遜在 1960 年代雁行折翼，給家族帶來巨大損失，自此之後，家族再沒出現像域陀・沙遜般能夠點石成金的商業奇才，亦未見如薛

弗德・沙遜般具卓越文學才華者，令沙遜家族無論身家財富、在政經社會的名聲地位和影響力等，均大不如前，逐步滑落。而且，域陀・沙遜無後而終，薛弗德・沙遜雖有一子，但兒子誕下的三名女兒只有一名在生（參考下一章討論），嚴格而言，兩房同樣絕繼。

家族多代人的愛馬情結

　　長久以來，沙遜家族的成員，無論是哪一代，又或從事哪一個領域的工作，[2] 大都有一個共同且引人注視的興趣，那便是熱愛騎馬、養馬、賽馬、打獵、馬術競技及打馬球等，只要是與馬有關的活動，他們都「差不多達到迷戀的程度」（黃紹倫，2019：16）。由於這些都是奢侈的消遣活動，能養馬及成為馬主者非富則貴，有助突顯他們的權威和身份地位。此外，英國皇室貴族及達官巨賈多好此道，沙遜家族亦能藉參加賽馬等活動，與他們聯誼交往，打造上層社會的人脈關係。事實上，養馬賽馬具有投資功能，就如藝術品和古董收藏，既有助提升個人或家族的品味與社會地位，亦能帶來回報，一舉多得。

　　正如第五章粗略提及，家族第二代的阿爾伯特・沙遜諸兄弟移居英國後，迅速打入上流社會，成為皇室貴族的密友，關係如膠似漆，並取得「皇室金融家」的稱譽，為其金融生意帶來不容低估的「品牌效應」。這主要歸功於他們投其所好，常常一起開舞會、抽雪茄、養馬論馬，閒時則相約一起到郊外度假，主要活動離不開策馬揚鞭、燒槍狩獵、馬術競技等。為了便於養馬騎馬，同時又讓皇室貴族到訪時有賓至如歸的感覺，沙遜家族大灑金錢，在蘇格蘭或英格蘭等地的郊區，購置面積巨大、有山有水、有花有樹的度假別墅，當中魯賓・沙遜更曾「成為皇儲的半官方投注會計」（黃紹倫，2019：116）。

　　在進一步討論沙遜家族養馬賽馬的詳情前，先粗略介紹一下賽馬的歷史。在西方社會，賽馬被視為「國王運動」（sport of the kings），據說早在羅馬帝

國時已經流行，但不牽涉博彩，到十七、十八世紀，尤其在查理二世（Charles II）時，民間有了賽馬競技，並於 1750 年創立了「賽馬會」（Jockey Club），[3] 推動相關活動，英國皇室則在名義上支持和贊助賽馬，令其逐步流行起來（Cassidy, 2002）。

賽馬當然以「跑得快」為標準，並因此發展出所謂「純種馬」（thoroughbred）的觀念，背後與「從最優種培養最優種以得最優種」（breed the best to the best to get the best）的優生學理論有關（Cassidy, 2002: 9）。不過有分析指出，所謂「純種」其實是一個誤導概念，因為純種與健康無必然關係，亦不一定是最好，基本上扭曲了動物的本性。自十七、十八世紀以還的純種馬，其實是按馬主喜好和意願，透過不斷配種的方法繁殖，淘汰缺陷，從而改良出外觀漂亮，又認為可以跑得更快的優質品種，而這些「純種馬」則成了馬主「活的藝術品」（麥志豪，2017）。

配種繁殖的具體操作，是馬主由阿拉伯或中東地區輸入雄性「種馬」（俗稱「馬公」），[4] 使之與英國本地的牝馬交配，誕下的馬匹被認為是優良品種，不但外觀俊美，體格結實，四肢瘦長，且被認為能在賽場上有突出表現。更為重要的是，有實力的大馬主，能一條龍在外地挑選「馬公」，輸至英國配種，同時亦會成立自己的馬莊、馬房，聘請專人打理及訓練馬匹，擁有數目不少的純種馬。而養馬、賽馬亦成為寓興趣於實利的活動，有助建立社會地位、人脈網絡及生意投資（Cassidy, 2002）。

沙遜家族於十九世紀五、六十年代移居英國時，已立志打進上流社會，而他們握有的「通行證」，除了是豐厚的身家外，還因他們來自中東，有更適切的渠道輸入種馬。他們在為自己的馬房購入馬匹之餘，也會為其他馬主介紹，提供資料與支援，因此成為一個大受歡迎的切入點，讓本來身屬猶太群體、被社會排擠的他們可以衝破樊籬，很快成為上流貴族圈的一員，並與皇室維持緊

密關係，長達數個世代。

　　深入分析，家族第二、三代較集中於養馬，雖然有參與賽馬或策騎打獵，但多是偶爾為之，亦甚少參與馬術競技。到了第四代，域陀·沙遜和雷金納·沙遜等人則不只養馬，亦投入不少資金和心力於馬匹配種，與那些有實力的馬主一樣，自行從中東購入馬公，在英國或孟買等地配種，繁殖他們心目中理想的純種馬；另一方面，他們亦會訓練騎師和馬匹，積極參與重大賽事，包括馬球和馬術競技，與馬相關的活動已深入他們生活的不同層面中。

　　域陀·沙遜那一代對養馬賽馬有多沉迷，可以看看以下事例：首先，他們養馬的數目驚人。據 Jackson 的記述，單是域陀·沙遜一人，在印度便養有超過百匹賽馬，其中不少是價值不菲的純種馬（Jackson, 1968: 210）。雖然養馬開支巨大，但向來錙銖必較的域陀·沙遜，這時花錢卻毫不手軟，在遺囑中據說亦特別留下巨額金錢，作養馬之用（*South China Morning Post*, 26 November 1961），揭示他的熱衷程度，亦反映馬匹是皇室貴族與高官巨賈才負擔得起的

賽馬是域陀·沙遜最愛的活動，攝於約 1936 至 1937 年。（圖片出處：Southern Methodist University）

「奢侈品」或「活的藝術品」。

除養馬外，域陀・沙遜等人亦熱愛賽馬。早在 1920 年代，域陀・沙遜已與胞弟赫陀・沙遜合力培育馬匹，參與重大賽事，其中他們名下的「羅馬共和」（Roman Republic）、「羅馬勝利」（Roman Victory）等馬匹，都曾在賽場上取得突出成績（*South China Morning Post*, 28 November 1923）。更為轟動賽馬圈的，是二戰之後，域陀・沙遜旗下馬匹多次在重大賽事中奪冠，包括於 1953、1957、1958 及 1959 年，一共贏了四次「愛普森打吡」（Epsom Derby）大賽，並兩次成為英國草地大賽中的「頭馬馬主」（headed winning owners）。愛駒奪冠為他贏得巨額獎金，固然值得高興，但對這位世界級富豪而言，更重要的，相信是贏馬證明了自己的眼光，也帶來了榮耀感及滿足感。

其三，沙遜家族不但觀賞賽馬，甚至會下場參與賽事，騎術精湛的雷金納・沙遜更因此墮馬身亡，成為家族中的憾事（參考第八章討論）。意外發生時他還不滿 40 歲，未婚且沒子女，令米耶・沙遜一脈斷絕（*South China Morning Post*, 18 January and 16 February 1933）。雖然面對不幸打擊，但家族並沒放棄或減低對賽馬的熱愛，反而在日後捐款成立馬術訓練基金，用於提升馬術安全（Turley, no year）。

在香港，不少人賽馬是為了博彩，並非視之為體育競技。但沙遜家族多代人參與賽馬，卻甚少看到賭博的色彩，黃紹倫（2019：16）的研究以香港為例，指沙遜家族雖然長期參與賽馬活動，「卻沒有任何成員出任香港賽馬會主席或董事職位」，可見他們「醉翁之意不在酒」，非如一般民眾以賽馬為名，賭馬為實。事實上，域陀・沙遜十分抗拒在賽馬中摻雜賭博，他的好勝心雖然極強，渴望名下馬匹能在賽場上勝出，但並不喜歡賭博，「在賽馬上，他十分迷信，但堅持不能賭博，認為若是參與賭博，會帶來厄運」（Jackson, 1968: 211）。

既然不參與賭馬，他們真正追求的又是什麼呢？前文提及為了建立與皇室

貴族的關係，打進上流社會，可能是其中一個現實的考量，此外還有諸如彰顯本身的品味、強調其血統及驚人的財力，又可與英國皇室產生「同屬異鄉……共鳴」等因素在內（黃紹倫，2019：17）。而對域陀・沙遜而言，相信這項活動還能滿足他內心深處某些追求，因他曾經戲言：「只有一個種族勝於猶太種族，那便是打吡大賽的馬種」（Jackon, 1968: 120; 黃紹倫，2019：16）。即是說，可能他希望從中獲取某種優越感或成功感，藉此填補自身某些不幸或缺陷。

正如第一章提及，猶太人自中世紀長期居無定所，在歐洲及阿拉伯四處流徙，有時甚至被驅逐、迫害，吃盡不少苦頭，成為社會邊緣群體。在家族層面，哪怕沙遜家族身為大衛王的後代，曾祖輩乃巴格達「納西」，擁有「酋長」頭銜，但一旦得罪當地權貴，也只有流亡一途，最後投靠大英帝國，仍要依附在皇室背後才能在經商上取得突破。個人方面，域陀・沙遜雖富可敵國，擁有爵士頭銜，卻跛了雙腳，行動不便，要靠「一對銀柄枴杖」生活（Niderost, 2006: 43），最後甚至要輪椅代步。即使擁有純種馬無數，他其實也不能策騎，粗俗點說就如太監娶妻，無福消受。令他更為困擾的，可能是婚姻與生育問題，哪怕父母及親友多番「催婚」，他都以擔心生出「白癡兒」作回應（Jackson, 1968: 136），揭示他可能有同性戀和不育問題，這種事情並非罕見，他確實亦無後而終。

由此推論，這個風光無限的家族背後，可能存在不少不可告人、有苦自己知的缺陷。家族中不少人有先天同性戀傾向，或患上各種重疾，英年早逝等等，都對域陀・沙遜等人造成心靈上的傷痛。純種馬可以不斷改良，去弱留強，消除缺陷，培養為最優越的品種，在賽場上獨領風騷，贏盡各方艷羨目光，印證其是最優質的種族，成就他們理想中的人生，為他們帶來無可替代的慰藉和滿足。

馬自 5,000 年前被人類馴服以來，一直是人類的重要夥伴。由於他們具有

重要的功能，如沙場上的人馬一體、死生同途，更令不少人認為馬通人性，例如《三國演義》中的「的盧」，便被寫成懂得知恩圖報，在危難時救回劉備一命。沙遜家族不惜花巨資和心血養馬，支持賽馬，對馬匹及相關運動情有獨鍾，這現象其實不少學者早已注意到，亦有過一些分析（Jackson, 1968; Stansky, 2003; 黃紹倫，2019），但畢竟資料缺乏，未能一窺全豹，始終未能提出更讓人信服的論點，值得日後繼續探究。

不過，單從沙遜家族自始至終十分重視培養純種馬，並參與重要賽馬活動的情況看來，難免令人想到猶太民族及宗教與純種馬之間的關連。猶太教強調他們乃希伯來人後裔，世居耶路撒冷地區，信奉舊約聖經，主要是前五卷的〈摩西五經〉，強調本身族群的純粹，所以不認同族外婚，亦不鼓勵向外傳教，認定自身乃「上帝選民」（The God's chosen people），是突出及獨特的民族。這種純粹、唯一與獨特性的觀念，與沙遜家族多代人結交皇室貴族，飼養純種馬等行為，無論在思想觀念上，或人生追求上，都存在一定相關性，值得日後再作深入探討。

結語

自進入二十世紀後，作為沙遜家族第四代代表人物的域陀・沙遜、菲臘・沙遜和薛弗德・沙遜三人，在商、政、文三個層面均大放異彩、叱咤一時，長期吸引傳媒鎂光燈。到 1939 年英國對德國宣戰之前，菲臘・沙遜去世，家族寄望其在政壇上更上層樓的希望落空，剩下域陀・沙遜和薛弗德・沙遜二人仍能續發光芒，直至 1960 年代。自他們二人先後去世，沙遜家族便因後繼無人急速回落，歸於平淡。

所謂「大樹之下無芳草」。在各自事業上取得亮麗成績的這三人，卻留下共同遺憾——都沒有留下或少有血脈，域陀・沙遜和菲臘・沙遜均無子，血脈

繼絕；薛弗德‧沙遜只有一獨子，日後獨子之子不幸早逝，這一脈亦無男丁繼後。他們雖擁有光輝的事業，卻難以永續，這亦是沙遜家族由輝煌走向沒落的關鍵所在。至於這個家族日後能夠東山再起，出現中興，又與其中一房子女數目較多、人力資本回升有關。到底這個中興現象或過程如何，不同後代又有何經歷與發展，且留待下一章再作討論。

註釋

1   薛弗德‧沙遜去世兩年後，兄長米高‧沙遜去世，享年 85 歲；米高‧沙遜的妻子則早在 1954 年已去世，享年 68 歲。到了 1973 年，海斯特去世，享年 67 歲（The Peerage, no years）。

2   身為文人的薛弗德‧沙遜，亦十分熱愛賽馬騎馬（Wilson, 2014: 32-35 and 408-410），尤其是策騎郊外打獵，所以才創作出了《獵狐人》（The Fox Hunting Man）的作品。

3   原來的 Jockey 指馬主，並非騎師，Jockey Club 的意思是馬主會所，即只有馬主才能加入，成為會員。由於在那個年代，能成為馬主者非皇室貴族就是高官巨賈，賽馬會的地位長期以來極為突出，成員必然是社會精英。

4   據說，現時國際賽馬場上的馬匹，從世系血統考據，基本上來自三個血脈，即阿拉伯達利世系（The Darley Arabian）、阿拉伯高多芬世系（The Godolphin Arabian）及土耳其拜雅利世系（The Byerley Turk），甚為單一（Cassidy. 2002: 9）。

第十二章

五代棄商

專業與學術的不同道路

無論東方或西方，在全球化的現代社會，生財致富都是改善人民生活水平、維持社會經濟發展的重要基礎，但無可否認，物質豐盛始終不是文明進步或人民幸福最高或終極的目標。正因如此，無數大小家族，總會呈現一個共同現象：當家族生存獲得充足保障，家人不用為溫飽擔憂後，投身商海的成員比例便會減少，大家開始按個人興趣和能力發展自己的事業，有的會走專業之路，也有人會選擇文化藝術，或是過「安貧樂道」的生活。沙遜家族的第四、五代，在經歷兩次世界大戰後便出現了這種情況。

對沙遜家族而言，自域陀‧沙遜和薛弗德‧沙遜這兩位第四代最顯赫的人物去世後，家族會否從此沒落，不再為世人所認識、失去影響力等，成為大家好奇的問題。由於沙遜家族不少後代選擇低調生活，投入到各自事業和興趣，不願在鎂光燈下高談闊論，爭取曝光，社會對他們的一舉一動或生平事蹟了解不多，公開的資料也大大減少。不過，仍有部份成員在某些範疇幹出成績，因而受到關注，留下人生與事業的一鱗半爪，引人好奇。儘管有關這方面的資料十分缺乏，本章仍盡力拼湊出沙遜家族第五代發展的粗略圖像，特別探討部份成員能夠突圍而出的原因所在；下一章則會聚焦第六代，談談他們為中興家族所作的努力。

新沙遜洋行的終結

在介紹家族第五、六代人的故事前，先補充新沙遜洋行最後結局。面對中國局勢轉變，域陀·沙遜於 1950 年將新沙遜洋行的註冊地轉移到巴哈馬，以之掌控集團的全球業務。與此同時，他又在巴哈馬創立「拿騷銀行」（Bank of Nassau），注入大量從亞洲轉移出去的資金。促使他作出這一重大企業重組的核心原因，顯然是政治因素，據說亦考慮到稅務問題，因為巴哈馬沒有個人或企業利得稅，尤其沒有遺產稅（AIM25, no year），用今天的話說，是一個「避稅天堂」，投資環境很切合域陀·沙遜這類身家極為豐厚的人。資料顯示，為了控制個人和公司在東方的財產，他同時又重組了「遠東提名人公司」（Far Eastern Nominees Ltd）及安樂洋行（Arnhold & Co）這兩家十分重要的子公司，以便利企業管理和資產調配。

補充一些這兩間公司在香港的資料，它們曾在香港公司註冊處進行商業登記，該部門仍保存了相關記錄，從中可粗略窺見域陀·沙遜營商的思路。一開始，域陀·沙遜選擇以香港作為兩間公司的註冊地，清楚反映他對香港作為英國殖民地的法律地位的肯定。具體地說，安樂洋行早在 1923 年已在港登記，相信與第八章提及域陀·沙遜立意開拓上海業務有關；遠東提名人公司則在 1946 年 8 月才成立，這應是預備在中國政權出現變動時作為逃生門之用。至 1949 年新中國成立後，域陀·沙遜再一次大規模轉移資本，遠離中國市場，兩所公司大部份資金和業務便轉到巴哈馬，惟公司仍繼續在港營運，讓其作為業務發展的橋頭堡，甚有「靜觀事態發展」的意味。

接著，突如其來爆發的韓戰，大大地改變了世界形勢，亦影響了域陀·沙遜生意和投資的佈局。由於遠東（主要是香港）的生意仍然強勢，公司的在港業務繼續維持，而非立即全面撤退，直至域陀·沙遜健康無法支援的最後階段——大多數具工作狂性格與突出企業精神的企業領軍人均有這種執著。正因

這種變化，新沙遜銀行（也包括母公司新沙遜洋行）在 1950 至 1960 年代一直留守香港，維持了一段不短時間，到域陀·沙遜去世後才全面撤出。

域陀·沙遜去世後，由於他遺下寡妻，按一般情況應是妻代夫職，掌管家族企業，成為女家長。但僅有資料顯示，伊芙蓮雖曾有一段時間擔任「拿騷銀行」執行董事之職，並於 1966 年 11 月 26 日到訪香港，可能是為處理域陀·沙遜生前留下的一些遺產及法律手續問題（*South China Morning Post*, 27 November 1966），惟自 1960 年代中起便甚少出現與她有關的消息，顯示伊芙蓮並沒走上統領企業的前台，亦不活躍於社交，應該沒有事業野心，亦可能是婚前早已有了承諾，不會成為家族領導，反映家族領導大位應另有安排（見下文討論）。伊芙蓮較常被提及的，是她有時會參加一些服務社會的慈善活動，尤其曾以域陀·沙遜的名義在巴哈馬成立了一個慈善組織「The Sir Victor Sassoon Heart Foundation」，資助當地的心臟病兒童進行換心手術，推動慈善事業（The Sir Victor Sassoon Heart Foundation, no year）。

另一方面，自域陀·沙遜去世後，新沙遜洋行的領軍人之職，亦不是落入「本家」（即沙遜家族男丁或父系繼承體系）手中，而是由米耶·沙遜的女婿菲茨杰拉德接手。這相信是因艾理亞·沙遜早已從本家分離，財產完全獨立，繼承也只是這一房之事，當時應只有菲茨杰拉德與 Violet Sassoon 誕下兒子，能將家業延續。或者，由於大家心存芥蒂，自艾理亞·沙遜開始，這一房已甚少與其他兄弟交往，關係疏離，域陀·沙遜與其他各房接觸不多，相見如陌路。因此不難理解，域陀·沙遜為何會將龐大企業交予非沙遜姓氏之人——即使這樣如同將家業轉到菲茨杰拉德家族手中。新沙遜洋行就如當年的渣甸洋行般，因為家族沒有男性血脈，於是傳到外嫁女的後人手上，最後成為凱瑟克的家族事業（參考筆者另一著作《渣甸家族》）。

更可惜的是，新沙遜洋行的業務在菲茨杰拉德接手後未見寸進，一來是

這位新領導在位不長，於 1967 年便突然去世，缺乏足夠時間凝聚力量，深化企業發展；二來是無論領袖魅力、商業觸角，乃至經營魄力等，他均遠不如域陀‧沙遜。菲茨杰拉德去世後，由獨子小菲茨杰拉德接掌大位，但他欠缺企業家精神和開拓魄力，「只守不攻」，令業務發展不斷倒退，最終決定出售全部業務，換回資金，無憂無慮地享受人生，直至終老。

從資料看，1967 年，新沙遜洋行旗下的新沙遜銀行，重組為新沙遜銀行國際（E.D. Sassoon Banking International Ltd），引入其他家族的投資者，本身則逐步退出。到了 1972 年，當香港股票市場熱火朝天，房地產市場又迅速發展時，新沙遜銀行國際與另一家族公司「華拉斯兄弟控股公司」（Wallace Brothers & Co Holdings Ltd）合併，排名上更處於其後，可見其地位進一步滑落。之後，公司再易名為「華拉斯兄弟銀行」（Wallace Brothers Bank Ltd），「沙遜」的名字被除下，[1] 宣告經營一個多世紀的新沙遜洋行及其集團，自此退出商業舞台（AIM25, no year）。

艾理亞‧沙遜脫離本家，與兄弟分道揚鑣，自立門戶後，在他的積極打拚下，新沙遜洋行曾風光一時，發展動力比舊沙遜洋行還要強大，實力和財力亦有過之而無不及。到艾理亞‧沙遜去世後，父死子繼，生意仍能不斷發展，再上台階。到域陀‧沙遜接手時又更上層樓，家族和企業風頭一時無兩，成為世界級巨富，令人艷羨，寫下世界商業史上濃彩重墨的一筆。可是，新沙遜洋行最後卻因後繼無人而走上「絕路」，致命之處是家族人丁單薄，無子繼承，在現今出生率長期低迷的社會中，是一個值得深思細味的問題。

喬治‧沙遜的際遇

雖是同性戀者（或更準確地說是雙性戀者），但薛弗德‧沙遜仍抱有孕育後代、留下血脈的強烈慾望，有子繼承衣缽是他內心深處其中一項重大追求。

與同性戀人分手後，旋即迎娶海斯特為妻，應不純粹為了性滿足，更明顯是為了追求延續血脈的目標。到妻子幾經辛苦終於誕下兒子，他雖然希望多生子女，妻子卻健康欠佳，而且她似乎從丈夫的態度中，感到他「醉翁之意不在酒」，在對婚姻失望下拒絕這個要求，令薛弗德·沙遜願望落空，夫妻長年分居異地，形同陌路。

夫妻失和及家庭分裂等問題若處理不善，自然會對下一代的成長造成影響。儘管喬治·沙遜遺傳了父母多方面的才華，但父母關係長期不好，爭吵不斷，且雙方都另有戀人，對婚姻不忠等種種因素，相信令年幼的喬治十分困擾不安，再加上他年幼便被送到寄宿學校，雖說這是當時不少貴族及良家子弟必經之路，但他在最需要父母關愛的年紀被迫離家，得不到父母的愛護和照顧，性格和情感上難免會有缺失，亦無助他建立起正確及健康的價值觀。

雖然由於祖父艾弗特·沙遜的「任性」，令一家在繼承上被除名，但瘦死的駱駝比馬大，喬治·沙遜自幼仍過著優越豐盛的生活。外婆去世後，他獲得一份遺產（Egremont, 2005: 459-460），祖母杜麗莎去世後他亦獲得一些遺贈，且他作為獨子，順理成章地繼承了父親名下所有遺產，包括海斯特布里的大屋及父親生前大量著作的版稅（Hoare, 2006），因此，喬治·沙遜雖不如其他堂兄弟般大富大貴，但仍擁有良好的經濟條件，基本上不用營營役役地為五斗米而折腰。

喬治·沙遜學業成績不俗，亦如其他家族成員般具語言天份，除了精通英語外，還懂法語、德語、賽爾維亞及克羅地亞語。他在奧爾多學校畢業後進入劍橋大學，不過沒有繼承父親衣缽修讀文學，而是選修了自然科學，據悉是父親反對他走文學道路。到他離開校門後，曾從事耕種、畜牧及導遊（travel courier）等工作，之後成為電子工程師，專注於航行電報通訊，並於 1978 年將個人研究成果結集成書，那時他才剛過而立之年。日後於 1986 年，他再出

版了一本有關微電子系統及應用的專業書，可見他在相關方面具有深厚的認識和見解。

與祖父及父親一樣，喬治·沙遜的愛情與婚姻經歷同樣相當「反叛」。他先是在求學時，未告知雙方父母便與年長戀人結婚，並育有一女。這段婚姻只維持至 1961 年，他再在沒有通知父母下離婚，又閃電結婚，第二段婚姻至 1974 年亦告終結。翌年，他與蘇絲·侯華德（Susie C. Howard）結婚，育有一子（湯姆，Tom）一女（Isobel），可惜，這段婚姻亦於 1985 年以破裂告終。他之後維持了一段時間的單身生活，到 1994 年，近將 58 歲的喬治·沙遜迎娶第四位妻子愛麗珊·史繆（Alison P. Smeall）（Hoare, 2006）。從他有如「跑馬燈」般輪替的婚姻，加上婚外情或多角關係鬧得不可開交的過程中，可看到他用情不專或性格反覆的問題，欠缺婚姻關係所需要的忍耐、堅貞與奉獻精神，這不多不少是受到父母情感複雜、關係糾纏的影響。

除了感情路上兜兜轉轉，喬治·沙遜晚年也過得不順遂。1994 年，即他進入人生第四段婚姻的那一年，他的投資遭遇到慘重的「滑鐵盧」，受到當時轟動英國的「萊特投資人災難」（Lloyd's Names Debacle）牽連，[2] 損失高達 50 萬英鎊，令畢生儲蓄大幅減縮，被迫出售父親生前留下的大屋等重要資產。由於他當時已不再年輕，這些資金相信是打算用作退休安享晚年的「棺材本」，這次投資虧損給他帶來巨大的打擊，令他沒法享受安逸豐厚的晚年。

想不到兩年後，喬治·沙遜又再遭到重擊。在剛進入甲子之年的 1996 年，他確診患上了淋巴癌（Lymphoma），猶如晴天霹靂。更為致命的打擊，是前妻蘇絲為他誕下的一子一女（湯姆及 Isobel）在一場車禍中去世，享年分別只有 18 及 21 歲。白頭人送黑頭人，自身又患上絕症，要忍受痛苦及漫長的治療，加上與長女關係疏離，喬治·沙遜的悲痛可想而知。自始以後，他變得志氣消沉，於 2006 年 3 月 8 日去世，享年 70 歲（*The Telegraph*, 17 March 2006;

Hoare, 2006）。由於獨子早逝，其父當年想留下男丁血脈的一番苦心，最終只徒留遺憾。

　　生於巨富之家，雖可算贏在人生起跑線，受不少人羨慕嫉妒，但其實亦有各種不足為外人道的壓力與挑戰，喬治‧沙遜的際遇，相信就是最好的寫照。這位「富五代」的父母人生任性而為，感情複雜多變，長期爭拗卻沒乾脆離婚，家人關係長期處於繃緊狀態，無疑給他帶來巨大影響，令他性格變得複雜，不易相處，就如他晚年的妻子愛麗珊所言：「喬治絕不是一位容易一起生活相處的人」（Hoare, 2006）。可能這亦影響到他對待感情的態度，令婚姻之路顛沛流離，而不斷的離離合合，相信令他亦飽受煎熬。事業也不能帶給他太大的滿足，據悉他對文學有興趣，本想如父親一樣走上創作之路，卻不獲支持，最後雖在電子工程取得一些成績，但相信仍覺得才華未展，有志不能伸。更遺憾的，當然是晚年喪子、失財，又罹患惡疾，接二連三的挫折，令他鬱鬱而終。

小漢莫‧沙遜的致力考古

　　由於薛弗德‧沙遜的血脈亦無以為繼，艾弗特‧沙遜一脈便只剩下相當低調的米高‧沙遜這一分枝了。正如之前章節提及，米高‧沙遜與妻（Violet）育有利奧、柏崔克和小漢莫三子，其中利奧‧沙遜及小漢莫‧沙遜在二戰時曾被徵召上戰場，柏崔克‧沙遜則缺乏資料，似乎沒在戰爭期間服役，未知是因身心狀況未能通過體檢，還是如父親一樣當時正身處國外。但無論原因何在，他一直沒有出現在社會或傳媒視野之中，本研究因此無從談起。

　　從僅有的資料顯示，利奧‧沙遜戰時曾被派赴法國，與德軍短兵相接，幸全身而回；小漢莫‧沙遜則被派至非洲，在埃及戰場上受傷，幸沒生命危險。二戰結束後，利奧‧沙遜相信回到英國與父母團聚，之後繼承了父母的產業。

不過，他的作風如父親般內斂不張揚，沒有留下多少人生足跡，只知他於 1989 年去世，享年 80 歲，就連有否結婚或有否子女等問題均不詳。

相對而言，由於小漢莫·沙遜日後成為了世界級考古專家，留下的記錄較多。他生於 1920 年，13 歲已學習駕駛飛機，性格好動，19 歲剛考入牛津大學那年，便因英國與德國開戰而被徵召入伍，在埃及戰場上受傷，康復後改任情報工作，轉派伊拉克，讓他有機會在太祖輩生活過的地方工作，此點令他有了不同體驗，相信亦在過程中學習了不同語言。他一生除英語外，還精通七種語言，如家族其他成員般具有很高的語言天份（Posnansky, 2005: 161）。

二戰結束後，小漢莫·沙遜返回英國，重拾書本，延續之前牛津大學的學業，修讀自然科學學位。大學畢業後的 1948 年，他與嘉露蓮·唐泰勒（Daphne Elsie Dawn-Taylor，暱稱 Caroline，下文稱為嘉露蓮）結婚。生於 1918 年的嘉露蓮，比小漢莫·沙遜年長一歲多，乃一名女權主義者，亦是一名藝術家和考古學者，性格硬朗。據說她曾對丈夫說過，她不會把所有時間放在做飯上，並指如果丈夫「想要一個廚師，他可花錢聘一個」，反映她對追求研究事業的志向與決心（Falmouth School of Art, 2018）。

1950 年代，小漢莫·沙遜被派到西非尼日利亞，[3] 從事考古工作，初期擔任行政官，不久被提升為尼日利亞古物處副主任，負責古物考據和維修保育。1960 年代末，他轉至烏干達，[4] 擔任古物監督，同樣走在考古前線。但他只工作了四年多，便因當地政治波動而離開，並於 1974 年到了獨立後的東非海岸國家肯雅，[5] 初期擔任位於蒙巴薩（Mombasa）的耶穌堡博物館（Fort Jesus Museum）館長。1976 年，他專注海岸考古學的工作，加入「航海考古研究所」（Institute of Nautical Archaeology），並組織了「蒙巴薩沉船發掘」，此舉令他日後聲名大噪，奠定考古學上的重要地位。

利用考古得來的一手資料，小漢莫·沙遜寫了不少篇幅短小但極具份量

的報告，包括《姆貝亞古物手冊》（*Antiquities Guide to the Mbozi Meteorite*）、《蒙巴薩港的聖安東尼號沉船》（*The Sinking of the Santo Antonio de Tanna in Mombasa Harbour*）、《蒙巴薩沉船發挖給一位陸地考古學家帶來的海洋思想》（*Marine Thoughts of a Land Archaeologist Derived from the Mombasa Wreck Excavation*）等等，豐富了考古學界及人類社會對非洲歷史的認識，其中更以水底考古一項開風氣之先，開闊了考古學的新視野。

對於小漢莫·沙遜在考古方面的貢獻，馳名世界的考古學者 Posnansky 有如下三點概括：其一是他揭示了「活躍鐵」（active iron）對於了解古代鐵器科技的價值；其二是他從發掘出來的連串草堆中提出了「年代時段」（age range）的見解，有助理解公元一世紀非洲的畜牧生活；其三是他開拓了較少人注視的海岸考古（水底考古）新領域，有助了解不同文化海上貿易的歷史（Posnansky, 2005: 161-162）。

小漢莫·沙遜在考古路上應不寂寞，其妻嘉露蓮一直與他並肩作戰，互相啟發和激勵。事實上，個性硬朗的嘉露蓮亦醉心研究，曾出版《敵與友》（*Friends and Enemies*）、《尼日利亞養牛人》（*The Cattle People of Nigeria*）及《在肯雅的中國陶瓷印記》（*Chinese Porcelain Marks from Kenya*）等重要著作，後者主要考據從肯雅出土中國陶瓷的花紋圖案，反映她對中國文化認識甚深。不過，夫妻婚後一直無所出，據說只養了三頭非洲花豹，[6] 並視之如親生孩子（Falmouth School of Art, 2018）。

可惜，這段婚姻最後以分離收場，惟不知在哪一年正式辦理離婚手續。到了 1982 年，小漢莫·沙遜退休，但仍於聯合國教科文組織擔任一些義務及研究工作。兩年後的 1984 年，已逾 64 歲的小漢莫·沙遜迎來第二春，妻子為珍·布朗（Jean Brown）。有了老伴並退下考古前線的小漢莫·沙遜，選擇到西班牙一個名叫「希梅納德拉夫龍特拉」（Jimena de la Frontera）的地方安享晚

年，直至 2004 年去世，享年 84 歲（Posnansky, 2005: 160-162）。雖然一生有兩段婚姻，但他看來沒有子女，因訃聞隻字沒有提及，若果真如此，他的死亡亦代表這一脈從此斷絕。

毫無疑問，小漢莫・沙遜在考古方面的事業是十分突出的，他與其他家族成員一樣，精通多國語言，對阿拉伯世界和非洲的宗教、歷史與文化有深厚認識，是他能在考古方面每有突破的關鍵所在。唯一令人感慨的，是他看來亦如其兩位兄長般沒有後代，又或是因為後代極為低調，沒在社會上留下什麼足跡，我們因此無法了解米高・沙遜這一分枝會否亦如薛弗德・沙遜般後繼無人。

曉・沙遜諸兄弟的專業發展

祖克・沙遜是繼其曾祖父大衛・沙遜之後，家族中生育最多的成員，共有五子二女，其中兩子是雙生子。在這五名兒子中，SJ・沙遜英年早逝，其他四子相信曾在一戰時應召入伍，走上前線，當中又以 AM・沙遜和法迪・沙遜二人留下較多記錄，亦育有後代。至於另外二人——達維德・沙遜和泰迪・沙遜——則缺乏資料，看來亦沒有後代。因此在這一節，將集中討論 AM・沙遜和法迪・沙遜二人下一代的發展。

先說 AM・沙遜，他育有一子，名叫曉・沙遜（Hugh Sassoon），資料顯示生於 1929 年，二戰爆發時只有 10 歲，比喬治・沙遜略長，亦沒上前線。1945 年二戰結束時，他剛 16 歲，相信仍在唸高中，之後應如父輩般進入大學，惟有關他求學時期的資料甚缺。他於 1952 年（即年過 23 歲時）加入一家名叫「湯森麥瓊濤公司」（Thomson McLintock & Co）的會計師事務所，由學徒做起，從工作中逐步考取專業資格。期間，曉・沙遜成家立室，妻子為瑪麗安・薛伊夫（Marion J. Schiff）。

到 1955 年，曉‧沙遜獲得了會計師資格，同年兒子占士（James）出生，之後還有一子艾著安（Adrian）及一女莎拉（Sarah）。1964 年，曉‧沙遜蟬過別枝，轉投「健力士馬安公司」（Guinness Mahon & Co），職位亦有提升，任職經理，之後更獲吸納為公司董事，一做便是 13 年。到 1977 年，他再跳槽「史曹奧斯唐布爾公司」（Strauss Turnbull & Co），此公司於 1990 年代被法資巨企「興業銀行」（Societe Generale）收購，他繼續在那裡工作直至 1994 年退休。2020 年 9 月，曉‧沙遜去世，享年 98 歲，乃沙遜家族中享壽較長的一員（*CA Magazine*, 2020）。

接著說法迪‧沙遜的下一代。正如第九章提及，他的三子中，次子理查‧沙遜二戰時在德國柏林執行轟炸任務犧牲，只餘堪富利‧沙遜和約翰‧沙遜。長子堪富利‧沙遜二戰時被德軍俘虜，囚禁長達兩年，幸而在德軍投降後逃出生天（Cornell, 2014）。重見和平後，他亦如小漢莫‧沙遜般繼續學業，入讀布里斯托大學（Bristol University），取得動物科學（Animal Sciences）博士學位。[7] 踏出校門後，堪富利‧沙遜曾從事農業工作，亦曾為英格蘭一家藥廠做研究。他於 1950 年代初結婚，妻子為瑪麗‧薄爾德（Mary P. Boord），婚後育有二子（Tim 及 Mark）一女（Clare），組成一個五口之家（The Peerage, no year）。

1964 年，堪富利‧沙遜獲得一份來自美國的博士後工作，由於機會難得，他決定接受，離開英國發展。初期，他落腳於伊利洛伊（Illinois）的「香檳城」（Champaign-Urbana），後來轉到奧克拉荷馬大學（University of Oklahoma）生物化學學系，主力研究營養與健康（health and nutrition），再之後轉到馬里蘭（Maryland），加入「美國生物實驗聯合會」（Federation of American Societies for Experimental Biology）旗下的「生命科學研究部」（Life Sciences Research Office）。在不同研究單位工作期間，他曾以個人名義或聯合同僚，在 *Journal of Nutrition* 等重要的國際學術期刊上發表多篇文章。有論者指

由於他的研究，日後才能發現基因的雙螺旋（the DNA double helix），可見他在相關領域成就卓越（Cornell, 2014）。

1980 年，年屆 60 歲的堪富利·沙遜退休。由於熱愛農耕，他置辦了一個莊園種植生果。到了 1985 年，他搬到維珍尼亞的胡士托（Woodstock）生活，一方面在社區教西班牙語，一方面參與當地推動音樂的活動，同時寫了一些與音樂有關的評論文章，他在文章中對自己的描述，則是「科學家、果農及市政會堂前音樂主任」（Sassoon, 2003: 39）。進入耄耋之年的 2012 年，他患了腦退化病，家人把他接到加州照顧，與子孫一起生活，於 2014 年去世，享年 93 歲（Cornell, 2014）。

至於堪富利·沙遜的幼弟約翰·沙遜，因為年齡關係，二戰時避過入伍命運，不用面對槍林彈雨，亦免於牢獄之災。二戰結束不久，相信他回到大學繼續學業，之後亦走上了學術之路。從他 1993 年出版的《由蘇美到耶路撒冷》（*From Sumer to Jerusalem*）一書的介紹可見，他主力研究美索不達米亞（Mesopotamia）文明與文化，追尋文明起源與族群遷徙，背後原因可能與家族先輩曾在伊拉克生活，猶太人又長期「居無定所」有關。

進一步資料顯示，他早期曾在非洲工作，後來才回到英國，按他對自己的介紹是「教育行政者」（educational administrator），相信是在教育機構任管理層。到了 2005 年，年過 80 的約翰·沙遜再出版了《古代律法與現代問題》（*Ancient Laws and Modern Problems*），從深入的角度分析 4,000 多年前古代成文律法所反映的人生觀念、宗教信仰及社會制度，乃研究及了解兩河文明的重要著作。

約翰·沙遜娶妻露西瑪麗（Rosemary），出生於 1931 年的露西瑪麗在兒童教學方面具有卓著成就，她本來是一名文字書法設計師（Scribe designer），從事英文字體（typeface）設計。由於她在這方面有天賦，加上看到不少兒童

學習時出現讀寫困難，後來獲得雷丁大學（University of Reading）博士學位。她所設計的字體和協助讀寫障礙兒童的方法被廣泛應用，經常獲邀講學，分享教學研究成果。她出版的多本書籍，例如《書寫的藝術和科學》（*The Art and Science of Handwriting*）、《汲取第二種書寫制度》（*The Acquisition of a Second Writing System*）及《二十世紀的書寫》（*Handwriting of the Twentieth Century*）等等，亦廣受歡迎，乃相關教育工作的必備教材。可以這樣說，約翰・沙遜夫婦在教育界均名聲響亮。

約翰・沙遜夫婦晚年移居西澳洲珀斯市，在一個寧靜、與大自然親近的環境中安享退休生活。到了 2017 年 7 月，約翰・沙遜去世，享年 92 歲，露西瑪麗至今仍身體壯健。從約翰・沙遜的訃聞可見，夫婦育有三女，包括嘉露蓮（Caroline）、祖安娜（Joanna）及嘉芙蓮（Kathryn），不過未有太多關於她們的資料。

從以上有關曉・沙遜、堪富利・沙遜和約翰・沙遜的人生經歷可見，他們或者仍能從家族遺產與信託等安排中，獲得一定金額的收入，令基本生活無憂，但與祖輩乃世界級巨富、長期與皇室貴族為伍的水平已截然不同，相信較像一般中產人士。不過，由於有祖產作後盾，他們才可以從事自己感興趣的行業，不用為擺脫貧窮而掙扎。而他們憑本身的努力，加上過人才華，在事業上取得十分亮麗的成績，基本上可以做到光耀門楣、不辱家聲。

艾薩克・沙遜的醉心經學

相對於沙遜・沙遜一房有較多子孫，所羅門・沙遜一房的人丁則甚為單薄。正如第九及十章提及，所羅門・沙遜只有一子戴夫・沙遜；戴夫・沙遜亦只有一子，乃小所羅門・沙遜，他後來成為「拉比」，並在以色列立國後移居那裡生活。在小所羅門・沙遜這一代，他終於打破了上兩代「單傳」的局面，

育有兩子，分別是小戴夫・沙遜（David）和艾薩克・沙遜（Isaac）。

受資料缺乏所限，難以確定小戴夫・沙遜的人生軌跡，甚至不知其出生年月，亦無他求學、事業與婚姻的行蹤，可說一片空白，誠為可惜。相對而言，艾薩克・沙遜則略有一些資料，總體而言，他的人生路途與父親及其他堂兄弟相似，沒有投身商界，而是選擇了學術之路，並繼承父親衣缽，專研猶太古經典，追求靈性歸屬。

艾薩克・沙遜於 1946 年在英國赫特福德郡（Hertfordshire）出生，他的成長與早年求學歲月與大多數人不同，沒有進入正規中小學校讀書，而是跟隨博學的父親小所羅門・沙遜以及「猶太智者」（Hakham）杜里（Yosef Doury），學習猶太經典。此外，他亦有學習不同學科的現代知識，打好基礎。之後，他到葡萄牙里斯本大學（University of Lisbon）攻讀博士學位，主力研究早期猶太人在西班牙的生活，以及他們被迫改變信仰，皈依天主教後的遭遇。

取得博士學位後，艾薩克・沙遜同樣走上了猶太經學家的道路，並移居美國，在洛杉磯「傳統猶太主義研究所」（Institute of Traditional Judaism, The Metivta）教授猶太經典，同時著書立說，闡述個人觀點與研究成果。他先後出版《馬拉奴工廠：葡萄牙審訊與其新基督徒，1536-1765 年》（*Marrano Factory: The Portuguese Inquisition and Its New Christians, 1536-1765*）、《猶太傳統中的女性地位》（*The Status of Women in Jewish Tradition*）、《往目的地的指引》（*Destination Torah*）及《猶太教對改宗的態度衝突：過去與現在》（*Conflicting Attitudes to Conversion in Judaism: Past and Present*）等著作。

憑著本身對猶太經學、歷史和文化的深入研究，艾薩克・沙遜的講學和著作均給學生、聽眾及讀者們帶來很大啟發，能更好和更全面地了解猶太教，有助不同民族、信仰和社會群體認識猶太人和猶太歷史，促進各方溝通互動，從而化解矛盾和誤解。艾薩克・沙遜在研究猶太信仰與歷史的過程中，既弘揚了

猶太教義，亦推動猶太文物保存，令他獲得無數讚許和認可，更如早年的授業老師杜里一樣，得到「猶太智者」之譽，可見他在猶太社會享有崇高地位。但受資料不足所限，未能進一步闡述他的婚姻、家庭、人脈網絡與事業等情況。

儘管小戴夫・沙遜及艾薩克・沙遜兩兄弟轉趨低調，有關他們各自的狀況了解不多，但由此起碼可以揭示，家族後人較多轉向學術研究或專業工作，人生目標不再是致富，而是追求學術與信仰的真理；另一方面，這亦反映家族的名聲與影響力大降，再沒有昔日呼風喚雨之能，從中可看到一個世界級巨富家族，如何滑落為一般上層精英家族的現實。當然，人生各有理想，追求真理、知識和信仰，對人類文明的貢獻絕不比改善物質少，但在金錢至上、資本主義當道的世界，二戰後的沙遜家族不再是鎂光燈下的寵兒，難免會給人「風光不再」的感覺。

結語

在戰後重建時，域陀・沙遜的新沙遜洋行生意曾興旺了一段時間，但受接班問題影響，令家業落入外姓人之手。而舊沙遜洋行在戰爭前後將大部份家業變賣，所存業務不多，故第五代並沒走上從商之路，只是憑既有的學歷和接觸面，改為投身學術，在另一層面上發揮所長，貢獻社會。他們當中有人獲「博學者」（Maskil）的稱譽，更有如上一章提及的薛弗德・沙遜般，成為啟蒙運動的支持者和帶領者，在推進社會變革方面作出不容低估的貢獻。事實上，由於舊沙遜洋行早已風光不再，沒太大發展空間，而在當時的政經與社會環境下，創業又困難重重，需投入不少精力心血；反而家族成員因本身學歷不低，又有精通多種語言等優勢，從事學術專業，顯得較有出路。

單從家族人力資本的角度看，第五代傳至第六代時，人數已進一步減少，予人花果凋零、家道中落的感覺，而且各房散居英國、西班牙、美國、澳洲及

以色列等地，各奔前程，家族成員不再同心同德，自然令人猜想，沙遜家族的名字此後將不會載入重要史冊之中，甚至可能走向消亡。然而，出乎意料的是，第六代的人丁雖然沒有昔日之盛，卻出現了中興局面。到底家族為何能夠谷底再起？當中又經歷了什麼轉折？這些問題的答案，且留待下一章再作探討。

註釋

1   當然，自此之後，某些業務與投資仍沿用或採用「沙遜」（Sassoon）名字，但已面目全非，與沙遜家族沒有直接關係。

2   所謂「萊特投資人災難」是指 1980 年代末發生的一宗嚴重金融保險投資虧損事件。萊特保險以一種特殊的模式集資，用於發展保險業務，即是以「無限債務責任」（unlimited liability）的方式，吸納一些擁有巨大財產、追求長期穩定和高回報的投資人，那些投資人不以公司股東方式入股（即如購買股票），而是以無限債務責任的方式入股。公司發展良好時，投資人均獲穩定豐厚的回報。可是 1980 年代末，科學證明石棉會引起肺病，令保險索償大幅飆升，萊特保險因此蒙受巨大虧損，那些以「無限債務責任」入股的投資人，不但要承擔投入資金的損失，更要承擔額外虧損，事件轟動英國及國際社會（Duguid, 2014）。

3   尼日利亞當時乃英國殖民地，1960 年獨立，獨立後仍保留在英聯邦的地位。

4   烏干達亦是前英國殖民地，1962 年 10 月獨立，而且一如尼日利亞般，保持英聯邦地位，可見那些英國前殖民地，雖然名譽上獲得了獨立，但由於經濟未能全面發展，實力未壯，做個真正的民族國家，仍需繼續仰賴英國鼻息。

5   肯雅乃英國前殖民地，1964 年獨立，但同樣仍維持英聯邦地位。

6   那三頭花豹的母豹遭獵人所殺，小漢莫·沙遜夫婦覺得不忍，乃將其自小收養，但不知牠們最後的情況。

7   另一說法指堪富利·沙遜擁有藝術碩士及哲學博士學位（The Peerage, no year）。

第十三章

六代中興

占士・沙遜的突圍而出

不少巨富世家在經歷多代的發展後，往往會出現由盛而衰的情況，但當中亦有少數例外，能擺脫敗亡，甚至重振雄風，帶領家族中興。哪怕中興後的局面，與原來的盛極一時未必可同日而語，但起碼可讓人看到，家族後人並非庸碌無能或不思進取之輩，二來則再次證明巨富世家擁有不容低估的政經與社會人脈資本可運用，印證諺語「瘦死的駱駝比馬大」屢應不爽。

儘管沙遜家族投放到商業上的資源，到第五及第六代時已大幅縮減，甚至近乎全面退出商業經營，只走專業學術路線。但在第六代卻出現大轉折，家族終於有人再走進商海，還幹出一番成績，形成令人讚嘆的中興局面，家族的聲名亦因此再起，影響力驟升。不過，畢竟是人丁單薄，進入第六代的沙遜家族，已經失去了往昔人多勢眾的優勢，也不能如當年一樣，家族成員各據一方，互相呼應，中興之局因勢孤力弱而未能持續。由於這段時間並沒有維持太久，加上家族近年已相當低調，留下的資料並不多，但仍值得研究探討。下文將從現時掌握的資料，作出扼要勾勒，探討其中興局面的軌跡和因由，並思考當中的亮點。

第六代的人力資源「盤點」

無論家族、企業或社會發展，人力資源的多寡強弱，無疑是起落興衰的極關鍵一環。箇中計算，當然不能簡單地以數量為準則，以為人多一定力量大，同時更應重視質量，包括先天潛能、後天磨練與培訓，甚至是人脈關係網絡及道德資本等不同元素。在討論沙遜家族第六代如何能夠創造中興局面之前，我們先就其人力資源的數量、質量及特點等，作一粗略「盤點」和介紹。

正如之前各章提及，沙遜家族第一至第三代人多勢眾，強勢發展，到之後的世代人數逐步減少，雖然財力仍然雄厚，但多房已呈現了無以為繼的狀況，有男丁傳到第六代的，其實只有沙遜‧沙遜和所羅門‧沙遜兩房而已，而這兩房在延續血脈的問題上，似乎又呈現了甚為不同的圖像，值得留意。

粗略地說，英年早逝的沙遜‧沙遜一房在舊沙遜洋行的參與不多，只能靠股份收入支持生活，但其子孫後代的孩子卻較多，如祖克‧沙遜育有五子二女，艾弗特‧沙遜育有三子。到了第四代，多生孩子的動力似乎亦沒減退，連眾所周知的同性戀者薛弗德‧沙遜，亦為了追求血脈而選擇結婚，且在妻子生下一子後，希望她繼續多生，只因對方拒絕才落得「單傳」。第五代的曉‧沙遜和堪富利‧沙遜各自育有二子一女，約翰‧沙遜育有三女，而小戴夫‧沙遜和艾薩克‧沙遜的子女數目則不詳。

所羅門‧沙遜一房的發展與價值取向，與舊沙遜洋行其他兄弟有相當差異。他生前力守東方業務，沒有如其他兄弟般早早移居英國，到他去世後，其妻以「女當家」身份主持東方業務一段不短時間，令舊沙遜洋行可保持活力。另一項明顯的分別，是這一房十分重視猶太教傳統，不但深入鑽研經典，亦致力弘揚，身為女家長的賀拉對猶太經典認識尤深，亦最為虔誠和堅持。但這房的生育情況卻與其他各房無異，數目較少，出現兩代「單傳」，幸沒有斷絕，到第五代時則育有兩子（參見家族樹）。

但所羅門・沙遜一房所存資料不多，本章討論只能集中於沙遜・沙遜的後代，包括四男五女等第六代成員。曉・沙遜的二子一女主要在英國生活，堪富利・沙遜的子女們在美國，約翰・沙遜的女兒則在澳洲，他們的教育水平和社會閱歷等仍十分突出，但在人脈網絡方面，則明顯沒第二、三代般深厚，相信與皇室貴族及高官巨賈已沒什麼往來。值得注意的，是家族發展的舞台，已不再高度集中於英國或其勢力範圍，反映全球化時代政商環境的新格局，以及英國自二戰之後綜合國力滑落，令家族的發展機遇出現翻天覆地變遷。

總括而言，自第四代以還，沙遜家族的人力資源在數量和質量上同時下滑，他們過去高度依賴的大英帝國亦今非昔比，促使家族成員多走專業與學術道路，因為這方面的事業較強調個人努力，單打獨鬥。相反，祖輩所投身的企業經營，則可利用槓桿力量——不只是經濟及金融資本的槓桿，還有人力資本的槓桿，例如企業可以重金禮聘有才能者為公司發展作出貢獻，把生意愈做愈大，令企業、財富及社會影響力可迅速而巨大地發揮出來。

人生如百駿競走，能者奪魁。生於巨富世家，雖能享受不少好處與優勢，但亦要面對不少壓力和障礙。不做二世祖、不做寄生蟲坐吃山空，相信是沙遜家族後人的共同戒條；而全力以赴，拚出成績，帶動家族中興，則乃他們的共同目標。至於在家族第六代已知的四男三女成員中，最後帶來中興，令人眼前一亮的，則是曉・沙遜的長子占士・沙遜，下文先由他的突圍說起，之後再粗略介紹其他成員的經歷。

占士・沙遜的中興突圍

2013 年 1 月，渣甸洋行公佈了一項董事任命，董事局主席小亨利・凱瑟克（Henry Keswick）邀請占士・沙遜勳爵（Lord James M. Sassoon）進入渣甸洋行（又稱怡和洋行）董事局，成為執行董事，並擔任香港置地、牛奶公司及

家族中興的關鍵人物占士·
沙遜

文華東方酒店集團的董事。占士·沙遜曾任職英國皇家庫務部（HM Treasury）不同崗位，在財政金融方面具深厚影響力，來頭不小，消息自然引來社會注視（*Financial Times*, 4 January 2013）。

對不少熟悉中國近代商業史的人士而言，這項任命更是頗堪玩味，因為渣甸集團這位新晉的高層，是沙遜家族第六代成員，而新舊沙遜洋行當年則是渣甸洋行最強勁的對手，在鴉片貿易和棉紡織生產方面力壓渣甸洋行，迫使其退出市場，俯首稱臣，想不到多年之後，沙遜家族的後人卻為渣甸洋行「打工」。不過，若深入探究，便會發現今天的渣甸洋行，其實早與當年的創立者渣甸家族及馬地臣家族無關。新舊沙遜洋行固然已成歷史，渣甸集團也是人面全非。時移勢易，種種變遷難免令人興起「青山依舊在，幾度夕陽紅」的感慨。

綜合英國國會及其他資料，占士·沙遜是曉·沙遜的長子，生於 1955 年 9 月，幼年就讀「新寧岱學校」（Sunningdale School），之後入讀貴族學校伊頓公學，最後直入牛津大學，主修哲學、政治與經濟（Peoplepill.com, no year）。作為第六代核心人物的他，大學時並非選擇金融商業等較務實的學科，或多或少反映他對人生事業的追求，明顯不止賺錢與做生意。

1977 年大學畢業後，占士·沙遜踏足社會，沒有創業或參與打理家族那些長期穩定的投資，而是進入父親工作多年的「湯森麥瓊濤」會計公司，涉獵會計、公司管理與金融投資業務。1981 年，占士·沙遜結婚，妻子為仙蒂亞·班士（Cynthia Barnes），[1] 她與占士·沙遜一樣來自大家族，二人婚後育有一子（Frederick，暱稱 Freddie，這裡簡稱為小法迪·沙遜）二女（Alexandra

及 Victoria）。占士・沙遜大學時並非主修金融，但一踏出校門卻能投身金融業，相信是因他自小已參與金融投資，熟習及了解行業的操作；當然，背後亦與家族結束實業生意後，集中投資物業地產及金融有關（The Peerage, no year; Peoplepill.com, no year）。

在「湯森麥瓊濤」工作八年後的 1985 年，占士・沙遜蟬過別枝，轉投世界級金融投資巨擘「華寶」（S.G. Warburg，後來重組為 UBS Warburg，公司官方譯名為瑞銀華寶），約十年後升為公司董事，之後再擢升為董事總經理，主力推動上市公司重組與私有化，扮演「公司醫生」的角色，是金融業最頂端的或被視為大買賣的生意，地位之重可想而知（UK Parliament, no year; Peoplepill.com, no year）。

由於對國內外金融實務具深厚認識與經驗，到了 2002 年，占士・沙遜獲聘由私營公司跳槽至政府部門，進入皇家庫務部，職位是董事經理，管理政府財政，亦有參與制訂和執行金融政策。之後，他如當年菲臘・沙遜一樣，開始擔任其他不受薪的政府公職，如「國家藝術展覽信託」（National Gallery Trust）管理委員會的委員，又擔任「英國夥伴」（Partnerships UK）、「商人信託」（Merchants Trust）及大英博物館（British Museum）等等董事局成員（UK Parliament, no year）。

2007 年，占士・沙遜出任庫務部轄下的「金融規管與工業處」主任，並成為「金融行動小組」（Financial Action Task Force）主席，在重大的金融政策——尤其洗黑錢問題上扮演吃重角色。由於工作表現出色，他於 2008 年獲英女皇頒贈爵士頭銜，並成為當時在野黨領袖卡梅倫（David Cameron）的顧問，提供經濟和金融方面的意見（The Peerage, no year; Peoplepill.com, no year）。

2010 年，保守黨在大選中擊敗工黨勝出，卡梅倫出任首相，占士・沙遜的事業亦更上層樓，獲委任為皇家庫務部轄下的「第一商務秘書長」（First

Commercial Secretary），屬內閣閣員級別，成為時任財相歐思邦（George Osborne）的左右手，對英國金融政策更具影響力。同年，占士・沙遜再下一城，獲英女皇冊封為勳爵，進入上議院（House of Lords），成為終身議員（UK Parliament, no year; The Peerage, no year; Peoplepill.com, no year）。

無論從官位、爵位，乃至政經與社會影響力看，占士・沙遜均比當年的菲臘・沙遜有過之而無不及，且他沒有如菲臘・沙遜般以強勁的家族實力作後盾，更大程度上是憑著一己才能攀登高位的。但此一時，彼一時，卡梅倫任下的英國，與張伯倫任下的英國，其綜合國力與國際地位已截然不同，更遑論阿爾伯特・沙遜獲得封爵的維多利亞時代了。

占士・沙遜出任第一商務秘書長期間，英國由於深受美國「金融海嘯」及「歐債危機」衝擊，企業倒閉和失業率拾級而上，必須尋找海外商機，藉以帶動英國國內經濟發展；而千里之外的中國，其龐大的市場和發展動力，則吸引占士・沙遜注視，所以他大力向英國商界推廣，認為英國企業應「向東看」（look East）。因為英國及歐洲經濟放緩，難有增長亮點，反而中國經濟極具活力，英資企業在中國亦有一定優勢，可提供不錯的發展機會。不少英國企業在他的推動下，展開或強化了在中國的生意和投資，在不同層面上扶助了英國經濟（*South China Morning Post*, 15 September 2011）。

2012 年 9 月，卡梅倫決定改組內閣，提升施政效率，爭取民眾支持。將年屆 60 歲的占士・沙遜於 2013 年離開政府，轉投私人公司，相信因工作表現及在政府金融體系的影響力獲小亨利・凱瑟克看中，委任為渣甸洋行集團的執行董事（UK Parliament, no year; Peoplepill.com, no year）。

由於渣甸洋行一直是英資在中國貿易的龍頭，而占士・沙遜出任這間洋行的重要領導，加上其家族過去亦與中國貿易密不可分，令他於同年獲選為「英中貿易協會」（China-Britain Business Council）主席。該協會在 1954 年創立，

乃推動中英商貿往來的領導組織，對兩國政經、貿易和投資深具影響力。占士‧沙遜以渣甸洋行集團執行董事的身份，出任「英中貿易協會」主席，相信反映渣甸洋行有意開拓中國市場，進一步改善或強化與中國政府的關係。

事實上，在占士‧沙遜任內，「英中貿易協會」曾舉辦不少重要活動，強化中英商貿往來，其中又以兩次安排中國國家領導人訪英最受注視。第一次是2014年李克強總理訪英，帶動雙方投資互動；第二次是2015年習近平主席進行國事訪問，並召開了中英工商峰會，均有助強化兩國商貿互通。占士‧沙遜在峰會上特別提到，作為全球第二大經濟體，「只要中國保持每年7%的經濟增長率，四年間的累積增長，便等於英國國內的生產總值」，藉以說明中國對英資企業的重要性（*South China Morning Post*, 18 October 2015）。

2020年，年過65歲的占士‧沙遜宣佈退任渣甸集團執行董事（UK Parliament, no year）。儘管65歲是不少政府或私人組織的正式退休年齡，但占士‧沙遜仍甚為壯健，又擁有雄渾的政商關係網絡和工作經驗，加上他本人片刻不願停下腳步的「工作狂」精神，相信應該不會就此淡出，未來仍會有其他發展與安排。到底占士‧沙遜可否更上層樓，令家族中興得以延續，則要留待時間觀察。

艾著安‧沙遜與添‧沙遜的創業道路

相對於占士‧沙遜由參與金融管理到加入政府為官，最後又回到商界，胞弟艾著安‧沙遜（Adrian Sassoon）及堂弟添‧沙遜（Timothy Sassoon）則在經歷一段「打工」歲月後，最終亦走上先祖輩的老路，自立門戶，創業營商。他們的動向引起不少注視，大家都好奇他們能否如先祖一樣，幹出一番成績。

先說占士‧沙遜的胞弟艾著安‧沙遜。資料顯示，他生於1961年，乃英國著名陶瓷、玻璃及金屬藝術經營商，本身也是一名藝術家。自小熱愛藝術的

他，在伊頓公學畢業後，進入著名藝術學校「英奇博特設計學校」（Inchbald School of Design）求學，之後修讀了一些如「佳士得美術學院」舉辦的短期藝術課程（Christie's Fine Arts Course）。1979 年，剛滿 18 歲的艾著安・沙遜以志願者身份，加入英國「維多利亞及亞伯特博物館」（Victoria & Albert Museum），翌年轉到美國加利福尼亞州，進入著名的蓋蒂博物館（J. Paul Getty Museum）工作，由館長助理做起，主力參與藝術品採購、保育及研究等工作（*Adrian Sassoon*, no year; Barrett, 2020）。

1987 年，艾著安・沙遜轉投「亞力山大及布蘭特公司」（Alexander & Berendt Ltd），初期任助理經理，後升為總經理和董事，主要負責各類藝術品的鑑賞、銷售、保養、修復等等。五年後的 1992 年，他自立門戶，以自己的名字創立了一所畫廊，經營古董與高檔藝術品生意，特別是法國十八世紀的「賽夫勒陶瓷」（Sevres porcelain），亦涉獵東西方古代及當代的藝術品。他的客戶不只是一般收藏家和愛好者，更有世界級的美術博物館，如紐約大都會美術館（The Metropolitan Museum of Art）、賽夫勒法國國家陶瓷博物館（The French National Museum of Ceramics），以及他也服務過的蓋蒂博物館和維多利亞及亞伯特博物館，生意額相當龐大（*Adrian Sassoon*, no year）。艾著安・沙遜亦如不少家族成員般，掌握多種語言，對他推廣生意和聯繫客戶有很大幫助。

即是說，由 1979 年踏足社會，到 1992 年創業，艾著安・沙遜經歷了 13 年「打工」歲月，從不同層面汲取經驗和專業知識。古董及藝術品的鑑證、保養和銷售工作，可謂差之毫釐、繆以千里，如沒有深厚認識及商業網絡，不易取得成功；而沙遜家族多代人累積了各種收藏，相信又是其生意能夠更好發揮的核心原因之一。

由於本身藝術家和鑑賞家的身份，加上家族名氣之助，艾著安・沙遜除了經營業務，奔走於客戶之間外，還會抽時間撰寫文章，闡釋他對古董和藝術品

的見解和發現；他又四出演講，推廣文物保育及藝術修養，因此塑造了更專業和學術的形象，強化本身生意和業務的發展，可謂一舉多得（*Adrian Sassoon, no year*）。

2020 年，新冠肺炎（COVID-19）於全球爆發，歐美富裕經濟體受到的打擊尤其巨大，紛紛採取「封城」措施，各地生活大受影響，外出旅行人數銳減，這亦影響了古董與藝術品的生意。面對這一嚴峻局面，艾著安・沙遜據說當機立斷，利用「視訊」（Zoom）方式進行推銷，成功出售不少古董，開闢一條生路，找到新機遇（*Adrian Sassoon, no year*; Barrett, 2020）。

艾著安・沙遜把個人對藝術的興趣，發展成可以致富的生意，其堂兄添・沙遜的人生經歷也類似，同樣是從藝而商。具體地說，添・沙遜生於 1957 年，年齡較艾著安・沙遜略長，在大約七歲之時（即 1964 年）因為父親轉往美國工作，他乃與弟妹一同移居美國生活，入讀洛杉磯「聖塔莫尼卡書院」（Santa Monica College）。按他本人的說法，他那時已表現出對視覺影像的創意（Eias3D.com, no year）。後來，他進入「加州藝術學院」（California Institute of the Arts），攻讀視覺藝術（Fine Arts）。

畢業後，添・沙遜加入華盛頓州一家商業圖像工作室（Eias3D.com, no year），活用所學所長，積累工作經驗，同時娶妻生子，組織小家庭。其妻為丹・劉尼斯（Down P. Launis），夫婦育有一子，是為亞力士・沙遜（Alex Sassoon）。有了一定經濟基礎和經驗，並建立起自己的人脈網絡後，添・沙遜於 1997 年決定自組公司，創立了「沙遜電影設計公司」（Sassoon Film Design Ltd），專門為電影短片等製作視覺及聲音效果（Sassoon Film Design, no year）。

「沙遜電影設計公司」憑著本身擁有的 IMAX 技術，參與過多部荷里活主流電影的製作，後來更引入三維度立體聲（3-D Stereoscopic）技術，在業界名聲更響。公司參與製作的電影包括《與海怪同行》（*Sea Monsters: A Prehistoric*

Adventure)、《木乃伊》(*Mummies: Secrets of the Pharaohs*)、《神奇的魔法盒》(*Siegfried & Roy: The Magic Box*),以及著名的《哈利波特》(*Harry Porter*)系列等,帶給觀眾不少極為震撼的視覺效果,並因其乃「高解度立體聲影像先驅」(pioneer in high-resolution stereo-imagery),被形容為「視覺效果大師」(visual effects guru),獲得很高評價(Zone, 2012; Mascarenhas, 2011)。

2011年,為了開拓三維度立體視像效果的市場,添‧沙遜展開了首次印度之旅,主要目的是與當地一家著名電影及多媒體製作公司「塔塔艾斯公司」(Tata Elxsi Ltd)洽談合作事宜。這所印度電影公司的母公司是塔塔集團,而其控股家族,正是一個多世紀前與沙遜家族在棉花及紡織業並駕齊驅、一時瑜亮的競爭對手(參考第四章討論)。由於政治定位和立場不同,印度獨立後,兩個家族有了截然不同的發展道路。想不到多年後,塔塔集團成為印度最大的私營企業,穩佔龍頭位置,昔日首富的沙遜家族卻在退出印度市場後不斷萎縮,難免令知情者感慨良多,興起歷史如旋轉木馬、你方唱罷我登場之嘆。

受資料所限,兩家公司有否達成合作協議不得而知,但添‧沙遜曾藉此次印度之行,專程到訪先祖發跡之地孟買,又參觀大衛‧沙遜生前捐建的醫院及圖書館等設施,吸引當地傳媒高度注視。他對祖輩當年的「遺愛人間」熱切讚賞,並仿傚先賢,捐了1萬美元予相關機構(*The Indian Express*, 14 April 2011)。當然,他的財力與祖輩相比有天淵之別,所捐獻的金額遠不如祖先,但仍別具意義,且有相當話題性,成為當地「頭條新聞」,引來甚大迴響(Mascarenhas, 2011)。

那次印度行程之後,「沙遜電影設計公司」繼續發展,為電影行業帶來更多突破性的效果,豐富了觀眾的視覺及聽覺享受,令人讚歎。可惜在2019年——即其父堪富利‧沙遜去世兩年後——添‧沙遜突因病去世,享年62歲,家人及親友們大感悲痛。至於他一手創立的電影設計公司則仍在運作,雖

孟買的沙遜圖書館正門

然有堅實的基礎，發展亦十分穩健，但因失去了靈魂人物，似乎無以為繼，甚少參與大型的電影或電視製作。

　　無論是艾著安‧沙遜的創業故事，或是添‧沙遜自立門戶的經歷，沙遜家族的第六代成員明顯與先祖輩相似，較傾向營商創業，而非如第五代般多走學術之路，此點相信與他們的人生經歷或經濟基礎出現重大變化有關。各人為了成就事業全力打拚，家族則提供了較他人更為豐厚的人脈網絡、社會及道德資本，很大程度上有助於他們事業的開拓。

<u>馬克‧沙遜及祖安娜‧沙遜等人的低調生活</u>

　　所謂「樹大好遮蔭」，家族的顯赫名聲能為後代帶來各種雄厚資本，有利個人事業發展。惟無可否認的是，有些成員不喜歡活在父祖輩的盛名之下，覺

得壓力太大，被別人評頭品足，令他們失去自我，若發展稍為遜色，更會招來「敗家子」或「二世祖」的譏諷和指責。所以不少人選擇低調生活，甚至隱藏家族背景，如前文提及的米高·沙遜便是其中例子。

無論是為家族帶來中興局面的占士·沙遜，或是自行創業的艾著安·沙遜和添·沙遜，由於他們要為業務奔走，打著「沙遜家族」的名牌能起先聲奪人之效，自然有其必要。但其他家族成員，卻未必想舉著家族名號招搖過市，如占士·沙遜之妹莎拉、添·沙遜的弟妹馬克及嘉兒，以及約翰·沙遜三位女兒嘉露蓮、祖安娜及嘉芙蓮等，他們雖同屬第六代，但由於沒參與政治，亦沒有從商，甚少走上台前，沒太大知名度，留下的資料記錄亦不多，故下文只能作粗略介紹，難以深入分析。

先談馬克·沙遜和嘉兒·沙遜，兩人分別生於 1959 及 1961 年，在 1964 年隨家人移民美國，相信一直在美國求學及工作。然而，由於他們生活低調，事業和婚姻也沒太多破格之舉，故沒留下什麼記錄足跡。但有一點值得注意的是，在他們的父親堪富利·沙遜去世時，據報紙報導，他一共有五名內外孫，由於他有三名子女，即平均每人只育有一至兩名孩子，生育率低於國際社會所訂定的「可更替水平」（replacement level）。沙遜家族生育率偏低的問題，與美國及其他富裕社會所面對的整體狀況基本一致。

至於約翰·沙遜的三位女兒中，嘉露蓮及嘉芙蓮的人生、事業和婚姻同樣缺乏資料，相信日子如普通人一樣。簡單而言，三姐妹早年隨父母移居西澳洲珀斯，從此扎下根來，在澳洲完成高中和大學教育，然後開展事業、組織家庭。據「猶太紀年」（Jew Age）網站的資料，三姐妹分別生於 1959、1960 及 1965 年，沒提及出生地和工作資料，但載有她們婚姻及子女的消息。其中嘉露蓮·沙遜嫁格禮特（David A Glatt），夫婦育有一子（Elimelech）一女（Flora）；祖安娜·沙遜嫁維登（Mark Whitten），嘉芙蓮·沙遜嫁卡美隆（Damien

Cameron），兩對夫婦同樣沒有子女紀錄（Jew Age, no year）。至於約翰・沙遜的訃聞中，只是簡略地稱他乃「祖父及曾祖父」，雖列出了遺孀和三名女兒的名字，但沒有進一步記錄內外孫或曾孫的人數或姓名。

三姐妹中，只有祖安娜・沙遜有較多資料。她自小已喜歡蒐集舊照片，對此有濃厚的興趣，亦曾發表相關文章，一如父母及很多第四、第五代家族成員般，選擇走上學術之路，日後取得歷史學博士學位，利用歷史照片研究歷史場景與社會變遷，並進入「庫田大學」（Curtin University）的「文化傳承研究所」（Research Institute for Cultural Heritage）擔任研究工作，同時兼職教授攝影歷史。她曾出版《追逐檔案中的魅影：澳洲圖片館藏》（*Chasing Phantoms in Archives: The Australia House Photographic Collection*）、《帝國的代理：米曹的照片如何形塑澳洲》（*Agents of Empire: How E.L. Mitchell's Photographs Shaped Australia*）及《少數社群報告：檔案中的土生社群聲音》（*Minority Reports: Indigenous and Community Voices in Archives*）等著作。

可惜的是，沙遜家族其他第六代成員的資料極為缺乏，這兒沒法作進一步介紹和分析了。但一個毋庸置疑的事實是，與占士・沙遜、艾著安・沙遜和添・沙遜三人相比，馬克・沙遜和祖安娜・沙遜等人的人生與事業更趨低調，亦不如過去世代般傳奇，與不少中上階層的生活並沒兩樣。這種情況，其實亦是很多百年家族會碰到的問題，走向第二個一百年的沙遜家族，既能維持社會中上層地位，又能一度中興，已十分不簡單。

第七、第八代的鵬程待展

至沙遜家族第七及第八代，資料更少，核心原因自然與他們年紀尚輕，還未幹出重大事業有關，第八代更是剛出生不久，仍在襁褓之中。隨著第六代逐步退下火線，第七代走上前台，第八代漸次成長，沙遜家族的發展力量必然

會不斷變化。惟一個不可逆轉的發展趨勢，是家族人力資源繼續下滑，難見提升，這與富裕社會生育率持續下降的現象基本吻合，對世家大族來說，即使養兒育女並不會帶來沉重經濟負擔，但不願生育的問題仍然是明顯而普遍的。

有關沙遜家族第七及第八代成員，較有資料的是占士．沙遜的一子二女——小法迪（Frederick）、雅麗珊瑞拉（Alexandra）和維多利亞（Victoria）三人，他們分別生於 1987、1990 和 1994 年（The Peerage, no year），是社會俗稱的「八九十後」。添．沙遜亦育有一子亞力士．沙遜（Alex Sassoon），出生年份不詳，估計亦屬「八九十後」。

粗略估計，第七代成員的成長與求學歷程，應與大多數中上階層家族的孩子沒太大分別，在物質富裕的環境下成長，較重視個人權利與自我實踐，較少講求家族責任與使命。確實情況是否如此，當然有待日後跟進研究。據英國報章報導，到了 2015 年，年過 28 歲的小法迪．沙遜宣佈結婚，妻子為夏莉特（Harriet），兩年後的 2017 年，夏莉特誕下一子，取名小里奧．沙遜（Leo A.A. Sassoon，由於里奧的名字早已出現，這裡簡稱為小里奧．沙遜），標誌著沙遜家族進入第八代（The Telegraph, 13 November 2017）。

自新舊沙遜洋行終結之後，不少家族成員走上學術或專業之路，這個家族的商人形象，按道理應該逐步淡化，生意網絡也應漸次消減。可是，無論從占士．沙遜中興家族的進程，或是艾著安．沙遜與添．沙遜創業取得一定成績，均可看到家族的商業背景和社會資本，仍然發揮了不容低估的效力。這種情況相信會延續下去，第七、第八代成員無論在求學、婚姻或事業等，仍會受到左右和影響；而子孫人丁單薄，相信仍是家族發展進程上的最大限制。

結語

從官位和爵位上說，占士．沙遜所達到的社會階梯層級，無疑比祖輩為

高，惟這時英國的綜合國力與全盛期的十九世紀相比，已不可同日而語，在國際社會的影響力大幅減退，不再是殖民地遍及全球的「日不落國」，因而影響了占士‧沙遜所得成就的價值。情況就如今天的大學學士學位，「含金量」與一、兩個世紀前相去甚遠，社會一般稱為「學歷通脹」。有關英國爵位「通脹」衍生的種種問題，早已有相關的深入研究，這裡不多贅（Stone, 1965）。總而言之，占士‧沙遜的名銜雖高，但「含金量」有別，加上沒有別的成員在其他界別獨佔鰲頭，家族雖有某程度的中興之勢，但整體發展仍無復當年之勇。

沙遜家族不同世代的後裔看來均保持低調，不願對外披露太多資料，令人難以獲得家族的最新發展，這是本研究不足的根源所在，誠為可惜。但某程度上，這又反映了家族後人難以作出更大突破的現實。雖則如此，沙遜家族的人脈關係、社會及道德資本仍然十分雄厚，一般尋常百姓家難以望其項背，占士‧沙遜可以突然冒起，相信又與這些家族資本有關，說明第七、第八甚至更後的世代，若有效運用這些資源，仍能佔有優勢，幹出比一般平民子弟更好的成績，這亦可視為社會資本與人脈關係網絡發揮重大作用的註腳。

註釋

1　不知這個班士家族與域陀‧沙遜妻子伊芙蓮‧班士的家族之間有否關係（見第十一章）。

第十四章

發展特點

獨特家族在非獨特環境的
突圍經驗

沙遜家族無疑是與羅富齊家族並駕齊驅的世界級猶太家族，就算撇開發源於阿拉伯、乃大衛王後裔等具爭議的說法不論，單計算大衛・沙遜自 1832 年創業於孟買作起點，這個家族很快便進入 200 年的重要歷程。在過去 200 年間，世界局勢有著翻天覆地的轉變，不少人和事都淹沒在歷史發展大潮之中，沙遜家族期間雖遭遇各種各樣巨大的挑戰，但仍能存活下來，不但力保不失，甚至保持一定的發展動力。

第二次世界大戰之後，家族滑落的速度加快，第六代時雖出現短暫中興，但始終盛勢不再，實力及影響力大不如前。細思當中原因，應與家族人力資源大減、經濟基礎沒過去堅實，以及政治後台今不如昔有關。畢竟，當年大衛・沙遜崛起壯大時，有眾多兒子可用，他們依從父親指示東征西討，迅速發展成一個橫跨歐亞的商業王國，加上當時大英帝國國力如日方中，不斷擴張，沙遜家族緊隨英國腳步，乘勢而起。到二戰後帝國崩潰，風光不再，家族自然失去靠山，難以維持高速發展。本章集中於沙遜家族某些重要特點，提出一些綜合發展經驗分析。

人力資源的發展關鍵

綜觀沙遜家族近 200 年的發展與傳承，人力資源無疑是最為關鍵的要素。正如筆者在不同著作中經常提及（Zheng, 2009），人力資源首先可以數目和性質計算，分為數量和質素兩個層次。前者指家族人丁數目，後者指人丁的先天才智與後天的學歷和經驗，當然亦包含韋伯（Max Weber）所指的個人領袖魅力或領導力，或是熊彼得（Joseph Schumpeter）所說的創新式企業家精神。

沿著這個角度看，大衛·沙遜當年創業成功，明顯與人力資源充沛，質素與數量俱佳有關。首先，在質素方面，他本人先天具卓越才華，能言善道，商業觸角敏銳，勇於面對困難，有號召各方的領導能力和魅力，為創業經營打開局面。此外，他精通多種語言（家族後代似乎亦大多擁有這種語言能力），令他可在移民社會與跨境貿易的多變環境中，更好地與各方溝通，亦可更準確地「套戥」，低買高賣，賺取更大利潤。

在數量方面，大衛·沙遜育有八子，各子與他一樣具有突出才華，人力資源質素極佳，成為大衛·沙遜開疆闢土，拓展業務的重大助力。由於父子關係緊密，互相信賴，運作上毋須定下疊床架屋的制衡機制，降低了經營成本，決策的訂定與執行也更迅速，在通訊及交通不便的時代做跨地域生意時，「父子兵」的力量更能發揮得淋漓盡致，令家族在多個行業取得十分突出的成績，不過一代便發展成跨國商業王國，家族亦躋身世界巨富之列。

到大衛·沙遜去世，諸子分家之後，舊沙遜洋行的諸兄弟仍有充足的人力資源可以調配，以開拓不同業務、看管不同生意，亦能撥出人手投入政治與社交活動，拓展人脈及商機；至於新沙遜洋行亦不缺人力資源，艾理亞·沙遜有四子，可以如當年的大衛·沙遜一樣，派遣到不同地方開拓生意。雖然分家削弱了家族的財政資本，但正因新舊沙遜洋行均有質和量俱佳的人力資源，加上調配有度，仍能取得十分亮麗的成績。

到第三代之後，人力資源的質素仍然極高，社會資本及人脈關係更有增無減，但人數大不如前，問題乃逐步顯露出來。具體地說，當家族人力資源銳減之後，家族成員要走上「前線」的壓力大減，直接參與企業經營、帶領企業東征西討的需求亦不再，傾向把企業交到非家族專業人士手中，令家族企業的發展動力有了很大變化，新舊沙遜洋行生意發展的強弱高低，便是很好的說明。

人力資源數量大減，產生的不止是家族成員不願上「前線」的問題，在發生重大變故時，更可能出現人手緊絀、無人可用的困難，沙遜家族由盛而衰的歷史，恰好便反映了相關情況。而且，無論個人、家族或是企業，成長過程不可能總是一帆風順：如沙遜‧沙遜、喬治‧沙遜一對子女湯姆及 Isobel 因意外而早逝；約瑟夫‧沙遜、JE‧沙遜、艾弗特‧沙遜、赫陀‧沙遜和朗奴‧沙遜等人因惡疾突然去世；又或是碰上戰爭爆發，漢莫‧沙遜和理查‧沙遜等成員在戰場上犧牲，家族的人力資源不斷被削弱，若不能及時補充，家族的總體力量自然會下降，影響家族及企業的發展。

從人力資源數量與發生意外時損失的比例看，大衛‧沙遜育有八子，其中一子（沙遜‧沙遜）不幸去世，損失的佔比便是八分一；艾弗特‧沙遜是三兄弟，他突然去世帶來的損失便是三分一；而赫陀‧沙遜是兩兄弟，去世的損失便達二分一；再如朗奴‧沙遜和湯姆‧沙遜，由於是獨子，他們離世對那一房造成的損失便是百分百，亦令其一脈無以為繼，絕後告終。由此可見，人力資源數量的多寡，決定了風險承擔的高低，不能不察。可以這樣說，儘管人多未必一定「好辦事」，但人數若低於警戒線，一旦遇上變故，那就算是家財萬貫或聰明絕頂，恐怕也無力回天。人丁單薄所產生的問題，在沙遜家族由盛而衰的例子中顯而易見。

在質素方面，沙遜家族不少成員均精通多種語言，有突出才華，具敏銳的商業及藝術等觸角，但家族似乎亦受一些問題困擾，導致成員人數一代比一

少，影響了家族人力資源。首先，是不少家族成員都壯年得病，享壽不長；其次是不少成員具同性戀傾向，或終生維持單身；其三是就算是已婚的成員，婚後亦沒有生育孩子。會出現這些情況的因素很多，既可能是先天原因，亦可能是後天造成。

一個有趣且值得深思的現象是，沙遜家族堅持猶太傳統的族內婚制度，以維持純正血裔，保留他們自視為「優良」的血統，例如樣子俊美、身材高大、才華出眾等等，哪怕他們知道近親繁殖容易產生其他問題，包括先天同性戀傾向、有嚴重遺傳疾病令多名家族成員早逝等等。這種「寧純不雜」的血統觀念（參考下文討論），與不少社會強調打破民族隔閡的「大熔爐」文化顯然形成強烈對比。

人力資源的質和量，無疑深深影響沙遜家族的發展。數量多時發展力量較大，內部矛盾雖也較多，但基本上能夠管控，就算因此而分裂，仍產生了不錯效果；反而數量銳減時，雖說內部爭奪的力量下降，但動力大減，也容易掉進無以為繼的困局。事實上，沙遜家族除第二代因兄弟人數多而出現離心外（當然亦可能是考慮到自身後代發展前途之故），其他世代都沒有這個情況，反而由於人丁減少，產生「有位沒人坐」的問題。即是說，家族人丁持續減少，基本上是一種自然的「修剪家族樹」過程。至於在質方面，一個人的才華特質雖難以作代際比較，但性傾向、健康情況等問題，畢竟有跡可尋，這些都難免牽動家族傳承和發展的進程，值得注意。

更需注意的，是人類無法掌控的意外帶來的挑戰。應對這些問題的投資策略，便是「別把所有雞蛋放在同一籃子裡」，實行業務多元化，力求分散風險，減輕意外帶來的衝擊。沙遜家族過去近 200 年間，碰上兩次世界大戰、印度獨立、中國改朝易代、大英帝國持續滑落、美國躍升為全球新霸主等等變局，都無可避免地影響其發展與適應；至於強調猶太傳統的族內婚，導致人力資源

持續下滑，自第四代以來明顯成為左右家族及企業前進的關鍵因素，值得深思細慮。

靠攏英國的發展後台

俗語說「樹大好遮蔭」，歷經多番流徙壓迫，在不同政權和社會興替中起起落落、多次遭到迫害的猶太人，當他們找到強大的後台，自然會死心塌地，一心投靠，期望能在對方護蔭下安居樂業，一來保障自己安全，二來亦可更好發展事業。

儘管家族在巴格達有顯赫的背景和財富，父親又曾擔任「納西」，但到大衛・沙遜踏足社會後，卻因開罪地方統治者而遭到迫害，走上了逃亡之路，令他深刻體會到獲得強大政治後台保護的重要性。而他之所以決定在 1832 年由伊朗的布什爾轉到印度孟買，便是看到當時大英帝國國力如日方中，能成為自己最強硬的後台。當然，他身為猶太人，又是移民，即使一廂情願想投靠大英帝國，也不代表能獲得接受和信賴，遑論全面的保護，因此必須強化和英國的關係，有進一步互動，才能達至目的。綜合而言，沙遜家族曾在如下多個層面上作了不少努力：

一、移居孟買後，充份服膺英國管治，緊跟當地商業制度；

二、積極適應英國文化與生活習俗，尤其要求子孫學好英語；

三、派遣兒子到英國留學，讓他更好地發展英國關係，以此向英國示好；

四、讓子孫們改穿英國服裝，參加英國社交活動，不再固執於一定要穿猶太服裝或只參加猶太教或猶太人活動；

五、歸化英國籍，正式確立英國臣民的法律地位，哪怕大衛・沙遜在歸化文件上以希伯來文簽署；

六、在印度兵變一事上態度忠貞不二，不但公開譴責兵變，亦組織猶太群

體支持英軍行動；

七、捐款予英軍、皇室及孟買（印度）政府，還有社會慈善事業，扶貧助弱，爭取政府信任；

八、結交英國皇室貴族、政府高官，投其所好及表現忠誠。

透過以上舉動，沙遜家族一點一滴建立起與英國政府及社會的緊密關係，其生意及財富亦在這個相輔相成的過程中不斷提升，在互動中得到強化，當中某些特點尤其值得注意。其一是憑著本身優秀的經營能力，促進孟買經濟發展，帶動商業流通，創造就業，從而獲得英國統治者歡心，孟買政府亦深表欣賞，視為忠誠的表現，和支持社會穩定的力量。其二是他們明白寄人籬下必須低頭生活的現實，因此採取「不爭第一」的經營哲學；其三是集中精力於商業經營，不主動染指政治、追求權力，實行「悶聲發大財」。

大英帝國不斷向外擴張之時，由於缺乏足夠的人力資源，盎格魯撒克遜白種人的數目不足夠應對「日不落國」在全球屬土的管治和開拓，必須吸納那些願意向大英帝國表示忠誠、又值得信賴的臣民，為其所用。沙遜家族既非印度裔，又是外來移民，對被英國統治的印度沒有太大感情，也沒有當地人的民族、歷史及文化等沉重包袱，對英國的殖民統治不但沒有抗拒，甚至較為接納，表現出一片忠心。加上他們在商業經營上獨具才華，可繁榮英國統治下的社會經濟，因此被視為可用之材，獲英國統治者納為「入幕之賓」，充份利用，沙遜家族得到了很大的發展空間。在大英帝國所到之處，例如中國及東南亞等地，他們緊跟英國人背後，憑其突出的經營能力搶佔市場、開拓商機，尤其是在中華大地，憑鴉片生意賺得盆滿缽滿，

最終造就了家族崛起，並不斷壯大，寫下世界式傳奇。儘管獲得「英商」的法律地位，商業經營上又有多方優勢，沙遜家族顯然深明本身並非盎格魯撒克遜血統的殖民地統治者，只是歸附的臣民而已，所以生活和營商上不能「三

分顏色當大紅」，不分莊閒，以免招來是非。正因如此，沙遜家族在印度或中國的市場上，初期均採取了「不爭第一」的發展策略。等到後來，尤其進入二十世紀，他們與皇室貴族及政府高官均建立了極為緊密的關係，生活模式已經與英國上層社會無異時，才表現得更為進取，在殖民地或半殖民地社會（後者如上海租界）有了與白種人幾乎同等的地位，更能呼風喚雨，更好地開拓商機。

歷經多番流徙、受過迫害之苦的沙遜家族，因為看到大英帝國的發展大勢，選擇靠攏其下，並在確立這一策略後採取種種手段創造財富，改善生活。關鍵之處，是沙遜家族明白主客身份之別，亦了解大勢所趨，採取了左右逢源的手法，窮畢生精力投入其中，取得極為亮麗的成績，成為世界級巨富及大英皇室的入幕之賓，一洗過去多個世代顛沛流離、連遭迫害的困局，是猶太人歷史上一個重大突破，不容小覷。

沙遜家族既是依附大英帝國而崛起，便必須心無二主，所以無論抗日戰爭時拒絕日軍拉攏、印度獨立時撤資，或是新中國成立後結束全部在華投資和業務，均在一定程度上顯示了他們以大英帝國馬首是瞻。由此引伸出來的現實問題是，大英帝國在經歷兩次世界大戰後呈現滑落，這個大勢亦十分自然和直接地反映在新舊沙遜的業務之上，沙遜家族亦只能緊跟英國背後，不能轉投他方，另覓後台，這是政治所強調「忠貞不二」的核心所在，亦可作為沙遜家族二戰之後發展困局的另一重要註腳。

熱愛賽馬的深層情結

強調純正的根源與血統，是沙遜家族中若隱若現卻又十分引人注目的特殊現象，具體反映在家族多代人熱愛賽馬和飼養純種馬的行為上。他們憑著這一興趣，打入英國上流社會，與皇室貴族為伍，而這種重視血統純正的深層次情

結，顯然又影響他們如何看待人力資源的質和量問題，值得注視。

有關血統問題，猶太人始終堅持他們所信奉的乃唯一真神，並採取族內婚制度，只與猶太族裔通婚，背後因為他們認定自己乃「上帝選民」，具先天的優良血統與獨特身份，並非那些「來歷不明」、血統不純的混雜者可比，這在強調道統、講求合法身份的社會與年代，極為重要。沙遜家族更一直強調自己乃大衛王後代，是貴族血統，族群的王者，精華中的精華，就如皇冠上的巨鑽，閃閃先輝、份外突出。

在英國人心目中，盎格魯撒克遜的白種人亦屬優越民族，憑著過人能力打遍天下無敵手，建立起「日不落國」，成為全球霸主；大英皇室是盎格魯撒克遜民族的王者，更是精英中的精英，身份地位極為優越，無人能及，所以他們亦強調只在貴族之內通婚，不能與平民結交往來，遑論繁衍後代。至於飼養純種馬和熱愛賽馬的舉動，可視作他們「英雄所見略同」，或是獲得「知音」，反映了彼此深層次的共同心理情結，所以自沙遜家族第二代轉到英國生活後，便迅速打進英國上流社會，與皇室貴族結成密友，世代友好。

無論是強調血統純正，或是信仰（政治）忠貞不二，反過來說都反映了對血統不純或心有二主的抗拒，因為不純或異心是建立或維繫互信與關係的大忌，會衝擊原來的核心價值，影響制度穩定，必然會引起情感上的不滿和強烈反對。沙遜家族本身的經歷，以及一些歷史事件都可作說明，引起社會大眾一些深層次思考。

先說血統不純的問題。據考據，在十八世紀前，統治印度的英國殖民地者一度較為接納白種人與當地人婚戀，誕下歐亞混血兒（Eurasians），甚至容許他們進入政府中層或軍隊之中，覺得這樣有助解決統治階層本身人口不足的問題（參考上文討論）。但是，在第三章所提及的「印度兵變」時，英國統治者發現不少混血兒參與其中，成為反英力量，影響了殖民統治，因此視他們為

「養不熟的、不忠誠的」一群，於平亂後採取排擠政策，限制白人與當地人通婚，禁止混血兒加入政府和軍隊，相關政策亦適用於其他英國殖民地（Rosen Jacobson, 2018）。核心思考，自然是擔心混血群體會給殖民地管治帶來威脅，經此一事，相信強化了對盎格魯撒克遜血統純正的根深蒂固觀念。

再說信仰（引申至政治）不夠忠貞的問題，沙遜·沙遜一子一孫的舉動，則可作為很好的說明。首先，他的兒子艾弗特·沙遜，不顧猶太人或家族的族內婚傳統，迎娶非猶太人且信仰英國新教的英國女子為妻，招來猶太群體、家族及母親強烈反對，視之為對信仰、族群及家族的背叛，但他一意孤行，母親於是與之斷絕關係（儘管按法律規定，艾弗特·沙遜仍能分享亡父的遺產）。之後到薛弗德·沙遜，他更改宗教信仰，由跟隨母親信仰新教，轉為羅馬天主教。因他乃文壇巨匠，具國際知名度，又出自沙遜家族，此舉引起猶太教、新教及天主教的巨大震動，但他一如其父般我行我素，率性而行，必然觸動了不少人對「忠貞不二」觀念或標準的思考，衝擊相關制度。

無論在猶太教或是英國教會，艾弗特·沙遜和薛弗德·沙遜兩父子的行為均被視為異端，有違本來從一而終、心無二主的清純思想，家族及教會之後與他們再沒往來，斷絕各種關係，亦不難理解。家族對他們的叛逆之所以反應如此強烈，無非是要殺雞儆猴，阻止後來者有樣學樣，影響制度的穩定與延續。

這裡引伸出純種馬的先天或基本性問題。從生物學的角度說，純種馬由於強調單一血統，難免掉進近親繁殖的窠臼，因此產生了各種基因問題。麥志豪（2017）在一篇題為〈純種馬的悲哀〉的文章中分析，所謂純種馬，是血緣高度密集、源自同一祖先的近親繁殖，不容許任何其他被視為「低等」或「雜質」的血裔摻雜其中，攤薄其優質血統。產生這種做法的背景，主要是馬主相信這樣做可讓「優質延續優質」，繁殖「更優質」的品種。

麥志豪（2017）進一步提到：「馬匹憑著心肺系統的耐力和強度，將自己

在競賽中的表現推至極限。但代價就是形形色色的心肺疾病，心律不正常、流鼻血，小則退役，大則戰死沙場。」換言之，在某些特定環境或標準下，純正血統誠然有其優勢，但近親繁殖，祖先的源頭一成不變、過於集中，變成一種封閉系統，會產生各種各樣其他預想不到的問題，帶來致命打擊。麥志豪如下一段介紹，尤其可引來深思：

> 你會發覺，一匹純種馬，像一部跑車多於一隻動物。機器和生命被推到極限時都會故障、傷病、繼而死亡。競賽馬最易受傷的當然是腳，不計在競賽途中跑斷腳的例子，在馬不停蹄的日子下，馬腳鮮有一生健健康康的。而馬有腳患，不能再奔跑，對於一隻全身都是競賽基因的動物，除了一心想愈跑愈快，已沒有其他能力，其他慾望。即使保得住腳，也是苟延殘喘，生不如死。這亦是人類給純種馬最大的詛咒。（麥志豪，2017）

由此可見，無論是沙遜家族或大英皇室，他們把族內婚或近親繁殖視為必然，不容其他血統或民族參與其中，必然會令制度變得僵化，為發展帶來不能逾越的障礙，問題十分致命。就以沙遜家族為例，不少成員正值青年時猝死、有先天性的疾病或是同性戀傾向，不願結婚與不能（或不願）生育等，均引人深思，很值得日後再作深入研究。

總結

無論從哪個角度看，沙遜家族均既神秘又極富傳奇，儘管現時人丁失去昔日之盛，似乎風光不再，但仍是十分顯赫的世界級巨富家族，不容小覷。要總結這個家族發展的經驗教訓，有三點最為突出：其一是人力資源的質和量問

題，因為一切事業都要由人力資源推動執行，若然質和量出現偏差，必然有所缺乏，影響其他方方面面的發展。第二點是靠攏大英帝國作為最大後盾，大英帝國的強盛令家族企業如火乘風勢般發展起來，到「日不落國」雄風不再，則兵敗如山倒，生意不斷收縮。第三點是前兩點深層次互動的結果，猶太人強調種族血統純正，加上沙遜家族成績卓越，又強化其族內婚制度或血統優越的觀念，令傳承後代的時候產生各種先天性問題。

　　經歷多番遷徙，又曾遭遇迫害，沙遜家族走過的道路十分崎嶇，令他們產生必須多生孩子以防不測的意識。家族人丁興旺，才華突出，又肯做敢拚，並找到好靠山，加上運氣配合，乃迅速發展起來，成為巨富，然後在大英帝國不斷壯大的過程中，藉「英商」的身份同步開拓其商業版圖，在不同市場上大發異彩。當國籍身份確定、移民流徙不再，憂患意識消失後，生育意欲便會下降；而高度強調族內婚的傳統，和對自身血統的優越感，容不了與其他民族通婚，又很容易流於狹隘、自大，產生某些先天缺陷，令人力資源在質在量上發生變化，至大英帝國風光不再，家族亦隨之而失色。即是說，在十九世紀本來令沙遜家族突圍而出的各項因素，自進入二十世紀後優勢逆轉，家族發展難免出現起落，到二十一世紀時讓人幾乎有面目全非的感覺。可見家族亦好，企業亦好，與國家及社會的政經環境之間其實不斷發生互動，如何準確拿捏時代大勢的發展機會，作出更好應變，乃克難突圍、持久發展的重中之重。

　　最後一點要指出的是，本研究雖想從宗教信仰的側面，思考沙遜家族起落盛衰的問題，卻因相關資料缺乏，加上本身對猶太教了解不多而未能如願，只能從表象勾勒家族約兩個世紀的發展狀況，甚為遺憾。作為一個研究註腳，猶太教權威學者傅有德（2021：332）指出猶太人四個重要特點——以神為本、選民意識、聖約觀念及化俗為聖——實在值得深思，很有啟發，可以作為日後繼續研究探索的重要方向。

參考資料

Aberdeen Journal. Various years.

Adrian Sassoon. No year. "Our team: Adrian Sassoon". https://www.adriansassoon. com/our-team/adrian-sassoon/.

AIM 25. No year. "Sassoon". https://aim25.com/cgi-bin/vcdf/bsearch.

Barrett, H. 2020. "The ebullient world of Adrian Sassoon", *Financial Time*, 2 October 2020.

Beckert, S. 2014. *Empire of Cotton: A Global History.* New York: Alfred A. Knopf.

Betta, C. 2003. "From orientals to imagined Britons: Baghdadi Jews in Shanghai", *Modern Asian Studies*, Vol. 37, No.4, 2003, pp. 1011-1012.

Blake, R. 1952. *The Private Papers of Douglas Haig, 1914–1919: Being Selections from the Private Diary and Correspondence of Field-Marshal the Earl Haig of Bemersyde, K.T., G.C.B., O.M., etc.* London: Eyre & Spottiswode.

Bloch, M. 2015. "Double lives: A history of sex and secrecy at Westminster", *The Guardian*, 16 May 2015. https://www.theguardian.com/books/2015/may/16/ double-lives-a-history-of-sex-and-secrecy-at-westminster.

Breger, J. No year. "Flora Sassoon", *The Encyclopedia of Jewish Women*, https://jwa.org/ encyclopedia/article/sassoon-flora.

Bristol Mercury. Various years.

Broer, K.H. and Turnanli, I. 1996. *New Trends in Reproductive Medicine.* Berlin and Heideberg: Springer-Verlag.

CA Magazine. 2020. "In memoriam: Hugh Meyer Sassoon", pp. 45-46. https://www.camagazine.co.uk/september2020#!obituaries.

Cadell, P. 1958. "Acquisition and rise of Bombay", *The Journal of the Royal Asiatic Society of Great Britain and Ireland*, October 1958, no. 3/4, pp. 113-121.

Cassidy, R. 2002. *The Sport of Kings: Kinship, Class and Thoroughbred Breeding in Newmarket*. Cambridge, New York: Cambridge University Press.

Chakarvarty, G. 2005. *The Indian Mutiny and the British Imagination*. Cambridge: Cambridge University Press.

Cheong, W.E. 1979. *Mandarins and Merchants: Jardine Matheson & Co, A China Agency of the Early Nineteenth Century*. London: Curzon Press.

China-Britain Business Focus. 2018. "CBBC Chairman Lord Sassoon says the UK-China relationship will only strengthen", *China-Britain Business Focus*, 26 December 2018. https://focus.cbbc.org/lord-sassoon-says-ties-will-strengthen/#.X8yvrtgzaUk

Cohn Jr, S.K. 2007. "The Black Death and the burning of Jews", *Past and Present*, no. 16 (August 2007), pp. 1-36.

Collins, D. 2016. *Charmed Life: The Phenomenal World of Philip Sassoon*. London: William Collins.

Coperman, G.D. 1997. *Bomber Squadrons at War: Nos. 57 and 630 Squadrons*. London: Alan Sutton Publishing Ltd.

Cornell, R. 2014. "Woodstock farmer was a 'renaissance man'", *The Northern Virginia Daily*, 6 May 2014. https://www.nvdaily.com/news/local-news/woodstock-farmer-was-a-renaissance-man/article_4b4cbd7e-f440-5357-bfa1-695f007e01ea.html.

Crisswell, C.N. 1981.*The Taipans: Hong Kong's Merchant Princes.* Hong Kong: Oxford University Press.

Cuthertson, K. 2016. *Nobody Said Not to Go: The Life, Loves, and Adventures of Emily Hahn.* New York: Open Road Integrated Media.

David Sassoon & Co. Ltd. Various years. Company Files: HKRS113-2-170. Hong Kong: Public Records Office.

David, M.D. 1995. *Bombay, the City of Dreams: A History of the First City in India.* Bombay: Himalaya Publishing House.

Duguid, A. 2014. *On the Brink: How a Crisis Transformed Lloyd's of London.* London: Palgrave Macmillan.

E.D. Sassoon Banking Co. Ltd. Various years. Company Files: HKRS113-2-189. Hong Kong: Public Records Office.

Egremont, M. 2005. *Siegfried Sassoon: A Life.* New York: Farrar, Straus and Giroux.

Eias3D.com. No year. "Tim Sassoon & Johnathan Banta of Sassoon Film Design", *Community of Eias3D.com.* http://www.eias3d.com/featured-artists/tim-sassoon-johnathan-banta-of-sassoon-film-design/.

Empson, H. 1992. *Mapping Hong Kong: An Historical Atlas.* Hong Kong: Government Information Service.

Falmouth School of Art. 2018. "Announcing the Caroline Sassoon emerging artist award", Falmouth University, posted on 11 October 2018. https://thefalmouthschoolofart.wordpress.com/2018/10/11/announcing-the-caroline-sassoon-emerging-artist-award/

Fay, P.W. 1982. "The opening of China", in Keswick, M. (ed.) *The Thistle and the Jade: A Celebration of 175 Years of Jardine Matheson,* pp. 68-117. London: Frances Lincoln

Ltd.

Feldman, D. 2007. "Jews and the British empire c. 1900", *History Workshop Journal*, vol. 63, no. 1, pp. 70-89.

Ferguson, N. 1998. *The World's Banker: The History of the House of Rothschild*. London: Weidenfeld & Nicolson.

Fischel, W.J. 2007. "Sassoon family of Jewish merchants", in Skolnik, F (ed.) *Encyclopaedia Judaica*, 2nd edition, Vol. 8, pp. 68-71. USA: Macmillan Reference and Keter Publishing House.

Gibbons, S.R. 1965. *World War One*. London: Longman.

Grace, R.J. 2014. *Opium and Empire: The Lives and Careers of William Jardine and James Matheson*. London: McGill-Queen's University Press.

Grescoe, T. 2016. *Shanghai Grand: Forbidden Love and International Intrigue on the Eve of the Second World War*. New York: St. Martin's Press.

Hagen, E. E. 1964. *On the Theory of Social Change: How Economic Growth Begins*. London: Tavistock Publications.

Hahn, E. 1988. *China to Me*. Boston: Beacon Press.

Herbert, C. 1941. *War of No Pity: The Indian Mutiny and Victorian Trauma*. Princeton, NJ: Princeton University Press.

Hoare, P. 2006. "George Sassoon: Only child of the poet Siegfried", *The Independent*, 20 April 2006.

Illustrated Police News. Various years.

Imber, E.E. 2018. "A late imperial elite Jewish politics: Baghdadi Jews in British India and the political horizons of empire and nation", *Jewish Social Studies: History, Culture, Society*, vol. 23, no. 2, pp. 48-85.

Jackson, S. 1968. *The Sassoons.* New York: E.P. Dutton & Co. Inc.

Jew Age. No year. "Sassoon". http://www.jewage.org/wiki/en/ Special:JSearch?query=Sassoon.

Kaufman, J. 2020. *The Last King of Shanghai: The Rival Jewish Dynasties that Helped Created Modern China.* New York: Viking.

Kelly, N. 2020a. "Sir Victor Sassoon: Shanghai's playboy of the Eastern world", *That's Magazine,* 28 January 2020. https://www.thatsmags.com/china/ post/28809/sir-victor-sassoon-shanghai-s-playboy-of-the-eastern-world.

Kelly, N. 2020b. "Emily Hahn: The American writer who shocked '30s Shanghai", *That's Magazine,* 28 January 2020. https://www.thatsmags.com/shanghai/ post/28822/emily-hahn-the-american-writer-who-shocked-30s-shanghai.

Kennedy, P. 1989. *The Rise and Fall of the Great Powers: Economic Change and Military Conflict from 1500-2000.* London: Fontana Press.

King, F.H.H. 1987. *The Hongkong Bank in Late Imperial China, 1864-1902: On an Even Keel.* Cambridge: Cambridge University Press.

Klier, J.K. and Lambroza, S. 1992. *Pogroms: Anti-Jewish Violence in Modern Russian History.* Cambridge: Cambridge University Press.

Kong, Y.C. 2017. *Jewish Merchants' Community in Shanghai: A Study of the Kadoorie Enterprise, 1890-1950,* unpublished Ph.D. dissertation. Hong Kong: Hong Kong Baptist University.

Leeds Mercury. Various years.

Lindemann, A.S. and Levy, R.S. 2010. *Antisemitism: A History*. Oxford: Oxford University Press.

Liverpool Mercury. Various years.

Manchester Times. Various years.

Marriner, S. and Hyde, F.E. 1967. *The Senior John Samuel Swire, 1825-98: Management in Far Eastern Shipping Trades.* Liverpool: Liverpool University Press.

Mascarenhas, A. 2011. "Visual effects guru gets back to Pune link", *The India Express,* 14 April 2011. http://archive.indianexpress.com/news/visual-effects-guru-gets-back-a-pune-link/775932/.

McClelland, D. C. 1961. *The Achieving Society.* Princeton: Van Nostrand.

McDougall, K. and Pettman, B. 2000. *The Ohel Leah Synagogue Hong Kong: Its History and Conservation.* Hong Kong: Jewish Historical Society of Hong Kong.

Mendelsohn, A.D. 2014. *The Rag Race: How Jews Sewed Their Way to Success in America and the British Empire.* New York: New York University Press.

Murthy, S. 2016. "Sassoon in the city", *The Asian Age,* 10 February 2016. https://www.asianage.com/life-and-style/sassoon-city-332

Nergish, S. 2018. "350 years ago, Bombay was given to the East India Company and 'Urbs Prima in Indis' was born", *The Times of India,* 28 March 2018.

Niderost, E. 2006. "A tycoon triumphs over the emperor", *World War II,* September 2006 (Vol 21, No. 5), pp. 42-47.

Norton-Kyshe, J.W. 1971. *The History of the Law and Courts of Hong Kong.* Hong Kong: Noronha & Company.

Pall Mall Gazette. Various years.

Peers, D.M. 2004. "Britain and empire", in Williams, C. (ed.) *A Companion to 19th Century Britain,* pp. 53-78. Melbourne: Blackwell Publishing Limited.

Peoplepill.com. No year. *Biography: James Meyer Sassoon.* https://peoplepill.com/people/james-sassoon-baron-sassoon/.

Posnansky, M. 2005. "Obituary: Hamo Sassoon, 1920-2004", *Azania*, vol XL (2005), pp. 160-162. http://www.lacock.org/html/body_hamo_sassoon.htm.

Reynolds Newspaper. Various years.

Riello, G. 2013. *Cotton: The Fabric that Made the Modern World.* New York: Cambridge University Press.

Robins, N. 2015. *The Corporation that Changed the World: How the East India Company Shaped the Modern Multinational.* London: Pluto Press.

Rosen Jacobson, L. 2018. *The Eurasian Question: The Colonial Position and Post-Colonial Options.* Leiden: Hilversum Verloren.

Roth, C. 1941. T*he Sassoon Dynasty.* London: Robert Hale Ltd.

Saraiva, A.J. Solomon, H.P. and Sassoon, I.S.D. 2001. *Marrano Factory: The Portuguese Inquisition and Its Christians, 1536-1765.* Leiden: Brill.

Sassoon Film Design. No year. "Sassoon Film Design collaborates with Tata Elxsi for stereoscopic 3D projects". https://tataelxsi.com/attachments/news/Sassoon-Film-Design.pdf.

Sassoon, D.S. 1982. *A History of the Jews in Baghdad* (reprinted version). Letchworth: Ohio State University Libraries.

Sassoon, H. 2000. "Look, duck and vanish", *Archaeology,* vol. 53, no. 4, p.7.

Sassoon, H. 2003. "Royal peculiar", *The Musical Times,* vol. 144, no. 1, p. 38-39.

Sassoon, N. 2018. "The Sassoon family", in Iraqi Jewish Heritage at Shearith Israel (ed.) *Remembering Baghdad: Between the Tigris and the Hudson—Celebrating Iraqi Heritage at Shearith Israel,* pp56-58. New York: Iraqi Jewish Heritage at Shearith Israel.

Sergeant, H. 1991. *Shanghai.* London: John Murray (Publishers) Ltd.

Simmonds, A.G.V. 2012. *Britain and World War One.* Abingdon, Oxon: Routledge.

Smith, C.T. 1995. *A Sense of History, Studies in the Social and Urban History of Hong Kong.* Hong Kong: Hong Kong Educational Publishing Co.

Sombart, W. 1967. *The Quintessence of Capitalism: A Study of the History and Psychology of the Modern Business Man,* trans. by Epstein, M. New York: H. Fertig.

South China Morning Post. Various years.

Spinney, L. 2017. *Pale Rider: The Spanish Flu of 1918 and How it Changed the World.* London: Vintage Publishing.

Stansky, P. 2003. *Sassoon: The Worlds of Philip and Sybil.* New Haven, Conn.: Yale University Pres.

Stone, L. 1965. *The Crisis of the Aristocracy, 1558-1641.* Oxford: The Clarendon Press.

Supplement to the London Gazette. Various years.

Taylor, D.J. 2007. *Bright Young People: The Rise and Fall of a Generation, 1918-1939.* London: Chatt & Windus.

The China Year Book. 1913. "Hongkong & Shanghai Banking Corporation", p. vi. (https://link.gale.com/apps/doc/YLCHDO261980283/CFER?u=cuhk&sid=CFER&xid=89506489)

The Chinese Repository. Various years.

The Daily News. Various years.

The Evening Independent. Various years.

The Freeman's Journal. Various years.

The Indian Express. Various years.

The Jews of the RAF. No year. Richard Joseph Sassoon. https://www.thejewsoftheraf.co.uk/aircrew/sassoon-richard-joseph/

The North China Herald. Various years.

The Peerage. No year. "Sassoon". https://www.thepeerage.com/i3401.htm#s47726.

The Sir Victor Sassoon Heart Foundation. No year. "Our history". http://www.sassoonheartfoundation.org/our-history/.

The Telegraph. 2017. "Birth announcement: Sassoon". http://announcements.telegraph.co.uk/births/218777/sassoon.

The Washington Post. Various years.

The West Australian. 2017. "Obituaries: Sassoon John Phillip", 17 July 2017. https://www.legacy.com/obituaries/thewest-au/obituary.aspx?n=john-sassoon&pid=186104809.

Trocki, C.A. 1999. *Opium, Empire and the Global Political Economy: A Study of the Asian Opium Trade, 1750-1950*. London: Routledge.

Tsui, E. 2018. "How one company survived two world wars and a changing China to make roots in Hong Kong", *South China Morning Post*, 30 March 2018.

Turley, J. No year. "Captain R.E. Sassoon", *Jockeypedia*, https://sites.google.com/site/allsoppfredjockey/sassoon-r-e.

Tyerman, C. 2006. *God's War: A New History of the Crusades*. Cambridge, Mass: Harvard University Pres.

UK Parliament. No year. "Lord Sassoon: Experience". https://members.parliament.uk/member/4146/experience.

Vaid, K.N. 1972. *The Overseas Indian Community in Hong Kong*. Hong Kong: Centre of Asia Studies, University of Hong Kong.

Vittachi, N. 1999. "Jews rising larger than Nathan's folly", *South China Morning Post*, 5 June 1999, p. 61.

Weber, M. 1985. *The Protestant Ethic and the Spirit of Capitalism*, translated by T. Parsons.

London: Unwin Paperbacks.

Weber, T. and Dalton, D. 2020. "Gandhi and the pandemic", *Economic & Political Weekly*, Vol. 15, No. 25, pp. 34-40.

Western Mail. Various years.

World Jewish Population. 2018. New York: Berman Jewish Databank. https://www.jewishdatabank.org/content/upload/bjdb/2018-World_Jewish_Population_(AJYB,_DellaPergola)_DB_Final.pdf.

WW2Talk. No year. "77598 Desmond Richard Sassoon Fitzgerald, Irish guards", http://ww2talk.com/index.php?threads/77598-desmond-richard-sassoon-fitzgerald-irish-guards.80821/.

Ziegler, P. 1969. *The Black Death*. New York: Harper & Row.

Zone, R. 2012. *3-D Revolution: The History of Modern Stereoscopic Cinema*. Lexington: The University Press of Kentucky.

金滿樓。2007。〈舊上海地產風雲：中外冒險家的狂飆之旅〉,《舊事歷歷》頁 45-51。

唐培吉。1992。〈上海猶商盟主──沙遜〉,《同濟大學學報：人文、社會科學版》,第 3 卷,第 2 號(1992 年 12 月號),頁 70-80。

張仲禮、陳曾年。1985。《沙遜集團在舊中國》。北京：新華出版社。

麥志豪。2017。〈純種馬的悲哀〉,《Now 新聞》,2017 年 5 月 17 日,https://news.now.com/home/life/player?newsId=221412。

傅有德。2021。〈猶太精神芻議〉,《宗教學研究》,2021 年第 1 期,頁 226-233。

項美麗。2014。《壞女孩遇上中國：項美麗自傳》,楊佳蓉、羅雅萱(譯)。台北：英屬蓋曼群島商網絡與書股份有限公司。

黃仁宇。1997。《資本主義與二十一世紀》。北京：三聯書店。

黃紹倫。2019。〈貴冑浪人：猶太教堂與沙宣家族〉，載鄭宏泰、周文港（編）
　　《半山電梯：扶搖直上青雲路》，頁 2-33。香港：中華書局。

詹祖杰。1989。〈從沙遜大廈到和平飯店〉，《上海檔案》，1989 年第 4 期，頁
　　40-41。

趙立行。2002。〈西歐社會變動與十字軍東征的進程〉，《復旦學報》（社會科學
　　版），2002 年第 4 期，頁 80-85。

鄭宏泰、呂文淵、黃紹倫。2016。《滬港世紀爭產戰：哈同夫婦與王德輝夫婦
　　遺囑訴訟》。香港：三聯書店（香港）有限公司。

鄭宏泰、高皓。2017。《可繼之道：華人家族企業發展挑戰與出路》。香港：中
　　華書局。

鄭宏泰、黃紹倫。2004。《香港華人家族企業個案研究》。香港：明報出版社。

鄭宏泰、黃紹倫。2010。《婦女遺囑藏著的秘密：人生、家庭和社會》。香港：
　　三聯書店（香港）有限公司。

鄭宏泰。2020。〈昨夜的渡輪上：曾經作別的碼頭、企業、家族和旅客〉，載鄭
　　宏泰、周文港（編）《文咸街里：東南西北利四方》，頁 102-135。香港：
　　中華書局。

鍾寶賢。2016。《太古之道：太古在華一百五十年》。香港：三聯書店（香港）
　　有限公司。

費爾南多・杜阿特。2020。〈後疫情時代：1918 年西班牙流感大流行如何改變
　　了世界〉，《BBC News 中文》，2020 年 4 月 30 日。https://www.bbc.com/
　　zhongwen/trad/world-52467463.

沙遜家族系譜圖

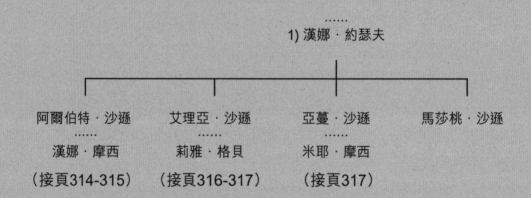

1) 漢娜・約瑟夫

| 阿爾伯特・沙遜 | 艾理亞・沙遜 | 亞蔓・沙遜 | 馬莎桃・沙遜 |
| 漢娜・摩西 | 莉雅・格貝 | 米耶・摩西 | |

（接頁314-315） （接頁316-317） （接頁317）

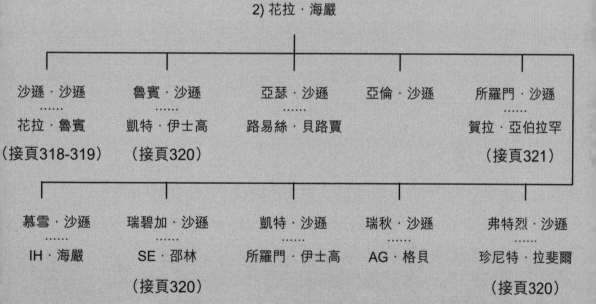

塞利·沙臣
......
亞蔓·格貝

大衛·沙遜

2) 花拉·海嚴

沙遜·沙遜
......
花拉·魯賓
（接頁318-319）

魯賓·沙遜
......
凱特·伊士高
（接頁320）

亞瑟·沙遜
......
路易絲·貝路賈

亞倫·沙遜

所羅門·沙遜
......
賀拉·亞伯拉罕
（接頁321）

慕雪·沙遜
......
IH·海嚴

瑞碧加·沙遜
......
SE·邵林
（接頁320）

凱特·沙遜
......
所羅門·伊士高

瑞秋·沙遜
......
AG·格貝

弗特烈·沙遜
......
珍尼特·拉斐爾
（接頁320）

亞爾伯特・沙遜
······
漢娜・摩西

約瑟夫・沙遜　　　愛德華・沙遜　　　　　　　　　Aziza
······　　　　　　　······　　　　　　　　　　······
Rebecca　　　　　愛蓮・羅富齊　　　　　　　Ezekiel Abraham

菲臘・沙遜　　　　西貝爾・沙遜　　　　　　　賀拉・阿伯拉罕
　　　　　　　　　······　　　　　　　　　　······
　　　　　　　　　洛克撒維奇伯爵　　　　　所羅門・沙遜（外表孫女婚姻）

Lord　　　　Lord John　　　Aline
Rocksavage　Cholmodeley　　Caroline

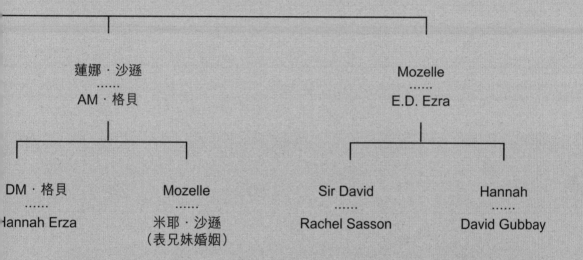

蓮娜‧沙遜
……
AM‧格貝

Mozelle
……
E.D. Ezra

DM‧格貝
……
Hannah Erza

Mozelle
……
米耶‧沙遜
（表兄妹婚姻）

Sir David
……
Rachel Sasson

Hannah
……
David Gubbay

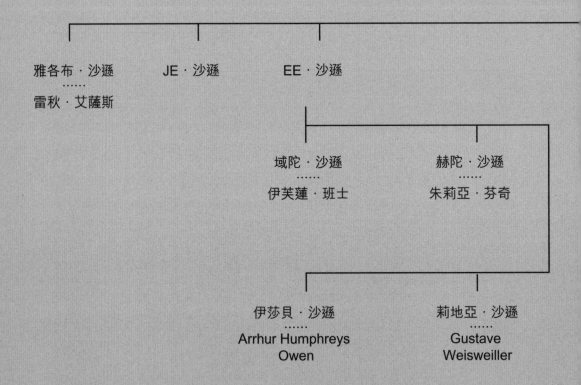

雅各布·沙遜
......
雷秋·艾薩斯

JE·沙遜

EE·沙遜

域陀·沙遜
......
伊芙蓮·班士

赫陀·沙遜
......
朱莉亞·芬奇

伊莎貝·沙遜
......
Arrhur Humphreys
Owen

莉地亞·沙遜
......
Gustave
Weisweiller

艾理亞·沙遜
......
莉雅·格貝

亞蔓·沙遜
......
米耶·摩西

米耶·沙遜
......
Mozelle Gubbay

魯奇·沙遜

查理·摩西

雷金納·沙遜

Violet Sassoon
......
菲茨杰拉德

小菲茨杰拉德

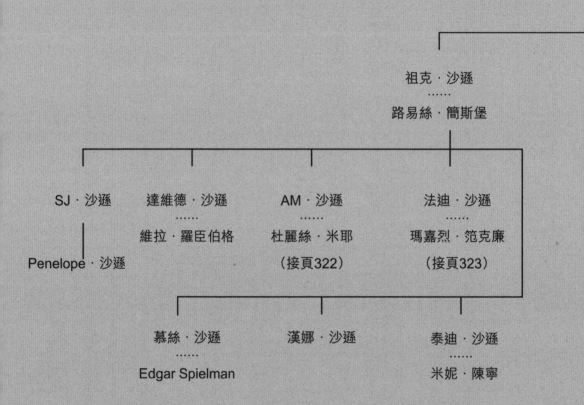

祖克・沙遜
......
路易絲・簡斯堡

SJ・沙遜　　達維德・沙遜　　AM・沙遜　　法迪・沙遜
　　　　　　......　　　　　......　　　　　......
Penelope・沙遜　維拉・羅臣伯格　杜麗絲・米耶　瑪嘉烈・范克廉
　　　　　　　　　　　　　　　（接頁322）　　（接頁323）

慕絲・沙遜　　漢娜・沙遜　　　泰迪・沙遜
......　　　　　　　　　　　　　......
Edgar Spielman　　　　　　　米妮・陳寧

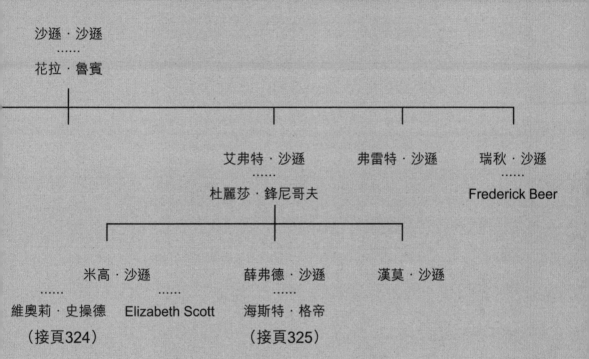

沙遜・沙遜
......
花拉・魯賓

艾弗特・沙遜　　　　弗雷特・沙遜　　　　瑞秋・沙遜
......　　　　　　　　　　　　　　　　　　　......
杜麗莎・鋒尼哥夫　　　　　　　　　　　　Frederick Beer

米高・沙遜　　　　　薛弗德・沙遜　　　　漢莫・沙遜
......　　　　　　　　　......　　　　　　　......
維奧莉・史操德　　Elizabeth Scott　　海斯特・格帝
（接頁324）　　　　　　　　　　　　　　（接頁325）

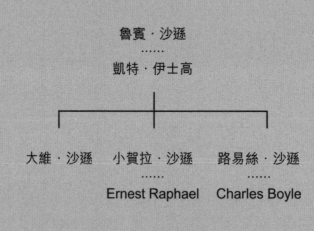

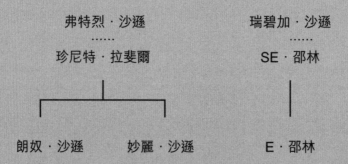

魯賓・沙遜
‥‥‥‥
凱特・伊士高

大維・沙遜　　小賀拉・沙遜　　路易絲・沙遜
　　　　　　　　　‥‥‥‥　　　　‥‥‥‥
　　　　　　Ernest Raphael　　Charles Boyle

弗特烈・沙遜　　　　　　　瑞碧加・沙遜
　　‥‥‥‥　　　　　　　　　‥‥‥‥
珍尼特・拉斐爾　　　　　　SE・邵林

朗奴・沙遜　　　妙麗・沙遜　　　E・邵林

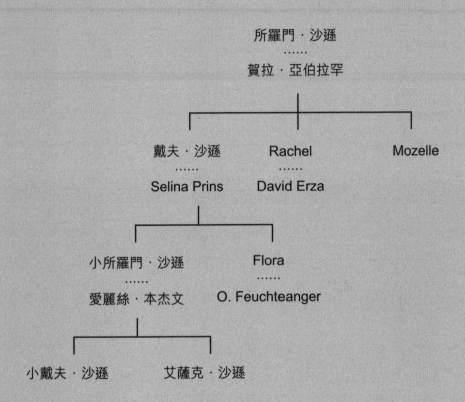

所羅門・沙遜
......
賀拉・亞伯拉罕

戴夫・沙遜　　　　Rachel　　　　Mozelle
......　　　　　　　......
Selina Prins　　　David Erza

小所羅門・沙遜　　　　Flora
......　　　　　　......
愛麗絲・本杰文　　　O. Feuchteanger

小戴夫・沙遜　　　艾薩克・沙遜

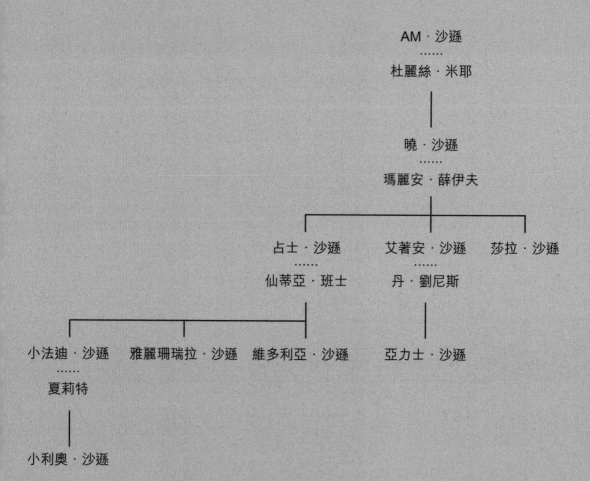

AM・沙遜
‥‥‥
杜麗絲・米耶

曉・沙遜
‥‥‥
瑪麗安・薛伊夫

占士・沙遜　　　　　　　艾著安・沙遜　　　莎拉・沙遜
‥‥‥　　　　　　　　　　‥‥‥
仙蒂亞・班士　　　　　　丹・劉尼斯

小法迪・沙遜　　雅麗珊瑞拉・沙遜　　維多利亞・沙遜　　　亞力士・沙遜
‥‥‥
夏莉特

小利奧・沙遜

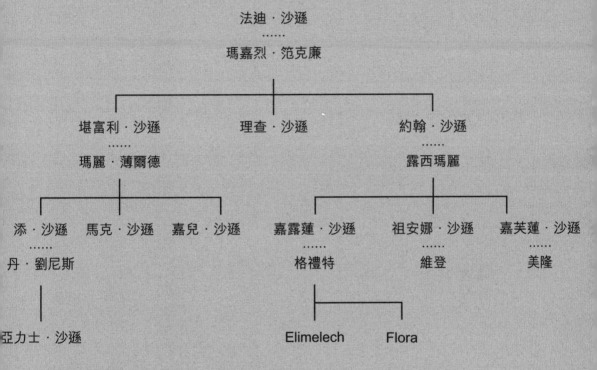

法迪・沙遜
‥‥‥‥
瑪嘉烈・笵克廉

堪富利・沙遜　　　　理查・沙遜　　　　約翰・沙遜
‥‥‥‥　　　　　　　　　　　　　　　‥‥‥‥
瑪麗・薄爾德　　　　　　　　　　　　　露西瑪麗

添・沙遜　　馬克・沙遜　　嘉兒・沙遜　　嘉露蓮・沙遜　　祖安娜・沙遜　　嘉芙蓮・沙遜
‥‥‥‥　　　　　　　　　　　　　　　　　‥‥‥‥　　　　　‥‥‥‥　　　　　　‥‥‥‥
丹・劉尼斯　　　　　　　　　　　　　　　　格禮特　　　　　　　維登　　　　　　　　美隆

亞力士・沙遜　　　　　　　　　　　　Elimelech　　　Flora

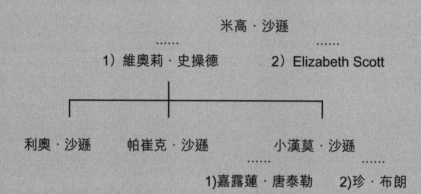

米高‧沙遜

1）維奧莉‧史操德　　　2）Elizabeth Scott

利奧‧沙遜　　　帕崔克‧沙遜　　　小漢莫‧沙遜

1)嘉露蓮‧唐泰勒　　2)珍‧布朗

沙遜家族系譜圖

薛弗德・沙遜
......
海斯特・格帝

|

喬治・沙遜
......
1)史提芬尼・莫勞　　2)瑪格麗・狄斯　　3)蘇絲・侯華德　　4)愛麗珊・史繆

簡杜爾・沙遜　　　　　　　　　　　湯姆・沙遜　　Isobel・沙遜

三聯書店
http://jointpublishing.com

JPBooks.Plus
http://jpbooks.plus

編輯	寧礎鋒
設計	黃詠詩

書名	沙遜家族：逃亡、創業、擴張轉移兩世紀傳奇
作者	鄭宏泰

出版	三聯書店（香港）有限公司 ｜ 香港北角英皇道 499 號北角工業大廈 20 樓 Joint Publishing (H.K.) Co., Ltd. ｜ 20/F., North Point Industrial Building, 499 King's Road, North Point, Hong Kong

香港發行	香港聯合書刊物流有限公司 ｜ 香港新界荃灣德士古道 220-248 號 16 樓

印刷	美雅印刷製本有限公司 ｜ 香港九龍觀塘榮業街 6 號 4 樓 A 室

版次	2022 年 7 月香港第一版第一次印刷
規格	16 開（170mm × 230mm）328 面
國際書號	ISBN 978-962-04-5013-6